国家自然科学基金资助项目“分散型决策结构与随机性外部需求环境下供应链知识协同实现机制的研究”（71271077）

供应链知识协同及实现机制研究

杨利军 著

中国社会科学出版社

图书在版编目（CIP）数据

供应链知识协同及实现机制研究/杨利军著．—北京：中国社会科学出版社，2016.3

ISBN 978－7－5161－7677－1

Ⅰ.①供…　Ⅱ.①杨…　Ⅲ.①供应链管理—研究　Ⅳ.①F252

中国版本图书馆CIP数据核字(2016)第037629号

出 版 人　赵剑英
责任编辑　李庆红
责任校对　王秋红
责任印制　王　超

出　　版　中国社会科学出版社
社　　址　北京鼓楼西大街甲158号
邮　　编　100720
网　　址　http：//www.csspw.cn
发 行 部　010－84083685
门 市 部　010－84029450
经　　销　新华书店及其他书店

印刷装订　三河市君旺印务有限公司
版　　次　2016年3月第1版
印　　次　2016年3月第1次印刷

开　　本　710×1000　1/16
印　　张　18
插　　页　2
字　　数　305千字
定　　价　66.00元

凡购买中国社会科学出版社图书，如有质量问题请与本社营销中心联系调换
电话：010－84083683

前　言

2008年春夏之交，我来到美丽的江城武汉开始攻读博士学位，幸运地遇到了我的恩师陶德馨教授，人生的另一扇门得以悄然开启。求学之路充满艰辛和挑战，自身需要提升和改变的地方太多，恩师的鞭策和教诲是支持我不断前行、战胜自我的动力所在。

2008年是美国次贷危机引发全球金融危机并波及中国经济的开始，也是中国经济深层次矛盾逐步显现的开始。为应对危机，大规模经济刺激计划的出台更加剧了国内各个行业的产能过剩，在市场退出与淘汰机制不能有效发挥作用的情况下形成了具有中国特色的产业过度竞争的格局。在追求经济总量持续增长的背景下，中国经济的基本面并没有得到实质性的改善。正如哈耶克所言，一个国家如果总是用货币政策和财政政策来维持增长，就好像抓住了老虎的尾巴，不能说风险极高也应该是不可持续的。振兴经济的最终决定因素在微观层面，在企业身上。

长期以来，一直有一个问题困扰着我，那就是同样是经济腾飞的三十年，到20世纪90年代，日本企业所创造的世界级企业和企业品牌不胜枚举，在消费电子、机械及装备制造、服装、化妆品及时尚产业、日用百货、汽车制造及其相关产业等各个领域日本企业都创造了经济奇迹，不仅有存在上千年的家庭式企业，也拥有全球化运作、国际化程度非常高的现代大公司。反观中国，从经济总量上看，已经超过日本成为世界第二大经济体，但是就品牌和企业质量而言，华为、小米和高铁、核电等具有全球竞争力的企业或产业屈指可数。中国企业的问题出在创新上，出路同样在创新上，但创新知易行难。在创新要素不完备的情况下，单个企业的创新资源和创新能力不足以支撑企业实现突破性创新、系统性和集成性创新，中国企业技术创新、产业升级的出路在于开放式协同创新。

基于这样的认识，我将供应链知识协同作为了研究对象，期望能够为更多中国企业的创新探索提供一点支持和建议。本书是在攻读博士期间所获成果的基础之上形成的，由于笔者的水平有限，不当之处在所难免，恳请读者批评指正。

目　录

第一章　绪论

第一节　研究的背景、目的与意义

一　研究背景

竞争是战略管理永恒的话题，只是随着外部环境、市场需求的变迁和企业组织形式的演进，呈现出不同的表现形式。以波特为代表的结构（Structure）—行为（Conduct）—市场绩效（Performance）理论（以下简称S－C－P范式）奠定了传统竞争战略的基础，其主要特征为：①竞争的主体是单个企业自身。S－C－P范式认为企业获取竞争优势的根本是选择一个好的行业，迅速进入并建立竞争壁垒，才能获取“超额利润”；即便是资源基础理论也认为，企业持久的竞争优势来源于自身，来源于企业所拥有的各种资源以及经过资源整合所形成的能力。②在行业价值链上，企业与价值链上下游之间是竞争和对立的关系，即所谓零和博弈。在经典的战略分析工具五力模型中，波特认为决定一个行业竞争激烈程度和获利水平的力量有五种，分别是现有竞争对手之间的竞争、替代品的竞争、潜在的进入者、供应商的讨价还价能力和客户的讨价还价能力。按照波特的观点，企业与供应商和客户之间的关系是对抗性的，企业应努力获得行业价值链的控制权并尽可能地削弱供应商和客户的讨价还价能力，才能确立自身的竞争优势，简言之，企业所得源于供应商和客户所失。③在竞争战略组织形式上，更多地通过“纵向一体化”以取得行业价值链的控制权和降低乃至消灭“交易费用”，将外部购买转为企业内部价值链行为。④竞争成功的关键因素是成本领先或差异化，二者择一。企业要么通过寻求产品或服务的差异化以获取相对高的期望利润，要么通过控制成本驱动因素以获取具有市场竞争力的成本领先优势。

自20世纪90年代以来，企业竞争的手段、方向和内涵都发生了巨大而实质性的改变。伴随着产品生命周期的缩短、客户需求的日益快速多变和竞争的全球化，单个企业在价值链的全部环节谋求竞争优势的战略受到极大的挑战。在此背景之下，企业与企业之间通过结成战略合作伙伴关系的方式，把资源聚焦于能够充分发挥自身核心竞争优势的领域，而将非核心业务外包的供应链竞争战略应运而生。企业与企业之间的竞争逐渐演变为供应链与供应链之间的竞争。供应链管理也从最初的物流管理的一个局部问题发展成为涵盖物流、信息流、资金流等的战略问题，受到学术界和企业界的高度关注而成为研究的热点。

在供应链系统中，成员企业之间的关系超越了传统竞争与对抗的企业关系，而是表现为既竞争又合作的新型伙伴关系，即协同关系。这种介于"纵向一体化"和"企业内部"之间的特殊关系与供应链整体竞争优势密切相关，供应链协同也被认为是减少系统不确定性和"牛鞭效应"的重要途径，起到了显著地降低成本、提升效率和竞争能力的作用，并得到了国内外的实证检验。知识作为战略资源对企业的竞争优势起着关键性和基础性作用，供应链节点企业之间的产品供需关系本质上可以被视作知识供需关系，具备知识链的特征。

在中国经济整体增速放缓的新常态之下，国内多数行业面临调整产业结构、谋求产业转型升级的迫切任务，其根本途径是自主创新，既包括技术创新，也包括管理创新与体制创新。但是，自主创新的高投入、高风险和长周期等特征严重阻碍了企业转型升级的步伐。以工业企业中的装备制造业为例，一方面，跨国公司高端产品、高端技术和高端市场的挤压使民族企业如同原始森林的低矮灌木，在夹缝中生存与发展；另一方面，国内市场的"过度竞争"又使处于全球产业价值链低端和"微笑曲线"低附加值环节的中国制造业利润微薄，在用宝贵的不可再生的资源创造着低附加值产品的同时导致企业积累严重不足，自主创新所需要的大量研发投入是许多企业难以承受和无力负担的。中国企业要完成在双重压力之下的"华丽转身"，实现"弯道超车"，必须探索一条适合自己的独特的创新道路。

二　研究的目的与意义

在供应链环境下研究知识协同是供应链管理、跨组织边界知识管理以及协同创新共同的需要。

首先，在竞争全球化、产品生命周期越来越短、需求快速多变以及互联网革命的时代，任何一家企业在价值链的各个环节都建立持久的竞争优势将变得更加困难甚至是遥不可及，这就使得供应链战略成为越来越多企业的选择。竞合成为提供快速响应、柔性和高客户满意度的主流战略，而作为战略资源的知识竞合更为根本和彻底，成为供应链竞争优势新的源泉。

其次，如果把供应链视作知识的供需链，供应链的结构性优势在于知识来源的多样性、内容的相关性、结构的内在匹配性和互补性，即供应链知识具有系统性和集成性特征，这也使得系统性、开放性、集成性知识创新具备了潜在的可能性。供应链知识协同既可以成为开放式协同创新更有效率的平台和全新模式，也为解决国民经济众多行业系统性和集成性创新严重不足的问题提供新的解决思路。

最后，基于采购—供应关系，从客户端到供应端的跨越组织边界的知识运动在整个供应链中是普遍存在的现象，知识溢出、知识互动使传统的局限于企业边界之内的知识管理面临挑战，跨界成为知识管理的新常态，而其中知识协同是最具活力和创造性的前沿领域。

本书将供应链知识协同的有关理论与中国企业自主创新的现实问题相结合，探讨供应链知识协同的理论框架、影响因素、风险管控、实现机制及其对企业技术创新绩效的实际作用。具体的研究目的有：①厘清供应链协同，供应链知识协同的概念、内涵和理论体系；②研究供应链知识协同的影响因素和实现机制；③对供应链知识协同中的风险进行识别、分析与评价；④研究供应链知识协同与企业技术创新之间的作用机理、传导机制，并在企业调研的基础之上开展实证研究；⑤选择特定行业和典型企业，建立供应链知识协同对企业技术创新绩效的评价体系，开展深入的案例研究。

在理论层面，对供应链协同的国内外研究很多，但绝大部分研究对象为供应链物流协同、库存协同、产能协同和采购协同等，对供应链知识协同的研究相对较少，已有的供应链知识协同的研究以理论探讨和定性研究为主。本书首先在理论层面对供应链知识协同的概念和理论体系进行系统研究，建立了供应链知识协同影响因素、协同实现机制、协同作用机理的定量模型，丰富了供应链知识协同的理论体系，进一步巩固和发展了现有的研究成果。

在实践层面，我国企业特别是工业企业多年来面临着引进技术消化吸收不足和自主创新匮乏的困境，本书从供应链成员企业知识协作的角度提出了不同于现有产学研合作创新的新的协同创新模式。该模式适应工业企业特别是制造业系统创新和集成创新的行业属性，能够提供给企业更多的可行选择。在战略选择上，供应链知识协同为企业制定适应全球竞争环境的战略指出了方向。此外，供应链知识协同影响因素、实现机制和作用机理定量模型的建立也对企业实施供应链知识协同提供了现实性的指导。

第二节　国内外研究综述

一　供应链和供应链管理方面的研究现状

（一）供应链的概念

供应链的概念最早出现在 20 世纪 80 年代左右，但到目前为止没有形成统一的定义。供应链的概念最早由 Oliver 和 Webber 于 1982 年提出，主要被用来研究如何通过整合企业内部采购、制造、销售和渠道等各项业务职能以获利。①

New 和 Payne（1995）认为供应链是连接制造和供应过程的每一个元素，从原材料到最终的客户，跨越多个组织边界。根据这一扩展的供应链定义，供应链包含了完整的价值链，强调了从最初原材料的获取到终端的物料和供应管理。② Harwick（1997）认为，供应链的哲学将传统的内部活动扩展到跨企业边界，用优化和更富效率的共同目标将交易伙伴联合在一起。③ Simchi Levi 等（2003）定义供应链为集成供应商制造商、储运企业和商业企业，以使商品以正确的质量、正确的地点在正确的时间被生产和分销，为了尽可能地最小化系统成本的同时满足服务水平的要求。④

---

① Oliver, R. and Webber, M., "Supply chain management: logistics catches up with strategy", *Logistics: the Strategic Issues*, Vol. 15, No. 4, April 1982, p. 63.

② New, S. and Payne, P., "Research frameworks in logistics: three models, seven dinners and a survey", *International Journal of Physical Distribution and Logistics Management*, Vol. 25, No. 10, October 1995, p. 60.

③ Harwick, T., "Optimal decision - making for the supply chain", *APICS - the Performance Advantage*, Vol. 7, No. 1, January 1997, p. 42.

④ Simchi Levi and D. Kaminsky, *Designing and Managing the Supply Chain: Concepts, Strategies, and Case Studies*, New York: McGraw - Hill Publishing Company, 2003, p. 266.

Bernhard 等（2006）认为一个供应链流程应该由四个方面构成：计划、资源、制造和配送。① Mabert 等（1998）认为供应链是将原材料转化成为最终产品并且将产品送达客户的一系列单元。② Edgar 等（2003）则认为一个供应链系统由四个高度相互联系的部分组成，即供应商、制造商、分销网络和客户。③

尽管缺乏统一的定义，但通过上述不同学者的见解可以看出，供应链系统类似于一个虚拟“企业”，将具有供应关系的企业连接在一起，形成利益共同体。这种虚拟“企业”从形态上看，介于纵向一体化和企业内部之间，可以理解为新的相对松散型的企业组织。

（二）供应链的类型

关于供应链的类型，Keah Choon Tan（2001）根据行业的不同，将供应链划分为三类，分别是：①针对制造企业的采购和供应视角的供应链。供应链创造了一个虚拟组织，用共同的目标将所有的实体和运营活动组织起来，进行整合采购、需求管理、新产品设计和开发以及制造计划和控制。②商业企业的运输与物流视角的供应链。供应链管理者将物流并入到战略决策之中，使物流扩展到从供应商到客户的广泛的价值链之中，使得渠道伙伴以一个整体展开竞争而不是简单地在价值链上采购、库存。③整合供应链。目标是实现制造过程和物流职能的无缝连接和一体化，使得供应链成为有效的竞争利器并且很难被竞争对手所复制。④

随着供应链的不断扩展，供应链从物流职能逐渐上升到战略高度，产生了战略供应链的概念。Ketchen 等（2004）认为，现代竞争已经不是企

① J.，Bernhard and Angerhoter Marios and C. Angelides，“A model and a performance measurement system for collaborative supply chains”，*Decision Support Systems*，Vol. 42，No. 10，October 2006，p. 283.

② V，Mabert and M. A. A. Venkataramanan，“Special research focus on supply chain linkages：challenges for design and management in the 21st century”，*Decision Sciences*，Vol. 29，No. 3，March 1998，p. 537.

③ Edgar Perea – Lo’pez and B. Erik Ydstie and Ignacio E. Grossmann，“A model predictive control strategy for supply chain optimization”，*Computers and Chemical Engineering*，Vol. 27，No. 5，May 2003，p. 1201.

④ Keah Choon Tan，“A framework of supply chain management literature”，*European Journal of Purchasing & Supply Management*，Vol. 7，No. 1，January 2001，p. 39.

业与企业之间的竞争，而是供应链与供应链之间的竞争①，这一观点明确强调了供应链的战略意义。Fisher（1997）首次提出了供应链战略与产品的关系，研究了供应链战略与产品类型的相互匹配。在这个模型中，产品被分为两种类型，即功能性产品和创新型产品。供应链类型被分为效率过程和市场响应过程，效率过程追求最低成本，市场响应过程则追求对不可预测需求的快速响应。② Hult 等（2004）认为，战略供应链是将供应链的概念提升到战略层面，供应链被用来创造竞争优势增强企业绩效，同时提出了最优价值供应链的概念，最优价值供应链聚焦于四个方面的竞争优势，即速度、成本、质量和柔性。③ David 等（2007）认为，传统供应链管理被许多人认为是一个物流过程，但是战略供应链则完全不同，是从一个支撑战略的职能提升到战略的关键要素。④

Prasad 和 Babbar（2000）则首次提出了全球供应链的概念。全球化的增长和变化带来了新的管理，供应链管理不再仅仅是一个国内的现象，它跨越了国界将全球化的挑战强加于管理者的头上，管理者需要设计供应链以应对现在和未来的产品挑战。⑤

（三）供应链管理

全球物流论坛 1998 年对供应链管理的定义是：供应链管理是整合从最终客户到最初供应商的关键业务流程来提供产品服务和信息，实现对客户和其他利益相关者的价值增值。Cooper 等（1997）认为供应链管理应该具备以下特征：①供应链管理从最初的企业内部几个职能演化为跨组织整合协同。广义上讲，供应链将最初的资源（供应商的供应商）和最终的客户（客户的客户）集成到一个链上，结为一体。②涉及众多的组织，管理组织内部和组织间关系是供应链管理的核心。③它包括双向的产品和

---

① Ketchen, D. J. and Guinipero L., "The intersection of strategic management and supply chain management", *Industrial Marketing Management*, Vol. 33, No. 1, January 2004, p. 51.

② Fisher, M. L., "What is the right supply chain for your product?", *Harvard Business Review*, Vol. 75, No. 2, February 1997, p. 105.

③ Hult Ketchen and Slater Upson, "Knowledge as a strategic resource in supply chains", *Journal of Operations Management*, Vol. 24, No. 5, May 2004, p. 458.

④ David, J. and Ketchen, Jr., "Bridging organization theory and supply chain management: The case of best value supply chains", *Journal of Operations Management*, Vol. 25, No. 4, April 2007, p. 573.

⑤ Prasad, S. and Babbar, S., "International operations management research", *Journal of Operations Management*, Vol. 18, No. 2, February 2000, p. 209.

信息流，也包括管理和运营活动。④寻求恰当地使用资源以提供高的客户价值的目标并确立整个供应链的竞争优势。[①]

通过供应链管理企业希望实现更高效率的物流、更好的客户服务、更低的成本从而获得更高的竞争优势。Harland（1996）认为所谓供应链管理是管理业务活动和跨组织关系、直接供应商的关系、第一层和第二层供应商和客户的关系、整个供应链的关系。[②] Farley（1997）认为供应链管理主要是指如何利用供应商的流程、技术和能力以提升竞争优势。[③] Soo（2009）认为，供应链管理是指通过紧密集成内部职能和有效连接与供应商、客户和其他渠道成员之间的运作以增强竞争优势和绩效。[④]

尽管对供应链管理的内容尚存在争议，但众多学者认为供应链管理给企业带来了显著收益。Jiao（2009）认为供应链给制造业带来前所未有的柔性、敏捷性和成本优势。[⑤] Wang 等（2007）认为对一个多元化的制造企业而言，如每年的销售收入 350 亿美元的 Intel 公司，通过消除供应链的低效率带来了超过 10 亿美元的潜在收益。[⑥] 供应链管理使得企业通过整合、重塑、优化企业外部的关联资源获取单个企业无可比拟的竞争优势，也使企业的有效边界不断延展，无疑增加了企业运营管理的高难度和高复杂性，给企业带来利益的同时也给管理者带来了巨大的挑战。

二　供应链知识流动与共享

关于供应链知识流动与共享的理论，Nonaka 和 Takeuchi（1995）提出的知识共同体（Knowledge Community）理论认为，供应链可以被看作

---

① Cooper, M. and Lambert, D. and Pagh, J., "Supply chain management: more than a new name for logistics", *The International Journal of Logistics Management*, Vol. 8, No. 1, January 1997, p. 1.

② Harland, C., "Supply Chain Management: relationships, chains and networks", *British Journal of Management* (Special Issue), Vol. 7, No. 3, March 1996, p. 63.

③ Farley, G. A., "Discovering supply chain management: a roundtable discussion", *APICS – The Performance Advantage*, Vol. 7, No. 1, January 1997, p. 38.

④ Soo Wook Kim, "An investigation on the direct and indirect effect of supply chain integration on firm performance", *Int. J. Production Economics*, Vol. 119, No. 10, October 2009, p. 328.

⑤ Jianxin Jiao, "Coordinating product, process, and supply chain decisions: A constraint satisfaction approach", *Engineering Applications of Artificial Intelligence*, Vol. 22, No. 2, February 2009, p. 992.

⑥ Wenlin Wang and Daniel E. Rivera and Karl G. Kemp, "Model predictive control strategies for supply chain management in semiconductor manufacturing", *Int. J. Production Economics*, Vol. 107, No. 10, October 2007, p. 56.

是由上下游节点企业以知识为媒介所组成的共同体。① 与知识共同体相对应的是知识市场理论，达文波特等（1998）在 *Working Knowledge* 一书中首次提出了“企业内部知识市场”的概念，强调知识运行很大程度上是在市场机制的作用下进行的。② 随后的研究者将知识市场这一概念引入到供应链知识管理中，认为在供应链中也存在一个知识市场。此外，知识市场应该和其他的市场具有类似的属性和特征，比如市场交易主体、规则和市场管理者，应该至少包括以下的参与主体，即知识的需求者（即知识买方）、知识的供给者（即知识卖方）和知识市场的管理方。③

Ramasubramanian 等（2002）更进一步地研究了日本 Infosys 公司的知识市场，提出在一般情况下内部知识市场中的知识需求者和提供者之间是通过虚拟的货币——知识货币单元（Knowledge Currency Units）进行知识交易的。④ 这些内部知识市场货币主要有互惠、名望和利他主义。在供应链知识市场中除可以使用这些“货币”外，还可以使用价格折扣、订单数量等知识需求企业可以“支付”而知识提供企业又认为有价值的东西。

与知识共同体和知识市场理论不同，也有学者提出了一个系统知识链的概念，该知识链是从组织内的知识和组织的核心竞争能力的关系出发构建的，认为知识链管理是基于知识流在不同企业主体间及企业内部的转移与扩散，实现知识的捕获、选择、组织和创新，具有价值增值功能，并将知识活动分为基本过程和支持资源两大类。该理论更多的是参考了波特价值链的模型，将供应链视作环环相扣的知识链条。如刘彦辉等（2007）认为供应链是物流、资金流、信息流、知识流的结合体，并认为供应链企业间的知识链管理是把供应链中的上下游企业的知识流提升到战略角度，对知识流进行系统的管理，以知识链管理完善供应链管理，并通过供应链这一整体来提高企业的效率，降低成本，提高供应链整体竞争优势。⑤

---

① I. , Nonaka and H. Takeuchi, *The knowledge - creating company*: *How Japanese companies create the dynamics of innovation*, New York: Oxford University Press, 1995, p. 167.

② T. , Davenport and L. Prusak, *Working knowledge*: *How organization manages what they know*, Boston: Harvard Business School Press, 1998, p. 350.

③ 张旭梅等：《供应链中的知识市场研究》，《科学管理研究》2006 年第 10 期。

④ Ramasubramanian S. and Jagadeesan G. , “Knowledge management at Infosys”, *IEEE software*, Vol. 19, No. 3, March 2002, p. 53.

⑤ 刘彦辉等：《供应链企业间协同知识链管理模型研究》，《经济理论研究》2007 年第 1 期。

随后的学者大体上是在以上三种理论的基础之上开展进一步的研究。其中以基于知识市场理论的研究为主流。朱庆等（2005）以知识共享为核心，提出了供应链企业间知识共享的四层面模型，即战略层、知识选择层、共享知识库和应用层。他们认为要实现供应链的知识共享，首要任务是在战略层面建立企业知识共享水平评价体系，为供应链合作伙伴的选择和最终供应链的建立提供标准和依据。但同时强调供应链知识共享不涉及独立企业的核心知识，即核心知识不进行流动和共享。[①] 张旭梅等（2008）根据知识市场理论，从保障公平交易的角度看，提出了第三方监督下的知识交易模型，该模型认为如果供应链成员企业能够充分共享该“知识源”，供应链的效率和竞争力将大为提高。要实现供应链上的知识共享，应该建立一个知识共享的平台，甚至可以建立由第三方来管理的知识共享平台[②]，但该模型目前还停留在理论探讨层面。安小凤等（2009）用委托—代理理论来研究供应链中的知识共享问题，这里的委托方是制造商，代理方是供应商，委托人按照代理人付出的努力水平或能够揭示代理人努力程度的变量决定其支付[③]，但对具有独立法人的节点企业而言，信息不对称下能否准确观测到代理人的努力程度是一个难题。

在企业实践和实证研究方面，对日本丰田汽车公司知识流动和共享的研究具有突出的代表性。丰田在知识流动和共享方面有着丰富的经验并取得了十分可观的实际效果。具体做法有：①成立供应商协会，提供一种机制促进知识共享，这种机制主要包括供应商联合大会会议（两月一次）和主题委员会会议（每月或两月一次）；②在日本和美国的丰田公司中组建咨询/解决问题的团体（Consulting/Problem—Solving Groups），丰田公司将这些专家顾问派给供应商，帮助他们解决履行 TPS（丰田生产系统）方面的问题；③组织自愿学习团队（Voluntary Leaning Teams）。[④] 上述供应链协同实践活动给丰田带来了降低供应成本、缩短研发周期、提高新产品上市成功率等显著的效应，成为丰田公司获取全球竞争优势的重要基石。

---

① 朱庆等：《供应链企业间的知识共享机制研究》，《科技管理研究》2005 年第 10 期。

② 张旭梅等：《第三方监督下的供应链企业间知识交易模型研究》，《科技管理研究》2008 年第 8 期。

③ 安小凤等：《供应链知识共享代理关系及其支付机制》，《商业研究》2009 年第 12 期。

④ 张玉蓉等：《供应链中核心企业与供应商知识共享的分析与启示——丰田公司案例研究》，《科学管理研究》2006 年第 4 期。

三 供应链协同

（一）供应链协同的有关概念

关于供应链协同，到目前还没有一个统一和广为接受的定义。综合国内外的研究成果，大致可以划分为以下几类。

1. 过程方式说

Anne 等（2007）认为，供应链协同是一种方式，通过这种方式使所有供应链中的企业为了共同的目标展开有效的协作，这种协作可以描述为信息共享、知识共享、利益共享和风险共担，有效的供应链协同不仅仅是物流的协同，更应该是不同种类信息，诸如需求、产能、库存等的协同①；Bauknight（2000）认为协同是一个过程，一个包含着价值创造机会的过程②；McClellan（2003）认为，协同是一种“双赢”安排，这种安排有可能带来业务的成功。③ 上述定义将供应链协同视为比较笼统抽象的概念。

2. 战略说

一些研究者认为供应链协同具有战略意义，与供应链竞争优势密切相关，主张应从战略高度定义供应链协同。如 Angerhofer 等（2000）强调供应链协同是以全局和系统的观点，通过提升供应链总体绩效的目标来获取竞争优势④；Xu 等（2006）认为，供应链协同是对来自相互依赖的供应链合作伙伴所面临挑战的战略响应。⑤

3. 整合管理说

这种学说强调供应链协同是供应链成员企业整合内外部资源所开展的业务或管理活动，该学说将供应链协同定位于运营和操作层面。如 Xue 等（2005）认为所谓协同是指整合组织内部和跨组织的各个部分通过共

① France Anne and Gruat La Forme and Vale'rie Botta Genoulaz, “A framework to analyze collaborative performance”, *Computers in Industry*, Vol. 58, No. 5, May 2007, p. 687.

② Bauknight, D. N., “The supply chains future in the e – economy and why many may never see it”, *Supply Chain Management Review*, Vol. 21, No. 3, March 2000, p. 28.

③ McClellan, M., *Collaborative Manufacturing*, Delray Beach: St Lucie Press, 2003, p. 210.

④ B. J. Angerhofer and M. C. Angelides, “System Dynamics Modelling in Supply Chain Management: Research Review”, J. A. Joines, R. R. Barton, K. Kang, P. A. Fishwick (Eds.), Winter Simulation Conference, ACM/IEEE/SCSI, Orlando (FL), USA, 2000, p. 125.

⑤ L., Xu and B., Beamon, “Supply chain coordination and cooperation mechanisms: An attribute – based approach”, *The Journal of Supply Chain Management*, Vol. 42, No. 1, January 2006, p. 4.

同行动以实现多方利益。[①] Larsen（2000）认为协同是指一些协同业务活动，诸如联合计划、联合产品开发、互相交换信息、整合信息系统、长期协作，以及坦诚地共享利润和共担风险。[②] Simatupang 等（2002）认为协同是指两个或多个独立企业共同计划、执行供应链运作以获得比它们独立运作更好的绩效。[③] Malone 和 Crowston（1994）认为，协同是相互依赖的实体的管理行动，是将实体的努力联合在一起去实现既定的目标。[④]

在实证和模拟研究方面，Fisher 等（1994）援引了美国食品工业的数据，估计由于缺乏协同供应链合作伙伴每年损失 300 亿美元，协同被认为是整合供应链成员企业运作去获取共同目标的先决条件。[⑤] Kim 和 Oh（2005）提出了一个系统动力学方法去协同供应商和制造商的决策用于提升产品质量和新产品开发，并将这一模型在电信企业中进行模拟研究。模拟显示，整体绩效最好的案例是通过没有任何主导的成员企业之间的协同决策来实现的。[⑥]

（二）供应链协同类型

关于供应链协同类型，Anne 等（2007）提出了反应型协同和主动型协同，反应型协同（A reactive collaboration）是当合伙伙伴给予了一个刺激之后所产生的协同活动，为了提高本地或全球绩效。这种刺激可能是信息数据或者是建议要求和被认为是协同的输入。主动型协同（A proactive collaboration）是企业不需要外部刺激自发地所产生行为的协同关系。主动型协同关系与企业预期的程度密切相关，企业与合作伙伴之间的信息联

① Xiaolong Xue and Xiaodong Li and Qiping Shen. "An agent – based framework for supply chain coordination in construction", *Automation in Construction*, Vol. 14, No. 3, March 2005, p. 413.

② Larsen, S. T., "European logistics beyond 2000", *International Journal of Distribution and Logistics Management*, Vol. 30, No. 6, June 2000, p. 377.

③ Simatupang, T. M. and Wright, A. C. and Sridharan, R, "The knowledge of coordination for supply chain integration", *Business Process Management Journal*, Vol. 8, No. 3, March 2002, p. 289.

④ Malone, T. and Crowston, K., "The interdisciplinary study of coordination", *ACM Computing Surveys*, Vol. 26, No. 1, January 1994, p. 87.

⑤ Fisher, M. L. and Raman, A. and McClelland, A. S., "Rocket science retailing is almost here: Are you ready?", *Harvard Business Review*, Vol. 72, No. 3, March 1994, p. 83.

⑥ Kim, B. and Oh, H., "The impact of decision making sharing between supplier and manufacturer on their collaboration performance", *Supply Chain Management: An International Journal*, Vol. 10, No. 2, Febuary 2005, p. 223.

系被认为是协同行为的输入。①

除此之外，众多学者根据协同对象来划分供应链协同类型，主要的研究领域包括：①物流协同，以实现低成本与高效率；②产能协同，以协调供应商和制造商以及下游经销商之间的产能来平衡生产与需求波动，实现快速响应；③库存协同，如典型的卖方库存管理；④采购协同，以消除供应链波动和“牛鞭效应”等。

（三）供应链协同机制

对供应链协同机制的研究主要有下面几种。

1. 运营方案

关于供应链协同的机制，Li 等（2007）认为供应链协同机制应该是一个运营方案（Operational Plan），这个方案协同了相互独立的供应链伙伴的运营来提升系统盈利。② 当供应链合作伙伴相互分离且是独立经济利益体时，这种运营方案还应包括一些激励计划来配置协同利益以使所有的合作伙伴相互配合、相互协作。其中最为典型的运营协同是产能和库存决策、订货量和订单间隔等方面的协同。因而，从运营协同的角度看，精确、实时的和易于获取的信息有助于提高决策的效果。为了实现及时制造（Just in Time）和敏捷制造等目的，丰田将 TPS（丰田生产系统）系统在整个供应链系统中推广和应用以实现协同的案例是有代表性的运营方案协同的案例。

2. 契约

契约（Contract）模型的基础最初来自经典的报童问题（newsboy）。Arshinder（2009）认为供应链由相互分散又相互依赖的企业构成，这些企业相互依赖，共同管理着不同的资源，如库存资金和信息。③ 目标的冲突和缺乏协同造成了供应链内部的不确定性和外部需求的不确定性，协同能够减少不确定性。典型的供应链契约能使供应链变得顺畅起来，并激励成员企业成为整个供应链系统的一部分来承担风险和分享收益。Tsay

---

① France Anne and Gruat La Forme and Vale'rie Botta Genoulaz, “A framework to analyze collaborative performance”, Computers *in Industry*, Vol. 58, No. 5, May 2007, p. 687.

② Xiuhui Li and Qinan Wang, “Coordination mechanisms of supply chain systems”, *European Journal of Operational Research*, Vol. 179, No. 1, January 2007, p. 1.

③ Arshinder Arun Kanda and S. G. Deshmukh, “A framework for evaluation of coordination by contracts: A case of two - level supply chains”, *Computers & Industrial Engineering*, Vol. 56, No. 1, January 2009, p. 1177.

（1999）认为供应链契约的目标是增加整个供应链的利润，节省库存成本和在伙伴之间分担风险，供应链合作伙伴的协同通过采用契约的方式来更好地管理供应—采购关系和进行风险管理。①

关于供应链契约的类型，Arshinder 等（2009）认为按照参数的不同，契约可以划分为产量、时间和质量的契约，在契约里购买者下订单而供应者完成订单。有以下三种重要的契约来促使供应链成员企业之间的协同：①回购契约。购买者在销售期结束后将剩余的货物以部分购买价格退回给制造商；②收益分享契约。供应商给了零售商在期初较低的批发价格，零售商在销售期结束的时候实际上已经分享了部分收益；③从量柔性契约。购买者被允许在市场需求逐渐清晰并明显增长的时候修改订单以配合供应商，随着时间的推移购买者修改订单所获得的收益更为理想。②

在此基础上，也有学者结合各个产业的实际，研究了各自领域内的供应链契约。Chen 等（2010）研究了香港时尚产业的供应链，这是一个带有明显季节特征和需求由价格决定的行业。研究者认为供应链成员能够通过一个恰当的契约结成伙伴关系，契约使成员企业的决策收益最大化，并使每一个成员企业满意。该契约是一个风险共担和利益共享的契约，能够在一个分散型供应链决策结构下实现协同。③ Puneet 等（2008）研究了带有双向惩罚机制的产能投资契约，契约保证了两个参与方能够按照风险大小的比例分享收益和确定各自的讨价还价能力。在这种情况下，供应商和制造商可以通过订立契约的方式提供一种风险和利益共享的机制，而且据此做出产能投资决策。④ 此外，Jin 和 David Wu（2007）研究了高新技术

---

① Tsay, A., "The quantity flexibility contract and supplier - customer incentives", *Management Science*, Vol. 45, No. 10, October 1999, p. 1339.

② Arshinder Arun Kanda and S. G. Deshmukh, "A framework for evaluation of coordination by contracts: A case of two - level supply chains", *Computers & Industrial Engineering*, Vol. 56, No. 1, January 2009, p. 1177.

③ Haoya Chen and Youhua (Frank) Chen and Chun - Hung Chiu, "Coordination mechanism for the supply chain with leadtime consideration and price - dependent demand", *European Journal of Operational Research*, Vol. 203, No. 3, March 2010, p. 70.

④ Puneet Prakash Mathur and Janat Shah, "Supply chain contracts with capacity investment decision: Two - way penalties for coordination", *Int. J. Production Economics*, Vol. 114, No. 5, May 2008, p. 56.

产业如半导体和电子行业等，发现了这些行业通过产能预定契约来保证协同。①

3. 信息共享

根据 Barut 等（2002）的观点，通过信息共享的跨企业整合和协同已经成为提升供应链绩效的一个关键成功因素。② 供应链成员通过共享需求信息、订货信息和库存等信息来实现协同。实时的需求信息和来自下游的预先采购承诺节省了库存成本。此外，信息共享还增加了供应商的服务水平。Cachon 和 Fisher（2000）进行了一个基于现实模拟的对比研究发现，完全的信息共享要比传统模式供应链成本平均降低 2.2%，最高降低 12.1%。③ 此外，信息共享获得了更低的订货成本，节省了交货期，销售渠道的信息和数据帮助供应商更好地预期未来零售商的订单并降低了“牛鞭效应”，供应商可以利用零售商的库存信息配置零售商的最优库存。

4. 联合决策制定

Arshinder 等（2009）认为协调一致的决策制定能够有助于解决供应链成员之间的冲突，而且能够处理未来不确定性所带来的例外情况。④ 联合决策制定主要有协同计划、协同产品开发、联合库存决策、联合补货决策等。Fu 等（2004）对供应端的协同进行了研究，通过建立一个供应商和一个销售商的两级供应链的、供应端联合库存决策模型发现，供应端的协同能够以更精确、更稳定的服务水平提高销售商的业绩。⑤

四　供应链知识协同

（一）知识协同的概念

知识协同（Knowledge Coordination，或 Knowledge Collaboration）是一

① M. Jin, and David S. Wu, “Capacity reservation contracts for high - tech industry”, *European Journal of Operational Research*, Vol. 176, No. 3, March 2007, p. 1659.

② M. Barut and W. Faisst and J. J. Kanet, “Measuring supply chain coupling: an information system perspective”, *European Journal of Purchasing & Supply Management*, Vol. 8, No. 3, March 2002, p. 161.

③ Cachon, G. P. and Fisher, M., “Supply chain inventory management and the value of shared information”, *Management Science*, Vol. 46, No. 8, August 2000, p. 1032.

④ Arshinder Arun Kanda and S. G. Deshmukh, “A framework for evaluation of coordination by contracts: A case of two - level supply chains”, *Computers & Industrial Engineering*, Vol. 56, No. 1, January 2009, p. 1177.

⑤ Yonghui Fu and Rajesh Piplani, “Supply - side collaboration and its value in supply chains”, *European Journal of Operational Research*, Vol. 152, No. 4, April 2004, p. 282.

个相对比较新的概念，被称为第三代知识管理，企业通过“协同”的方式进行知识创新，能够弥补知识缺口，有效解决知识情景嵌入和路径依赖的问题，获得多主体、多目标、多任务间“1+1>2”的知识协同效应。[①]

最早提出知识协同概念的是 Karkenzig（2002），他认为知识协同是一种动态的组织战略方法，可以建立内部和外部系统、商业过程、技术和关系（社区、客户、伙伴、供应商）以最大化商业绩效。[②] 还有学者将知识协同定义为组织的一种能力，它能将合适的信息在合适的时间传递给合适的人，并从创建知识协同文化、概括知识协同流程和实施知识协同技术三个方面对知识协同展开了进一步的论述。

陈昆玉等（2002）提出企业知识协同是指企业通过整合组织的内外部知识资源，使组织学习、利用和创造知识的整体效益大于各独立组成部分总和的效应。[③] 陆杉等（2010）认为知识协同是指通过整合组织的内外部知识资源，产、学、研各方面通过组织节点（即子系统）间知识的相互作用，产生增强的合作效果，创造出比组织节点自身更高的价值，使组织学习、利用和创造知识的整体效益大于各独立组成部分总和的效应。[④]

（二）供应链知识协同的目的和作用

Karkenzig（2002）认为知识协同的范围应跨越组织界限予以拓展。Boddy 等（2006）认为，知识协同包括知识共享和创造两个方面，二者相互关联，互为因果。只有通过共享才能形成供应链的知识平台，而供应链知识创造是在已有知识资源基础上开发、创造出新知识的过程。[⑤] 这一观点强调了知识共享在协同实现中的基础性作用，知识协同的根本目的是知识创造。

Maureen（2003）研究了瑞典医药行业的供应链知识协同，认为知识协同是合作伙伴共同参与、积极寻找新的知识和创造新的知识，强调知识

---

① Anklam, P., “Knowledge Management: The Collaboration Thread”, *American Society for Information Science and Technology*, Vol. 28, No. 6, June 2002, p. 65.

② Karkenzig, W., Tap into the power of knowledge collaboration [EB/OL]. Dimension Data, http://www.tmcnet.com, 2002.

③ 陈昆玉等：《论企业知识协同》，《情报科学》2002 年第 9 期。

④ 陆杉等：《供应链知识协同管理绩效评价研究》，《科技管理研究》2010 年第 1 期。

⑤ Boddy, D. and Macbet, H. and D. Wagner, “Implement ing collaboration between organizations: An empirical study of supply chain partnering”, *Journal of Management Studies*, Vol. 37, No. 7, July 2006, p. 1003.

协同对企业创新至关重要。① 吴冰等（2008）强调知识协同是通过提高供应链运作效率和服务效果来提升供应链整体竞争优势。② 陆杉等（2010）则提出知识协同管理是提高知识创新与运用的效率，使供应链成员间的知识水平达到协调与优化，进而改善供应链整体绩效，保持供应链核心竞争力的必然选择。③ 显然，知识创新与供应链绩效密切相关。从这个意义上讲，知识协同的直接目的是实现知识的创造，进而通过知识创造提升企业乃至整个供应链的绩效，决定供应链的竞争优势。

刘介明（2009）对供应链知识产权协同进行了较为系统的研究，强调供应链知识协同具有战略意义和全局意义，能够实现供应链系统的"多赢"。他认为供应链企业知识产权协同管理是指供应链企业在知识产权合作过程中，为了提高供应链的整体研发能力和市场竞争实力，所进行的彼此协调和相互努力。④ 供应链企业知识产权协同管理的目的就是要通过供应链企业知识产权的协同化运作，减少冲突和内耗，极大地发挥协同效应，创造出大于各供应链企业价值简单总和的供应链整体价值，即所谓的"1 +1 >2"的现象。知识产权协同其实质是知识协同。曾德明（2010）也强调知识协同能够促进知识存量增长与创新循环，从而增加整个供应链的竞争优势。⑤

也有学者强调知识协同的过程是消除差异、达成一致，以及组织学习的特性。向晋乾等（2005）认为，供应链知识体系需要不断地融合，因而供应链知识协同的过程就是一个从差异走向协调一致的过程。他认为知识协同的研究有着比供应链有形资源如设施设备的协同更为重要的理论及现实意义。⑥ 刘勇军（2006）则强调了知识协同的网络化特征，协同实际

---

① Maureen McKelvey and Hakan Alm and Massimo Riccaboni, "Does colocation matter for formal knowledge collaboration in the Swedish biotechnology - pharmaceutical sector?", *Research Policy*, Vol. 32, No. 5, May 2003, p. 483.

② 吴冰等：《供应链协同知识创新的激励设计》，《科学学与科学技术管理》2008 年第 7 期。

③ 陆杉等：《供应链知识协同管理绩效评价研究》，《科技管理研究》2010 年第 1 期。

④ 刘介明：《供应链企业知识产权协同管理研究》，博士学位论文，武汉理工大学，2009 年。

⑤ 曾德明：《基于知识协同的供应链企业知识存量增长机理研究》，《中国科技论坛》2010 年第 2 期。

⑥ 向晋乾等：《企业集团内部供应链知识的协同机制研究》，《情报科学》2005 年第 12 期。

上是知识的集成、共享和融合。[1]

（三）供应链知识协同机制

截至目前，对知识协同机制的文献相对较少，国内外对供应链知识协同机制的研究大致从两个主要的方向展开：一个是知识市场理论，另一个是知识共同体理论。

知识市场理论强调了市场机制是知识协同实现的内在动因，市场化的机制促使了知识流动、共享和协同的产生。如张旭梅等（2008）认为在供应链中建立知识市场，用市场机制促进知识在不同主体间的流动从而达到知识共享是可行的决策。[2] 供应链各节点企业应优化企业知识体系，建立良好的信息技术基础设施，减少知识交易成本，进而提高知识市场的交易水平。

知识共同体理论则强调了成员企业之间的相互关系，特别是信任关系对于协同的重要影响。Nahapiet 提出的社会行动理论强调信任是交换行为的一种体现，陈建军（2009）根据这一理论将供应链成员企业之间的信任分为三类，即基于谋算、基于权威和基于认同的信任机制。[3] 刘丽贤（2010）[4]、张彬彬（2008）[5] 等则强调了成员企业之间的相互信任、风险共担机制。他们主张实现知识协同的基础条件是成员企业的相互信任，认为供应链协同是建立在供应链成员相互信任基础上的，以整个供应链为体系的协同知识创新，其过程主要包括知识创造、知识转移和知识应用三个阶段。这种观点实际上强调了市场利益与信任的双重影响。

同时，也有国内学者建立了博弈机制。如吴冰等（2008）建立了供应链中企业进行知识共享的博弈模型，分别研究了供应链中企业进行知识共享和“搭便车”的行为。[6] 翁莉等（2008）建立了供应链企业知识共享动态博弈的斯塔尔伯格（stackelberg）博弈模型，该模型认为明确共同的

---

① 刘勇军：《基于语义 Web 服务的供应链知识协同模式研究》，博士学位论文，武汉理工大学，2006 年。

② 张旭梅等：《供应链企业间的知识市场及其交易模型研究》，《管理工程学报》2008 年第 3 期。

③ 陈建军：《供应链协同的知识转移研究》，《科技管理研究》2009 年第 2 期。

④ 刘丽贤：《供应链协同知识创新的模型研究》，《商业经济研究》2010 年第 17 期。

⑤ 张彬彬：《汽车行业供应链协同知识创新机制》，载《中国汽车工程学会年会论文集》，2008 年 6 月，第 1680 页。

⑥ 吴冰等：《供应链协同知识创新的激励设计》，《科学学与科学技术管理》2008 年第 7 期。

利益目标、建立良好的供应链合作机制和加强长期的战略伙伴关系，以及合理的风险共担、利润共享的分配机制是有效的共享和协同策略。①

向晋乾等（2005）则从更宏观的层面对协同机制进行了研究，供应链知识协同效应的实现可以通过以下七种作用机制来达成，即供应链知识共享、转移、替代、互补、学习、冲突消解、创造。②

五　文献综述结论

综合国内外的研究成果，可以得出：

首先，对供应链协同的研究较多，但对供应链知识协同的研究相对较少，以国内学者为主。国内外的众多研究表明，供应链协同和供应链知识协同对供应链节点企业和整个供应链系统的绩效产生积极的影响。

其次，对供应链知识协同的研究以理论研究为主，将该理论引入到某一特定行业、针对某一企业展开实证研究并获得显著成果的较少。

最后，国外学者针对供应链协同及其实现机制等建立了诸多数学模型，此方面成果较为丰富，但对供应链知识协同及其实现机制的定量研究相对较少。

因此，对供应链知识协同的理论内涵及其作用展开深入研究，特别是实证研究和定量研究具有非常广阔的前景，理论和实践层面的意义都很重大。

第三节　研究内容与研究方法

一　研究内容

本书基于竞争全球化的时代背景和供应链战略日益成为国内外众多企业战略选择的现实之上，从供应链的角度来看，探讨分析知识协同的内涵和理论意义，分析了供应链知识协同关键影响因素，提出供应链知识协同的实现机制模型，研究了供应链知识协同对企业技术创新的传导机制和作用机理，以及供应链知识协同对企业技术创新绩效的评价，主要研究内容包括七个部分共十章。

---

① 翁莉等：《供应链知识共享行为的博弈分析》，《统计与决策》2008 年第 3 期。

② 向晋乾等：《企业集团内部供应链知识的协同机制研究》，《情报科学》2005 年第 12 期。

第一部分为绪论部分，即本书的第一章，主要介绍本书的研究背景、研究目的与研究意义；介绍本书所要研究的供应链、供应链协同和供应链知识协同的国内外研究现状；介绍本书主要的研究内容、逻辑框架结构和拟采用的研究方法。

第二部分为基本理论篇，包括第二章、第三章。其中，第二章主要论述供应链知识协同的理论基础，探讨知识对于企业的重要作用，供应链的有关概念和内涵以及供应链结构与知识属性之间的关系。第三章主要论述供应链上知识流动、知识共享的规律，提出知识边界与知识圈模型，探讨供应链知识协同的内涵和作用。

第三部分为理论探讨篇，包括第四章、第五章、第六章。其中第四章主要论述供应链知识协同的关键影响因素，对因素进行了归类。第五章主要论述了供应链知识协同过程中的风险问题，根据知识协同的过程对风险进行了识别、分析与评价。第六章主要论述供应链知识协同实现机制问题，在分散型决策结构下，分别建立了确定性需求和随机性需求下利益—风险机制和关系机制协调作用的斯塔尔伯格博弈数学模型和利益分享风险共担契约模型。

第四部分为实证研究篇，即本书的第七章，主要探讨供应链知识协同对企业自主创新的传导机制和作用机理，通过企业调研获取分析数据，运用结构方程模型探究知识协同与企业创新之间的因果关系。

第五部分为案例研究篇，即本书的第八章，选取装备制造业典型企业为研究对象，论述装备制造业发展现状及面临的主要问题，分析行业发展轨迹和发展过程中突出的共性问题；探讨装备制造业技术创新的核心特性，分析供应链知识协同对装备制造业的适用性和优势；对比研究了案例企业通过供应链知识协同实现的创新成效，建立了供应链知识协同对企业创新绩效的评价体系，并用此评价体系研究了供应链知识协同的实施效果。

第六部分为本书的第九章，探讨了企业实施供应链知识协同要解决的战略问题、文化问题、组织问题等重要环节和注意事项，对实施供应链知识协同战略的企业提出建议。

第七部分为归纳和展望篇，是本书的第十章，主要对本书研究存在的问题进行归纳分析，总结本书的不足和主要缺陷，提出下一步的研究方向和研究内容。

二　研究方法

本书具体运用的方法包括以下几个方面。

（1）多种理论相结合的研究方法。本书涉及战略管理、物流管理和知识管理等领域，需要站在企业全局和战略层面，综合运用战略管理、供应链管理和知识管理的理论和方法来分析研究问题。

（2）理论研究与实证分析、案例研究相结合的方法。在对供应链及供应链管理、供应链协同、供应链知识协同的概念和理论体系进行研究探讨的基础之上，建立定量化的知识协同传导机制与作用机理模型，并将该理论体系引入装备制造业这一特定行业，对供应链知识协同的典型案例企业展开案例研究。

（3）定性分析与定量研究相结合的方法。既对供应链知识流动与共享的规律、供应链知识协同的目的和作用进行了定性研究，也通过案例企业的对比研究得出了量化的评价体系；既对供应链知识协同的利益—风险机制和关系机制进行了定性探讨，也建立了在分散型决策结构下，确定性需求和随机性外部需求环境下供应链知识协同实现机制数学模型。

第二章　供应链知识协同的理论基础

第一节　知识的内涵

一　知识的基本概念

知识（Knowledge）是一个很宽泛的概念，外显或蕴含于社会生活的方方面面，有着极其丰富的内涵和表现形式。《辞海》中的对知识的解释是“人类的认识成果，是在实践中获得的认识和经验”。知识来自社会实践，其初级形态是经验知识，高级形态是系统科学理论。按其获得方式可区分为直接知识和间接知识，按其内容可分为自然科学知识、社会科学知识和思维科学知识，知识的总体在社会实践的延续中不断积累和发展。

在心理学上将知识定义为：个体通过与环境相互作用后获得的信息及其组织。按现代认知心理学的理解，知识有广义与狭义之分。广义的知识可以分为两类，即陈述性知识、程序性知识。陈述性知识是描述客观事物的特点及关系的知识，也称为描述性知识。陈述性知识主要包括三种不同水平，即符号表征、概念、命题。程序性知识是一套关于办事的操作步骤和过程的知识，也称操作性知识。这类知识主要用来解决“做什么”和“如何做”的问题，可用来进行操作和实践。世界经合组织（OECD）在1996年的年度报告《以知识为基础的经济》中将知识分为四大类。

一是知道是什么的知识（Know - what），主要是叙述事实方面的知识；

二是知道为什么的知识（Know - why），主要是自然原理和规律方面的知识；

三是知道怎么做的知识（Know - how），主要是指对某些事物的技能和能力；

四是知道是谁的知识（Know – who），涉及谁知道和谁知道如何做某些事的知识。

就特定的社会组织——企业而言，无论其向社会提供的产品和服务的形式是怎样的千变万化，无一例外地都承载着某一种类、数量和质量的人类智慧的结晶，尤其是在知识经济主导的现代社会生活中，产品与服务所体现的知识水平、知识内涵以及外在表现等丰富与复杂的程度都是空前的，产品与服务更为显著地体现为知识的集合体。从知识管理的角度看，企业不仅仅是生产产品与服务的社会组织，更是应用知识、生产知识、创新知识、传播知识，促进社会进步的推进器。据统计，从 17 世纪到 20 世纪 70 年代，被经济学家认为改变了人类生活的 160 种主要创新中，80%以上都是由公司完成的。今天，全世界 70% 的专利和 2/3 的研究开发经费出自跨国公司。2006 年，美国政府的研发预算为 1320 亿美元，而美国公司的研发预算则达到了 2000 亿美元。①

一般而言，知识具有以下显著的特性：

一是知识的产生与环境密切相关。概括地讲，知识的产生是认识主体与环境相互作用的结果。环境的独特性、差异化在一定程度上决定了所创造知识的类型、属性和表现形式。这些环境因素包括独特的文化环境、特殊的自然环境、社会生活的变迁以及一些偶然因素，因此，知识的差异性应首先追溯环境的差异性。

二是知识体现历史。知识创造是一个不断积累、不断丰富的过程，也是一个不断演化、不断运动的过程。知识的产生和发展是一个复杂的过程，越是高层次的知识其复杂性越高。在人类的历史长河中，从简单知识到复杂知识、从个体知识到系统知识、从表象知识到内涵知识呈现为一个螺旋式上升、阶梯式演化与进步的特性。在不断地认识自然和改造自然之中，知识被积累、酝酿发酵，在已有知识的基础上，新的、更高层次的知识被不断创造出来。对许多知识，无法复制其产生与演变的历史，也就无法实现对该知识的简单拷贝。

三是同其他资源一样，知识也有量与质的差异。知识数量决定了能解决问题的多少，知识质量决定了解决问题的层次和水平。国与国之间科技实力的比较既是知识数量的对比更是知识质量的体现，在高端领域知识质

① 《公司的力量》节目组：《公司的力量》，山西教育出版社 2010 年版，第 202 页。

量是唯一的决定因素。

四是表现形式的多样性。作为重要的无形资源，知识在存储记录、显示表达、传播共享、积累演化、应用开发等运动过程中其形式千变万化，内涵和外延在不断地发生着变化。知识不仅可以借助于有形的实物也完全可以通过独立的形式来体现，即使是对同一种知识，其表现形式也是丰富多彩的。

二　知识分类

按照知识的外在表现来划分，可以分为显性知识（Explicit Knowledge）和隐性知识（Tacit Knowledge）。显性知识是可以编码化的知识，而隐性知识是无法或很难编码化的知识。显然，显性知识由于其可编码化的特点在知识获取、存储、传播和运用方面具有显著的优势，一般通过正式的、明确的渠道进行扩散；隐性知识一般情况下只能通过观察、言传身教和师徒口手传授等方式获得，难以量化和按照某一规则实现标准化编码化，但这并不妨碍隐性知识成为重要性和独特性的来源。显性和隐性特性并不是评价知识优劣的标准。隐性知识的独特性决定了其在运用上的垄断性、对拥有者的依附性和价值上的难以度量等特点。

按照知识的形态来划分，可以划分为存量知识和流量知识。存量知识其形态是固定的，驻留于某一特定位置，其价值相对容易评价；流量知识存在于对象的相互联系之中，只有对这种联系的理解和把握才有可能挖掘与获取流量知识。

按照知识的重要性来划分，又可以划分为核心知识与非核心知识、发展中知识与过期知识四种类型。核心知识是对一个个体或组织的绩效起着至关重要的决定性作用，其影响十分关键。就企业而言，核心知识决定着所提供产品与服务的主要性能指标，是企业核心竞争优势之所系；非核心知识也可称为基础性知识，对组织与个体的绩效起一般性作用和基础作用。发展中知识是处于萌芽或未成熟状态、尚处于不断演变发展阶段的知识类型，其重要性有待于进一步评估和发挥；过期知识是指经过不断的科学技术进步、无形磨损等不断被超越或淘汰落后的知识，其价值在逐渐降低直至消失。

按照知识拥有者的不同，又可划分为个体知识、组织知识、跨组织的知识。个人拥有的知识经过不断转换和组织吸纳可以成为组织知识，如企业知识；存在于一个组织的知识也可以通过各种流动传播方式成为跨组织边界的、多个组织所拥有的知识，这里的组织可以指企业，也可以是一个地区或者一个国家。从个体知识到组织知识往往不仅意味着拥有者的改变，更是内涵和表现形式的质的提升。

三 知识对于企业的重要作用

以波特为代表的产业组织理论的竞争战略思想可表述为：在既定的产业结构内（由五种竞争作用力决定），通过企业的市场行为（即实施成本领先、差异化、集中化战略）来改变市场结构（即改变市场集中度、产品差异化和进入壁垒等）并获得理想的市场绩效（主要是高于行业平均的利润率）。产业组织理论将企业成功的关键因素归结为外部市场，强调竞争优势的外生性，特别是行业结构因素，因而也就无法解释“好行业中存在的差企业”和“差行业中存在的好企业”等问题。与产业组织理论相反，资源基础（Resource Based）学派则强调竞争优势的内生性。在 Penrose（1959）看来，企业作为一个资源的蓄水池，它的成长除了要受到市场竞争状况等外在要因的制约外，还要受到经营资源以及组织能力的制约。[①] Lippman 和 Rumelt（1982）继承了 Penrose 的观点，并将维系企业竞争优势的资源拓展为企业所有独特的难以被模仿的资源，认为“企业如果无法仿制或复制出优势企业产生特殊能力的源泉，各企业之间的效率差异状态将持续下去”。[②] Wernerfelt（1984）发展了上述学者们的观点，正式提出了资源基础论这一命题，认为企业内部资源对获得超额利润和维持竞争优势具有重要意义，进而得出了企业以资源替代产品的思考角度来从事战略决策这一对企业更有意义的结论。同时，Wernerfelt 进一步提出企业的竞争优势基于资源和能力，资源包括有形资源和无形资源，而能力则是利用资源的能力。[③]

Rumelt（1984）经过实证研究认为，企业超额利润的来源最主要的不是外在的市场结构特征，而是企业内部资源禀赋的差异。[④] 至此，资源基础理论发展为现代企业竞争战略的主流思想，并日益为众多的企业家和学

---

① Penrose Edith, T., *The theory of Growth of the Firm*, Oxford: Basil Blackwell Publisher, 1959, p. 14.

② Lippman, S. and Rumelt, R., “Uncertain imitability: An analysis of interfirm differences in efficiency under competition”, *Bell Journal of Economics*, Vol. 13, No. 2, 1982, p. 418.

③ Wernerfelt, B., “A resource - based view of the firm”, *Strategic Management Journal*, Vol. 5, No. 2, February 1984, p. 171.

④ Rumelt, R. P., *Towards a Strategic Theory of the Firm*, in *R. B. Lamb Competitive Strategic Management*, NJ: Prentice - Hall, 1984, p. 54.

者所接受并付诸实践。知识作为重要的企业资源，是企业参与市场竞争的基础、产品与服务竞争优势的支撑、持续竞争优势和发展动力获得的最终源泉，成为知识经济时代企业关注的焦点。

首先，企业竞争实质上是知识的竞争。从企业市场竞争实践来看，从产品竞争到服务制胜，从人才竞争等有形竞争到品牌竞争、文化竞争、创新竞争等的无形竞争，竞争的层次和内涵在不断升级和丰富，无形资源的竞争成为真正的制高点和原动力。自 20 世纪 90 年代以来，以网络、计算机和信息技术为主要手段和方法，知识创造、更新的速度都以几何级数在飞速增长，一方面表现为知识数量的急剧膨胀、极大丰富；另一方面是知识的更新、衰退速度大大加快。反映在企业方面，一是产品与服务的知识含量、水平和知识集成度空前提高，复杂性大大提升；二是产品与服务创新的进程加快，生命周期越来越短，从被市场所接受到退出市场的时间被显著压缩；反映在客户和消费者一侧则是选择的多样化与个性化，消费者快速多变与个性化的需求取向成为主流。

其次，在当今的时代，知识创造、知识更新比以往任何时代都显得急迫而重要。在全球经济一体化的背景下，任何企业要依靠“安居一隅、独善其身”的经营理念都将面临极大的困境。日益激烈的全球竞争压缩着企业的生存空间也压缩着企业的获利空间，缺乏独特技术与产品的企业往往利润微薄且难以实现持续盈利，企业生存环境脆弱且发展的动力严重不足。而以知识创新推动的产品与技术升级，进而开创一片“蓝海”的企业则成功实现了产业升级。中信重工机械股份有限公司（以下简称中信重工）依靠在全球供应链中获取的知识创新因子，抓住机遇迅速推动了产业升级和产品获利空间，形成了“全球稀缺的高端制造资源与制造能力”和“高端技术、高端客户和高端产品”竞争战略，是中国制造业知识驱动变革与产业升级的典型代表。

最后，知识资源是最有潜力的无形资源。就企业资源分类而言，可以分为有形资源和无形资源，有形资源主要是企业所拥有的人财物，而无形资源则是企业的知识资源、技术资源、品牌商誉等。

资源基础理论认为，战略资源要素市场是不完备的，对这类资源的获取会受到路径依赖、因果关系模糊、时间压缩不经济等因素的限制，因而使战略资源具有价值性、稀缺性、不可模仿性和不可替代性，即“VRIN”特性（Value，Rareness，Inimitability and Non – substitutability），由此战略性资源所创造的租金就有可能长期持续，并转化成企业的竞争优势。

显然，并非所有的知识都是战略资源，作为战略资源的首先应该是高价值知识，这类知识支撑企业的核心技术与核心产品，是企业核心竞争优势的主要来源。其次应该是独特的知识，知识的形成体现了企业发展的历史和环境因素，与竞争对手相比在某一个或某几个方面充满了独特性。知识资源往往是企业所拥有的技术、经验和诀窍等的长期积累、逐步总结、系统归纳和高度提炼，通过企业投资的方式才能获得，更多的时候其价值体现为内在属性而非外在表现。知识蕴于无形的属性也使其形成的因果关系更加模糊和难以明确化，因而复制知识特别是核心知识的成本很高。最后，作为战略资源的知识很难从外部交易中直接获取。拥有战略资源知识的企业往往都会设置防止知识外泄的屏障，在知识产权的保护方面采取各种措施以建立风险隔离机制，即使有机会获得核心知识资源也由于企业学习能力的差异以及更为重要的与知识应用相关的必不可少的情境因素，其结果大多是事倍功半，知识无法为我所用。正如日本丰田汽车的丰田生产系统中的零库存、及时制造管理模式等可以学习，但是日本企业的协作文化却难以复制，海尔的 OEC 管理体系同样可以学习但却无法复制 OEC 管理模式形成所经历的漫长的管理探索阶段和企业个性。

科学技术是第一生产力。企业之间的竞争归根结底是知识之间的竞争，而企业竞争力又是国家竞争力的重要体现。在创新驱动经济增长的时代，企业创新其实质是知识创新。从全球视角来看，知识聚集的“马太效应”依然显著，其结果是在知识创造领域“富者愈富穷者愈穷”，发达国家利用资源禀赋的差异、雄厚的知识创新体系和在位优势，继续着领跑者的角色，在这一点上跨国公司就是很好的例证。对于中国企业而言，探索一条适合自身条件、逐步缩小差距的知识管理、知识创造体系和创造模式就显得十分迫切。

第二节　供应链的内涵

一　供应链产生的背景

竞争是战略管理的核心议题，而应对竞争的方式却随着时代的演进而不断创新。当环境的不确定性较低时，为应对竞争的压力，企业内在的控制权冲动得到了充分的释放——试图通过控制整个产业价值链，来创造低成本或差异化，纵向一体化相应地就成为潮流。按照波特的观点，供应商和客户的讨价还价能力越强，必然造成行业竞争激烈程度越高以及获利水平的下降，因此，从控制整个产业价值链和降低交易费用的角度，企业建立了纵向一体化格局。庞大的、纵向产业价值链体系所带来的优势是内在的相对稳定性，在低信任度和机会主义横行的竞争环境中，这无疑是一剂良药——以牺牲速度和柔性来抵消不确定性。

自20世纪90年代以来，信息技术和网络飞速发展，供应商与客户之间一对一的对偶关系发生了诸多实质性的改变，表现为：①信息技术与网络使供应商与客户之间的信息不对称程度大为减弱，客户的讨价还价能力上升并达到一个前所未有的高度，供应商取悦客户并使客户获得满意的难度大大增加；②技术进步使跨组织边界对交易行为及过程的有效监督、交易前后充分的信息搜寻以及对交易的评估成为可能，为节约交易费用提供了技术途径而不是纯粹依赖纵向一体化；③信息的充分流动、文化的融合与交流，全球化的资源配置与竞争等市场与非市场的因素共同作用造成了价值观的多元化与不稳定性，上述因素与宏观环境的变化共同造成了企业经营环境的高度不确定性，无疑给企业的战略管理带来了挑战。

在已有的战略框架之下，适应需求的个性化、产品的定制化需求，在生产的效率与产品的差异化之间寻找平衡，大规模定制似乎是一个解决问题的方向。但研究表明，大规模定制往往需要依赖复杂的流程控制和技术匹配。[①] 对网络整合商来说，由于构建定制化能力需要大量的专用性资产投资，再加上产业时速扩大效应，完全依赖自身进行投资，风险极大，且效率不高。[②] 在此情况下，必须探索新的与环境匹配的战略竞争模式，自20世纪90年代以来，出现了以超越竞争对抗进行产业价值链与企业价值链重构趋势，原有产业价值链上一对一（对偶关系）、一对多（星系关系）、多对多（网络关系）的供应商、制造商、客户等关系被重新排列组合，跨组织边界竞合的供应链竞争战略逐渐成为主流，成为提供快速响应

---

① V. Grover and M. K. Malhotra, "A framework for examining the interface between operations and information systems: Implications for research in the new millennium", *Decision Sciences*, Vol. 30, No. 4, April 1999, p. 901.

② 罗珉：《组织间关系理论研究的深度与解释力辨析》，《外国经济与管理》2008年第1期。

与柔性、应对多变不稳定客户需求、实现效率与差异化兼顾的有效竞争手段。

二 供应链的概念

一般认为，供应链是原材料供应商、零部件供应商、生产商、分销商、零售商、运输商等一系列企业组成的价值增值网链。在产业价值链上的供应商、制造商、经销商、最终客户等通过结成战略合作伙伴关系，来共同应对高度不确定和快速多变的市场环境，实现协同和一体化运作，从而获取竞争优势的新的竞争战略。多数学者认为，供应链的建立消除了需求与供给的不确定性，直接的效果是减少库存，进而降低成本，消除“牛鞭效应”，实现对客户需求的快速响应和柔性，从而提升供应链整体竞争优势。

供应链理论最初只是应用于企业对内运作，通过聚焦于企业内部的供应环节以及整合内部职能以使企业内部物流顺畅，因而也就深深打上了波特价值链的烙印。随着时间的推移，供应链管理的研究和应用范围从聚焦于企业内部物流逐步扩展到包括所有关键流程和职能的跨组织领域。20世纪80年代以来激烈的全球竞争迫使世界级的企业组织以更低的成本、更高质量和可靠的产品以及更显著的设计柔性来提供产品，制造商利用及时制造和其他管理创新去提高制造效率和交货期，这些都促使供应链的应用逐渐从聚焦于企业内部扩展到超越企业边界，Lamming 等（2000）提出供应链应该包括上游的制造链和下游的渠道链。① Hieber（2002）②、Ferdows（1997）认为，伴随着全球化所带来的逐渐增长的客户和市场导向、逐渐激烈的市场竞争、全球采购和销售市场、日益增加的复杂性风险和动态市场和需求、升级的信息和通信技术以及趋向协作的网络环境迫使企业追求供应链管理的利益以及充分利用供应链。③

而另外的学者则从经营哲学和经营理念的角度解释供应链被广泛采用的原因，Keah Choon Tan（2001）认为，当所有价值链中的战略组织整合

---

① Lamming, R. and Johnsen, T. and Zheng, J., “An initial classification of supply networks”, *International Journal of Operations and Production Management*, Vol. 20, No. 6, June 2000, p. 675.

② Hieber, R., *Supply Chain Management—A Collaborative Performance Measurement Approach*, Zürich: VDF Publishing Company, 2002, p. 224.

③ Ferdows, K., “Making the most of foreign factories”, *Harvard Business Review*, Vol. 75, No. 5, May 1997, p. 73.

起来如同一个企业那样运作的时候，整个供应链系统的绩效将提升。①Farley（1997）认为一个最为重要的先决条件是价值链成员的企业文化的改变，这一改变是导致供应链形成的原因。传统文化强调寻求短期的、利己的绩效，供应链管理强调了定位于一个虚拟组织通过供应链使得做出贡献者都能有回报。②

三　供应链管理的战略意义

乔治·斯托克（1988）在《哈佛商业评论》上发表论文《时间——下一个竞争优势的源泉》提出了以时间为基础的竞争，认为那些能比竞争对手更快地满足顾客需求的企业，会比同一领域的其他企业增长得更快，获得更多利润。他提出："应该把时间作为一种战略武器，它与资金、生产率、质量甚至创新同等重要。"斯托克和霍特（1990）出版著作《与时间竞争》（Competing Against Time）指出："今天的创新是以时间为基础的竞争。优秀企业的评估指标从过去的竞争成本和质量变成现在的竞争成本、质量和反应能力，速度成为现代人购买决策的三大要素之一，新兴的时基消费者以及与此适应的时基竞争者正在形成，时基竞争者致力于顾客价值的创新，其所提供的产品和服务种类更多，成本更低，时间更短。"时间的稀缺性取代资源的稀缺性成为"速度经济"价值的根本所在。面对众多差别化的市场需求能否做出快速反应，成为"速度经济"时代企业核心竞争力的新元素。

美国著名的战略家理查德·达韦尼研究表明，在变革条件下，从消费电子产品到航空，从计算机软件到快餐业，竞争优势的来源正在以逐渐加快的速度被侵蚀掉，维持优势时期的长度也在缩短，达韦尼将这种现象称为超级竞争。时间高度浓缩，距离极短聚焦，行为和反应走向同步，消费者渴求当下的及时满足以及步步紧逼的市场环境要求企业更加有效地利用时间资源，提高反应能力，将时间压缩到零点——不论是收集信息还是做出决策，不论是配置资源还是进行创新。以上变化都对企业的战略选择提出了新的要求。

企业在产品市场中市场占有率的高低对于其选择一体化战略还是供应

① Keah Choon Tan, "A framework of supply chain management literature", *European Journal of Purchasing & Supply Management*, Vol. 7, No. 1, January 2001, p. 39.

② Farley, G. A., "Discovering supply chain management: a roundtable discussion", *APICS - The Performance Advantage*, Vol. 7, No. 1, January 1997, p. 38.

链战略具有重大影响，垄断企业理所当然将选择纵向一体化战略以最大化其利益。然而，在经济全球一体化、战略环境急剧变化的背景下，企业选择供应链战略，实施供应链管理就显得日渐重要。供应链企业只有合作，才能获取更大的整体利益。供应链的出现是竞争全球化和高新技术产业革命共同作用的产物。它的出现，不仅仅在运营操作层面给管理者提供了一种工具和方法，更是在战略层面和经营哲学层面给企业提供了一种全新的视角和定位，具有深远的战略意义。具体表现为：

第一，在经营理念与经营哲学层面上，从竞争对抗的传统采购—供应理念走向了竞争与合作的供应链采购—供应理念。

第二，在战略选择上，新的竞争环境使纵向一体化战略面临巨大挑战，单个企业在高质量满足客户需求和确立竞争优势方面越显力不从心，供应链提供了一种全新的战略方向，战略供应链应运而生。

第三，在企业与其供应商和客户的关系上，从短期、交易导向逐步转化为相对长期的关系导向，以供应链战略合作伙伴关系取代传统意义上各自独立的企业间的商品（服务）买卖关系或契约关系。

第四，在经营导向上，以确立供应链整体竞争优势、创造更多更优客户价值为最高目标，将供应链整体系统利益与节点企业局部利益、长期利益与短期利益统筹安排，实现一体化运作。

第五，在操作层面上，通过相互协作、相互配合的机制，促使各个企业实现风险共担、利益共享，实现低成本、快速响应、柔性与敏捷性、高质量和高客户满意度等具体目标。

第六，跨组织边界的资源配置与集成，企业运营管理重心由企业内部转变为超越组织边界，有形资源和无形资源在多个节点企业之间流动共享实现重新配置和集成，由此带来了前所未有的供应链管理的高难度和复杂性。

（一）供应链与企业经营管理

供应链的思想给企业经营管理带来了革命性的影响，具体表现在以下方面。

首先，供应链管理的思想打破了原有的企业边界，把企业从“孤立”运作的单元变成供应链网络上的一个节点。

传统的经营模式下，企业的行为以“自我”为核心，追求企业利益最大化，企业的关注点主要在企业的内部，一切经营和管理活动都立足于自身。在传统的经营模式下，企业运营是“孤立”的，企业与外部供应商之间、企业与客户之间是简单的“业务”关系，即使有协作也是低水平和局部的协作，企业外部利益相关者基本没有信息、利益乃至价值的共享理念和机制。而在供应链管理模式下，企业与所有供应商、企业与所有客户都成了供应链上的一个节点，结为一体。企业的行为不再是孤立的，都属于供应链上的一个价值创造环节，企业自身的行为不再仅仅影响自身，而对整个供应链产生了重要影响。简言之，供应链对所有的链上企业进行了集成，使链上所有企业进行重新定位。供应链管理使企业利益最大化，转变为整个供应链价值最大化。

其次，供应链管理是跨组织的一体化管理，企业管理从线性（纵向和横向）转变为网络，管理复杂性和难度极大地增加。

供应链管理是一项高度互动和复杂的系统工程，需要同步考虑不同层次上的相互关联的技术经济问题，进行成本效益权衡。比如要考虑在组织内部和组织之间的存货以什么样的形态放在什么地方，供应链系统的布局和选址决策，信息共享的深度，实施商务过程一体化管理后所获得的整体效益，如何在供应链成员之间进行分配，特别是要求供应链成员在一开始就共同参与制定整体发展战略或新产品开发战略等。这种跨边界和跨组织的一体化管理不但使组织的边界变得模糊起来，而且增加了管理的复杂和难度。

再次，供应链的核心是集成、协同和优化，企业需要重新审视自身与供应链上其他企业之间的关系。

供应链的目的是为了以最低的成本给最终客户提供最大价值的产品和服务，传统管理模式下，企业往往只关注自己的“下游”顾客，以下游顾客的满意为经营的最高目标。在供应链模式下，企业必须关注整个价值链的全过程，不仅要考虑下游顾客的满意，还必须将顾客的顾客、供应商的供应商的利益放到一个与企业利益相同高度的地位，企业运营与供应链的运营一体化，企业要从战略高度关注供应链上各个节点的相互协同，实现：①信息的充分共享。没有信息的充分共享，供应链的协同是空中楼阁。供应链上各个企业要将信息与节点伙伴进行充分共享，及时地传送与互动。沃尔玛与宝洁的合作中结成了紧密的供应链，宝洁公司通过获取沃尔玛的 GPS 物流系统、超市商品管理信息系统的产品信息，来调整自身产品的市场营销、生产活动，从而实现双方利益最大化。②物流的协同。

物流被德鲁克称为"第三利润源"，供应链管理是现代物流发展的趋势，也是研究的重点。物流的成本占供应链成本的大小，直接影响整个供应链的成本，进而影响提供给最终客户的价值。在一体化的供应链管理中，企业物流是整个供应链物流的一个环节，供应链上的节点企业应充分协同，实现成本最小化。丰田公司是一个典型的例子，丰田与各个供应商之间结成紧密的供应链战略合作伙伴关系，一荣俱荣，一损俱损，在半径200公里内构建丰田的供应体系。供应商为了实现丰田的JIT制造和零库存计划，制订了协调一致的物流计划，实现双方利益的最大化。③价值观的协同。供应链管理不仅是一种管理手段和方法，更是一种管理价值观。传统管理模式下，供应商与供应商、制造商与销售商、批发商与零售商、零售商与顾客之间是一种基于价格与利润挤压的博弈关系，从供应商到终端顾客实质上是一条"博弈链"，一方的利益往往是另一方的让利。供应链管理要真正实现，供应链上所有节点企业必须建立统一的价值观，这种价值观的特点有：

- 将顾客服务的焦点从直接顾客转向终端客户；
- 将以增加自身利润为宗旨转向以增加供应链上所有参与方的总利润为宗旨；
- 将自身业务外包给多家承接人转向与最好的少数服务提供者结成伙伴关系；
- 从保护自身的信息和资源转向与合作伙伴分享信息和资源；
- 从侧重提高企业内部过程的有效性转向提高整个供应链管理过程的有效性；
- 要解决供应链协同中的问题的途径是必须建立"基于'双赢'原则动态联盟"的企业经营价值观。

最后，供应链管理基于网络和信息技术的特点，也带来了企业管理技术和管理手段的革命。

供应链管理要真正付诸实践，必须构建现代化的网络与信息平台，这样才能使供应链的信息流、物流、资金流等"各畅其流"，实现其价值增值的目的。不管是沃尔玛，惠普还是戴尔，无一例外地建立了管理供应链的信息系统，并与供应链上的合作伙伴实现了信息共享。没有信息与网络平台，供应链上各个节点的企业将无法实现相互协同，供应链的集成也就成了一句空话。因此，供应链管理必将带来从管理思想到管理手段和技术的飞跃，极大地提升企业的管理水平。

（二）供应链管理与企业核心竞争力的关系

波士顿咨询公司创始人布鲁斯·亨德森教授将高斯竞争性排他原理——两个生存方式相同的物种不可能持久共生，引入到商业竞争之中，指出战略的基点是一个组织或企业特有的属性，也就是独特性。这种持久的独特性，界定了一个企业的鲜明特征，从自我认知到外部形象，更凸显了一个企业在实质上的超群之处：它的竞争力，它的战略所依赖的，难以被对手模仿的资源禀赋与能力组合抑或其他组织机制和行为范式。正是由于这种独特性的存在和难以模仿，基于其上的企业战略才难以被对手模仿，长期取胜才有机会成为可能。

企业要想在市场竞争中立于不败之地，必须时刻保持自己的竞争优势。“竞争优势”的思想最早来源于20世纪30年代的产业组织理论，60年代后得到迅速发展。霍弗和辛德尔把它引入战略管理领域，认为竞争优势就是“一个组织通过其资源的调配而获得的相对于其竞争对手的独特性市场优势。”巴思认为，“当一个企业能够实施某种价值创造性战略而其他任何现有和潜在的竞争者不能同时实施时，就可以说企业拥有竞争优势”。而企业竞争优势的取得，往往又取决于企业是否拥有核心竞争能力。“核心竞争力”这一术语首次出现是在1990年。在1990年5月至6月的《哈佛商业评论》HBR杂志上，美国的Prahalad和HaMel发表的《企业的核心竞争力》一文中第一次明确提出了“核心竞争力”（Core Competence）这一概念。“就短期而言，公司产品的质量和性能决定了公司的竞争力，但长期而言，起决定作用的是造就和增强公司的核心竞争力，是企业在经营过程中形成的不易被竞争对手效仿的、能带来超额利润的、独特的能力。”他们认为，核心竞争力是企业相对于竞争对手，赖以生存和发展、具有独占或相对垄断性的竞争优势，尤其是关于如何协调不同生产技能和整合多种技术的知识和技能，并据此获得超越其他竞争对手的独特能力，企业可以通过独特性的分析寻求提高其竞争能力的途径。

Prahalad和HaMel认为，所谓核心竞争力，“是指组织中的积累性学识，尤其是如何协调各种不同的生产技能和有机整合各种技术的能力”。这里提到的技术不是单指科学技术，它既包括科学技术，又包括管理和营销等方面的技能。因此，可以把企业核心竞争力理解为企业开发独特技术、研制独特产品、发明独特营销手段和运用独特管理方式等诸能力的特定组合，是以一定方式有机结合在一起的能力群体。

核心竞争力是一个相对概念，只有在与同层次主体的相互比较中才有意义。核心竞争力是企业竞争优势的表现，在资源利用、产品开发和生产、市场开拓及服务等方面，与其他企业相比具有较大竞争优势，且不易被其他企业模仿或学习的综合能力与素质。其特点是：具有独特性，是其他企业所没有或不及的，能获得较大的差别利益；具有充分的经济和市场价值，能够极大地满足经济和市场不断发展的要求；具有发展的长远性和持续性，能为企业带来持续发展的能力。

在供应链管理下，提供给最终客户的价值由供应链上所有的企业共同创造，各个节点企业内部的价值链相互协同，集成一体化。而在传统模式下，提供给最终客户的价值链被各个企业“人为”分割开来，企业各自为政，只对自己的下游客户负责。传统模式下，企业核心竞争力的塑造只与本企业内部资源和能力有关，而与供应链上其他节点企业无关。而在供应链管理中，企业核心竞争力的塑造基于整个供应链体系，供应链管理认为，集成才能塑造新的核心竞争优势。

随着世界经济一体化和知识经济的发展，市场竞争发生了很大的变化，竞争的形式从对抗的竞争转变为合作的竞争，竞争的主体从单个企业之间的竞争转变为企业所在的供应链之间的竞争，要研究提升企业核心竞争力的途径就离不开供应链和供应链管理。

第一，供应链管理降低成本，提高企业运营绩效。

统计数据表明，中国物流成本占 GDP 比例 20% 以上。根据中国物流信息中心的统计，2004 年中国物流成本为 21.3%。与美国 8.5% 的数据相比，国内的物流成本显然太高了，其中有非常大的下降空间。

根据埃森哲的研究数据，实施供应链管理可以将运输成本下降 5%—15%，将整个供应链的运作费用下降 10%—25%。在制造业，美国和欧洲实施供应链管理和物流外包的企业，成本降低幅度美国为 7.4%，欧洲为 10.4%。其次，提高企业综合绩效。由于生产过程采用供应链管理，企业总体绩效得到提高。采用供应链技术，可以使中型企业的增值生产率提高 10% 以上，绩优企业资产运营绩效提高 15%—20%。

第二，供应链管理通过业务外包，增强企业核心竞争力。

外包（Outsourcing）是指在企业内部资源有限的情况下，为取得更大的竞争优势，仅保留与企业生存和发展有重大关系、最具竞争优势的核心业务，而把其他业务借助于外部最优秀的专业化资源予以整合，达到降低成本、提高绩效、提升企业核心竞争力和增强企业对环境响应能力的一种管理模式。供应链管理注重的就是企业的核心竞争力，强调根据企业的自身特点，专门从事某一领域、某一专门的服务，在某一节点形成自己的核心竞争力。随着顾客需求的多样化和个性化，仅仅依靠企业自身有限的资源难以满足顾客不断变化的需求，也难以在所有业务领域都获得同样的竞争优势。因此，企业需要把有限的资源集中在核心业务上，从企业与环境特点出发，培育与提高自己的核心竞争力。

第三，供应链管理有效地提高了企业对市场的响应速度。

供应链管理强调信息共享，供应链中的节点企业通过信息共享，能够使得终端市场的需求变化快速地传递到各节点企业，节点企业根据这种需求变化迅速地做出调整，响应市场变化的需求。企业高速的市场响应速度对于企业的竞争优势是非常重要的，它可以使企业抢在竞争对手之前对市场做出迅速精准的反应，在竞争中处于明显的优势地位。

第四，强化与供应链其他节点企业的合作关系。

现代市场竞争不再是单一企业之间的竞争，而更多的是联盟之间的竞争，即供应链之间的竞争，企业需要学会如何与其他企业进行合作的策略与技巧。而在企业与其他企业进行竞争加入某一供应链联盟的过程中，企业本身具有独特的竞争优势，才能对供应链中其他企业产生吸引力，供应链业务伙伴关系也才能持久。因此，企业需要在识别自身核心竞争优势的基础上，与节点企业之间结成动态的战略联盟，巩固供应链企业之间的战略合作伙伴关系，借助其他企业的核心竞争力来形成、维持和强化自己的核心竞争力。同时，企业核心竞争力也是战略联盟关系得以维持的基础。

第三节　供应链结构与知识属性

一　知识与供应链的关系

要研究供应链上知识的运动规律，必须对供应链上的知识特征和属性进行深入的分析。

供应链是一种特殊的跨组织结构，是由产业链上存在上下游关系的多个独立法人节点企业通过利益与关系纽带结合而成的有机系统，涉及供应、制造、销售、配送等多个环节的几乎所有职能及关键业务流程。在供应链结构中，知识的媒介作用在于，供应链不仅仅是提供产品与服务的物流链和信息链，也包含着以产品和服务为载体的知识供给与知识需求，此时，供应链也就具有了知识链的属性。从这个角度讲，节点企业提供的不仅仅是单纯的产品和服务，而且还包含着无形的知识，或者说产品和服务的背后是凝聚智慧的“知识产品”。供应链上知识的特殊性还在于知识之间具有内在的紧密联系，对形成最终产品和服务发挥着必不可少的作用。

知识也提供了一种视角，重新审视供应链中的合作伙伴关系。在供应链环境中，节点企业之间的竞争合作关系也可以理解为基于知识的竞争与合作关系。供应链整体的知识水平从根本上决定了供应链系统的竞争优势，而节点企业所拥有知识的重要性、集成性决定了其在供应链中的地位和话语权，是其在竞争与合作中获取最大利益的基石。供应链节点企业之间的合作更应理解为知识的合作，是在知识获取、知识选择、知识流动、知识创造等方面的竞争与合作关系，这种知识的合作无疑增强了整个供应链系统的竞争优势。

实际上，知识提供一种研究供应链合作伙伴关系和供应链绩效的方法，从知识获取、知识流动、知识转移以及知识创新的过程和途径去重新解释产业链上企业的生存与发展。知识提供了供应链竞争力乃至核心竞争力的新的解释，从知识角度去阐释企业绩效的来源和方向，特别是对涉及企业未来的、更为持久的竞争优势。

供应链上分布着丰富的知识，这些知识与产品和服务的供给与需求密切相关。在供应链系统内，相当一部分知识只存在于独立企业内部，为独立企业所创造和拥有并服务于该企业的生产经营活动。这一部分知识沉淀于企业内部，其中也包括许多企业所拥有的核心知识，一般情况下核心知识都置于企业严密监控的状态。另一部分知识是以产品和服务为载体，通过各个节点企业之间的物资流动、信息流动、人员往来以及直接或间接的知识转移，以主动自觉或被动不自觉的方式在两个或多个节点企业，甚至是整个供应链上流动扩散，这些知识被节点企业所捕获、学习，成为价值创造的新的源泉。这一类知识可以在两个节点企业之间流动共享，如存在相邻需求—供应关系的节点企业之间；也可以由供应链核心企业主动流出并最终由整个供应链系统所共享。

本书所要研究的对象是在供应链系统的局部（两个或多个节点企业

之间）或整体进行流动和共享的知识形态及其运动规律。这些知识跨越了企业边界，在流动的过程中发生了知识形态和内容等的实质性变化，可以说，流动创造价值。供应链上的知识流动既是客观存在的，同时又是可以通过企业来控制其流动数量、流动类型、流动方向和流动层次的。

二　供应链上的知识类型

通过企业调研，我们发现，供应链上的知识流动不仅仅在理论层面而且在现实企业中大量存在。美卓矿机、美国福勒公司等跨国公司的知识通过全球供应链流动到了制造伙伴中信重工，中信重工通过对这些知识的创造性学习和知识整合获得了巨大的收益；一拖集团与其长期稳定的战略合作伙伴供应商进行了协同研发，供应商的知识通过供应关系为一拖集团服务，甚至从其供应商处获取了大量有关竞争对手的新产品知识和竞争对手的市场动向。从这些企业中可以发现，供应链上的知识流动是普遍存在的。就供应链上流动的知识而言，可以有以下几种分类。

第一，从管理、技术与市场的角度，可以将供应链上所流动的知识分为管理类知识、技术类知识和市场类知识：①管理知识可以是企业运营管理中所涉及、所必需的管理方法、管理手段、管理技能、管理措施、管理制度等，也可以是管理理念，如企业文化等。②技术类知识是企业产品形成过程中各个环节所体现和承载的智慧，包含着企业产品的技术原理、产品结构、产品特征、产品性能、加工制造工艺、制造流程、制造加工诀窍等。更进一步而言，知识的产生与流动存在于产品形成、产品使用的全过程之中，在产品的寿命周期之内都有技术知识在不断产生和流动。就一个相对完整的供应链而言，不仅仅包括原材料和零部件与产品的加工与形成过程，还包括产品在客户端的使用过程。③市场类知识。市场类知识与产品的营销密切相关。在这类知识中，有相当一部分与营销环境有关，还有一些涉及一竞争对手、潜在竞争对手、替代品等方面的知识。在调研过程中发现，制造商关于竞争对手的产品知识与信息往往是从自己的供应商那里获取的。如在一拖集团的调研中发现，一拖集团从自己的供应商那里获取了竞争对手如北汽福田等的产品设计、营销活动、促销、技术研发、市场政策、市场推广等方面的大量知识，同样由于自己的供应商还处于另外一条供应链之中，供应商实际上也将一拖集团的有关信息和知识扩散到竞争对手那里。

第二，按照价值链上各种活动的分类，还可以进一步细分，如分为生产运作类知识、物流类知识、采购供应类知识等；按照职能管理来划分，还可以划分为人事类知识、财务类知识、研发类知识等；按照知识的层次来划分，也可以分为战略类知识、管理类知识和操作类知识。

第三，按照知识对于节点企业的适用范围，可以分为通用性知识和位置性知识。通用性知识是指适应所有或大多数供应链成员企业，是企业生产经营活动中普遍需要的共性知识；位置性知识也可以理解为专用性知识，这些知识与节点企业所在的位置有关。供应商所拥有的绝大部分知识与原材料或零部件的形成有关，制造商拥有的知识与产品的最终形成有关，而客户所拥有的知识与产品的需求特征、使用特征等有关。这些知识带有明显的行业特征。从供应链全局和系统的高度来分析，这些知识之间又是密切相关、互为补充，对最终产品或服务的形成不可或缺。从知识链的形成来看，位置性知识互为知识链上下游关系，是知识的提供方与接受方、需求方与供给方。由此可以看出，后一节点是在前一节点知识的基础之上的知识再加工和知识增值，最终形成了交付给客户的产品或服务。

通用性知识由于有较高的普适应，其在供应链上的流动和共享范围相对就大，位置性知识由于受行业和企业特性的限制，一般表现为局部流动和扩散。在一个供应商、制造商、客户组成的供应链结构中，制造商和供应商之间的知识流动要比供应商和客户之间的知识流动更加典型和频繁。此外，还可以分为显性知识和隐性知识。在供应链的知识流动中，显性知识往往以技术资料、图纸、专利、管理制度、管理方法和理论等形式存在。一般而言，难以编码化的知识其形成和传播的渠道特殊，因而限制了其流动的方向、层次和深度。就目前的调研情况来看，显性知识的传播是占主流的，特别是在有明确目的、主动自觉的知识流动和共享活动中更明显。

三　知识角度的供应链结构类型

供应链上的知识为什么能够流动，是什么样的内在结构决定了知识流动和共享，这里从知识角度来探讨供应链的结构类型。

在装备制造业中，供应链构成企业一般来自不同的产业领域，具有明显的行业差异性。在中信重工的供应链（见图 2－1）中，前端的客户为金属和非金属矿山企业、建材企业、冶金企业等，如煤炭采掘、水泥制造等；其后端的供应商则行业众多，有电气生产企业、自动化控制企业，包括西门子、ABB 等跨国公司，也有钢铁冶金企业，为企业提供原材料。

理论上讲，理想的供应链结构应该是优势企业所组成的链条，每一个节点企业都只专注于最能发挥自身核心竞争优势的领域，而将非核心业务外包给其他企业，极端的例子如一些国际著名服装品牌作为供应链的核心企业，都是专注于品牌运营、设计、研发和全球营销，而将制造、物流环节进行全球外包，特别是通过在中国等亚洲国家的制造外包以追求低廉的人力成本。

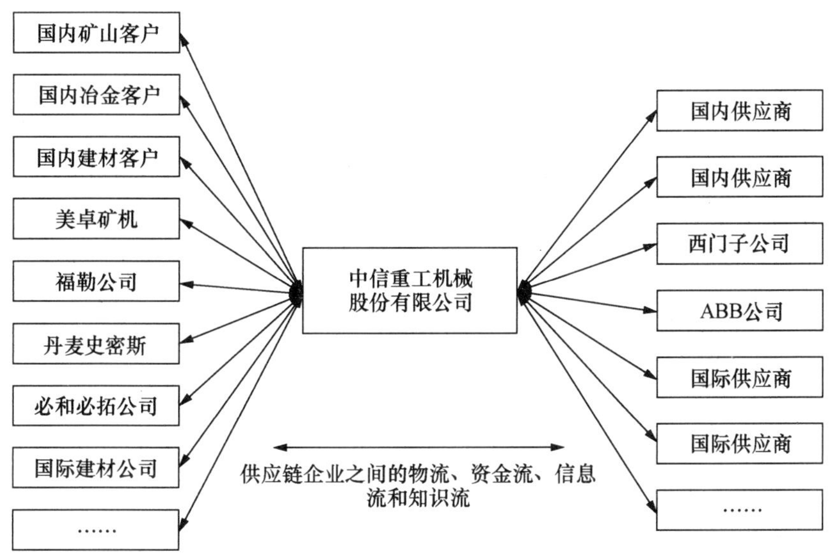

图2－1　中信重工供应链结构

但是，现实中的供应链千差万别，理想的供应链只是一种特例，特别是一些形成时间不长、还处于不断完善和调整的供应链系统。借助于价值链（见图2－2）理论，从知识角度将供应链分为二种类型：

（一）纯粹的差异化知识匹配链

成员企业的价值链基础性活动各不相同，没有或基本没有相同的活动类型，特别是制造环节。如前述的一些国际著名服装品牌的供应链。从知识的角度来看，这些供应链表现为节点企业高度的知识差异性，供应链中产品设计企业、制造企业、物流企业等没有或基本没有在价值链上相同的环节，而是环环相扣。在这样的供应链中，除了一般的企业管理、市场营销方面的知识外，每一个企业所拥有的知识都截然不同，差异巨大，单独一个企业都无法实现完整的价值创造，所有的企业必须相互配合、相互依赖，功能无交叉无重叠。从知识链条的角度来讲，上述供应链是较纯粹的知识匹配链。也就是说，在这样的供应链结构中，除一般的共性知识外，绝大部分知识表现为高度的个性化、高度的相互依赖和相互匹配性，集成于一个完整价值创造过程，是内在的知识相互需要、相互补充和相互完善。

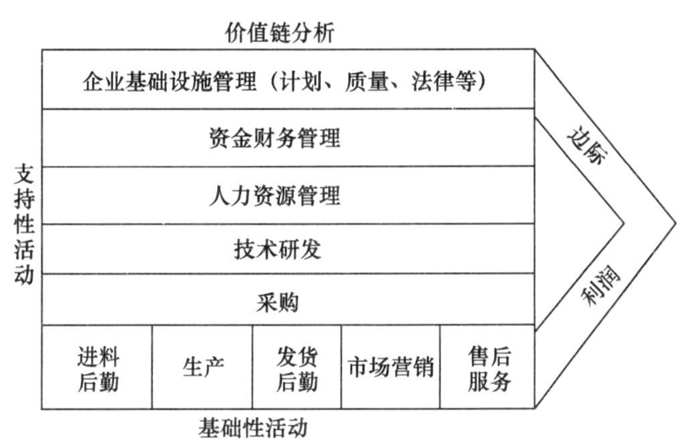

图 2－2　波特价值链模型

（二）位置差异性知识链

成员企业在价值链的基础性活动上有相同环节，特别是都具有制造活动的供应链结构。这一类供应链众多，如丰田与其汽车部件与零配件供应商所组成的供应链，尽管可能处于不同行业，但是都具有制造职能。进一步分析，拥有相同价值链基础性活动的节点企业也往往具有类似的价值链辅助活动，如研发、设计等职能。因而，从知识链条的角度分析，这种类型的供应链节点企业之间在知识的个性化和相互匹配的基础上，还表现为较高的知识共性，如对制造知识的共同需求，这样就是丰田的 TPS 系统能够在供应链系统推广应用的内在原因。供应链上下游节点企业所拥有的知识尽管与各自所处的位置密切相关，但是属于相同类型的知识，如都属于生产制造类知识等。共同的知识类型和共性的知识需求为知识的流动和共享提供了基础。

（三）共性知识链

在价值链的基础性活动或辅助性活动上有明显的相同环节，如生产制造或设计研发等，节点企业所拥有的知识不仅仅属于相同类型，而且内容相同或近似相同。如中信重工与美卓矿机、福勒公司等组成的供应链，美卓矿机等虽然没有制造的价值链环节，但是在产品研发设计方面与中信重工具有相同的价值链辅助性活动，更为重要的是双方所研发设计的产品是相同类型，产品的市场和客户相同，只是在知识的层次和水平上有差异而已。这一类型的供应链虽然在节点企业的知识个性上有明显的差异之处，如制造等，但在整个供应链系统内充满了同种类型、相似内容的知识。

供应链可以理解为节点企业以所拥有的知识资源所结成的知识链条，不同的供应链结构体现了不同的知识结构，也决定了供应链上的知识属性及其表现形式。节点企业的竞争与合作实质上包含了知识的竞争与合作，催生了供应链上的知识流动和共享。供应链的结构和类型决定了知识流动的方向、流动的知识类型、流动强度、流动特点，是供应链上知识运动的深层次原因。

四　供应链上的知识属性

通过以上的分析，从供应链系统的高度，供应链上的知识既具有明显的差异性，也具有显著的内在关联性。差异性可以理解为知识个性，而关联性可以理解为知识共性。知识差异性和关联性是供应链之所以能够结成、运行并能够创造更有效率、更高绩效的内在原因，二者缺一不可。

知识的关联性显而易见，供应链上所有的节点企业都参与了一个完整的价值创造过程，因而其所拥有的知识之间必然存在某种相关性。关联性主要有几种表现类型：①这些知识与某一特定的市场、客户有关，如汽车制造商与汽车经销商所拥有的知识。②互为上下游关系，如原材料的制造与产成品的生产，二者之间的知识是前端与后端的关系。③知识与价值链的某一项或某几项活动有关，如与生产制造、营销、客户服务有关，并对供应链运行绩效产生影响，如众多供应商虽然来自不同行业，但是丰田生产管理系统的知识却能够在供应商之间进行推广和应用；反之，供应商之间关于生产运作方面知识的差异性必然影响丰田汽车供应链的运行效率和最终效果。④与要实现的功能相关联，最终产品是各个节点企业所拥有知识的集成，这些知识都与产品的形成有关。如汽车的动力发生部分、动力传输部分、底盘与内饰等方面的知识，尽管来自不同领域、不同企业，但却为实现一个共同的目的，知识之间相互匹配、相互补充、相互完善。⑤与最终产品的性能表现密切相关，来自不同节点企业的知识优异性以及核心企业对这些知识的系统集成，决定了最终产品的性能表现，是供应链最终绩效的决定因素。

供应链上知识的差异性也有诸多学者进行了论述。差异性是供应链形成的基础条件，体现在以下几个方面：①尽管从属于一个供应链体系之中，但同时又分别从属于不同的行业，行业知识存在显著的差异。如矿用提升机中机械部分与电控部分，这两类供应商虽然都属于装备制造产业，但一个属于重型机械行业，一个属于电气自动化行业，知识体系差异巨大。②知识类型相同，但是实质内容截然不同，差异很大，如汽车零部件的制造和汽车整机的制造，虽然都属于制造类知识但是其内涵显著不同。③位置差异，处于供应链的上下游之间，因而知识也具有显著的位置特性。如供应商的知识往往与原材料、零部件的形成有关，而客户方面的知识往往与产品需求、使用环境、使用工况等有关。

综合分析供应链上的知识属性，其具有以下特征：

首先，供应链上每一个组成部分，也就是节点企业的知识一般都相对独立自成体系，整个供应链系统是知识的差异性和关联性的有机结合。

其次，知识的系统性。系统性是指节点知识之间具有内在的紧密联系，只有形成最终的产品才是一个完整的价值创造过程。系统性还说明，要实现系统的最优，不仅仅意味着个体的最优，而应该使整个供应链上包括知识在内的综合资源配置达到最优状态，显然这是一个复杂的系统工程。

再次，替代性较弱而互补性突出。替代性弱说明各个节点企业之间的知识领域和知识专长具有明显差异，简单替代有难度；互补性强是指任何一个独立产品、独立企业都不可能实现服务于整个供应链最终客户的目的，也都不可能实现一个完整的价值创造，它们必须共同配合、相互依赖、相互补充、相互完善。吴冰（2008）提出了三种供应链节点企业之间的知识互补类型：附加型互补（类似于零部件组装）、顺序型互补（设计、制造环节的互补关系）、复杂型互补，也说明了这一观点。

最后，供应链的位置差异决定了所在位置的知识类型、属性等，同时也决定了对知识价值的认知和评价。位置不同，对知识的认知和评价存在显著的差异。换言之，对某一个节点企业重要的知识，可能对另一个节点企业毫无价值，知识价值与节点位置有关。

本章小结

本章从三个方面介绍了供应链知识协同的基础理论。首先探讨了知识的概念、分类和知识的属性，从资源基础理论的角度分析了知识资源对于企业的重要作用；其次探讨了供应链、供应链管理的内涵，以及供应链管理对于企业的战略意义；最后主要探讨了供应链与知识资源之间的相互关系以及供应链上的知识类型，从知识角度分析了供应链的结构特征和供应链上的知识属性。知识资源不仅分布于企业内部，而且大量流动于供应链系统之内。供应链上的知识资源具有差异性，更具有内在的相关性。

第三章 供应链知识协同的概念、内涵及作用

第一节 供应链上的知识流动规律

供应链上存在着大量的知识，而知识的流动与共享是研究供应链知识运动规律乃至知识协同的基础。因此，在提出知识协同的概念之前，首先要对供应链上知识流动进行探讨。

一 供应链上的知识流动与共享

供应链是一个特殊的、跨组织边界的“虚拟组织”，供应链系统的知识运动有其独特的表现。

首先，供应链上的知识流动呈现全方位和多层次特性。

陈建军（2009）提出了供应链间知识的横向转移和纵向转移观点，横向转移是上下游节点企业之间的知识转移，而纵向转移是同类型同节点企业之间的知识转移，并提出了三种转移模式，即竞争模式、合作模式和利他模式。[①] 也有学者对供应链与供应链之间、供应链与外部环境之间的知识流动进行了研究。安小凤等（2009）提出了供应链知识流的模型，模型包含三个层面的知识流动，即供应链层、节点企业层和个人层面的知识流动。[②] 朱庆等（2005）认为在供应链中，企业间的知识共享内容以显性知识为主，注重集体知识的交互和传播。[③] 但实际上偶然和自然的流动仅仅是供应链知识流动的一种表现形式，甚至是较低的表现形式。

---

① 陈建军：《供应链协同的知识转移研究》，《科技管理研究》2009 年第 2 期。

② 安小凤等：《供应链知识流模型及知识流动影响因素研究》，《科技管理研究》2009 年第 1 期。

③ 朱庆等：《供应链企业间的知识共享机制研究》，《科技管理研究》2005 年第 10 期。

其次，多种机制驱动供应链知识流动与共享。

知识共享成本、学习成本、中介成本、外部不确定性、信息技术基础设施和企业组织结构等因素对企业知识交易积极性和知识交易水平产生影响。张旭梅等（2008）提出合作伙伴之间的信任关系是非常重要的知识流动共享机制，各节点企业之同信任程度越高，知识拥有企业就越有可能根据协议约定和供应链发展的需要向供应链中投入高水平的知识和有价值的信息。① 安小凤（2009）强调清晰的产权界定是一个组织成功合作的基础。但产权是不完全的，对供应链而言，当新知识被创造和知识的价值被重新发现时，就需要对知识的产权进行重新界定。②

最后，知识流动、共享与供应链绩效和知识创新密切相关。

陈伟等（2009）采用客观指标与主观指标相结合的方式来衡量供应链企业间的知识合作绩效，研究认为组织学习能力与知识获取显著正相关，知识获取与客观合作绩效、主观合作绩效显著正相关。③ 帕特森（Patterson，2003）等认为供应链的存在与发展不只是要增加价值，更重要的是要创造新的价值，而知识创新既是创造新价值的最根本途径，也是产生和维持供应链竞争优势的最为可行的战略。④ 吴冰（2007）认为供应链知识创新是一个复杂的联系路径网络，提高了供应链运作效率、服务效果和供应链的整体竞争优势。⑤

企业实践方面，丰田的知识流动和共享获得了巨大的成功。有数据表明在2003财年，丰田的净利润高达102.8亿美元，比竞争对手通用、福特和克莱斯勒的总和还要多。丰田通过组建促进信息交流的网络来鼓励大家进行知识转移和分享，通过这种方式，丰田成功地协助这些企业改进和完善了生产运作，并且取得了令人震惊的效果：与丰田的竞争对手的供货部门相比，丰田供应商的人均产出率高14%，存货水平下降25%，残次

① 张旭梅等：《第三方监督下的供应链企业间知识交易模型研究》，《科技管理研究》2008年第8期。

② 安小风：《供应链知识共享决策信息空间模型及合约机制研究》，《现代管理科学》2009年第1期。

③ 陈伟等：《供应链中企业组织学习能力对合作绩效的影响》，《商业经济与管理》2009年第8期。

④ A. Kirk，Patterson，Curtis M. Grimm and Thomas M. Corsi，"Adopting New Technologies for Supply Chain Management"，*Transportation Research Part*，Vol. 39，No. 2，Febuary 2003，p. 254.

⑤ 吴冰：《供应链协同的知识创造模式研究》，《情报杂志》2007年第10期。

品率低50%。它的成功因素之一就是把供应商网络变成一个知识共享网络。①

综合以上研究资料，可以得出：①知识流动以及随之而来的知识共享是供应链上普遍存在的现象，供应链中不仅存在着物流、信息流和资金流，更存在着丰富的知识流；②供应链知识流动与共享对于企业绩效、供应链绩效有着积极的影响，多数学者认同这一观点，特别是通过知识流动和共享促进了企业的知识创新，进而创造更大的客户价值，从根本上提升了企业和供应链的竞争优势；③市场机制和非市场机制共同推动了知识的流动和共享，利益机制和节点合作伙伴企业之间的信任关系都对知识流动和共享起到了重要的促进作用；④供应链结构、组织学习能力、知识共享平台等方面的因素影响着知识流动和共享的效果。

但是，我们也看到，目前的研究还存在诸多的问题，首先，知识市场和知识链等理论在用来解释跨越组织边界、在多个独立法人、多个独立利益主体之间的知识流动与共享方面存在缺陷；其次，供应链上知识流动与共享是一个复杂的过程，研究难度很大，目前的绝大多数研究成果还停留在理论探讨层面，甚至还处于就知识流动探讨知识流动的层面，与企业的实际差距较远；最后，目前几乎没有对国内企业供应链知识流动与共享、成功实施并取得实际效果的实证或案例研究，大部分都是沿用国外的研究数据和成果。

二　供应链上的知识流动特点

流动是协同的基础，没有流动就没有协同。从供应链系统的高度看，知识流动可以理解为知识资源在整个供应链系统上的重新配置，通过这种重要的甚至是战略资源的有效配置来发挥知识资源的潜力，在流动的过程中寻求不同类型、不同来源知识的新的结合点，从而产生知识创新的因子，进而创造新的更大的价值。

知识流动的价值取决于知识本身的价值和知识利用的效率和效果。知识流动至少在两个方面影响了企业和供应链绩效：一是流动的知识为企业所需求的知识，通过对流动知识的学习和吸收直接提升了单个企业和整个供应链的竞争优势，促进了供应链节点企业之间的知识相容和一致性；二是在全局和系统层面的有目的的、方向明确的知识双向和多向流动产生了

① 安小凤：《供应链知识共享代理关系及其支付机制》，《商业研究》2009年第12期。

知识之间的有效互动。相互补充和相互匹配的知识互动产生了可观的知识创新，进而创造更大的价值。在此，按照知识流出企业是否主动将知识进行流动，将供应链上的知识流动分为自然流动和主动流动两种典型形态。

（一）自然流动

第一种典型的流动是自然流动或伴随流动。安小风（2009）认为供应链上的知识流动是一个自然扩散的概念，也就是说在供应链中的知识存在一种不自觉的、自然而然的扩散过程。所谓伴随流动是指伴随着供应—需求链，某一节点企业的知识随着产品的输出、人员的往来、信息的流动等方式自然流出。供应链首先是物流、资金流和信息流的集合，这些实物资源和无形资源的流动，都毫无疑问地伴随着知识流动，只是知识流动的数量、层次和方向的问题。自然流动中知识流出企业的本意不是输出知识，知识流动只是交易实现过程中必须经历的环节。大量的研究表明，采购—供应过程中制造商一般都要向供应商提供大量的技术资料和技术信息，而这些技术资料是完成供货的必备条件。采购方必须提供完整、系统的设计图纸资料以使交易能够实现，伴随着订单实现这一过程，大量的富有价值的知识流入到了供应方。

在自然流动中，也有隐性知识的出现，但是显性知识的流动占主流。伴随着信息流、物流以及人员交流和往来，特别是“人员”这个知识资源的重要载体，显性和隐性的知识都在不断地扩散。因为这一类的知识流动是自然和必需的流动，知识流出企业并没有主动的意愿将此知识流出，因而也就利用尽可能的手段对知识进行“加密”而不是解密，控制知识流出的范围、程度，特别是核心知识和重要的知识资源，防止其他合作伙伴对该知识进行破译、利用，以维护自身的利益并保持在供应链中的相对有利地位。比如跨国公司与国内制造企业的合作中，最初的采购对象是非成套设备和部件，造成的结果是将设备拆散分包的同时也对知识进行了破碎化、分散化处理，让知识输入方无法发现和识别内在的联系和系统特征。通用汽车在20世纪80年代对与供应商的关系处理上，就是采用“绝不分包一个完整的子系统”的政策，即使是汽车坐椅，也要寻找多家供应商，每家只供应一个零配件，其目的是建立知识流动防火墙和隔离机制，让供应商难以看到一个完整的知识全貌，无法对该部分知识掌握、拷贝。

但是，任何事情都具有两面性，保护的同时也带来了诸多问题，对于特定属性的产品而言，这又是极不明智的做法。一是系统制造问题，复杂单体设备的制造具有不可分割性，是一个系统工程，整体的系统性决定了知识流动的完整性；二是制造质量的问题，要保证制造质量的一致和稳定，高质量地达到顾客的要求，就要选择高质量的制造商；三是成本问题，拆散分包的方式固然可以起到保护的作用，但是无疑大大增加了成本，如交易成本、运输制造成本等，同时增加了管理的复杂性。此外，由于系统拆散分包造成每一个子系统甚至一个很小的系统都要汇集到发包方来完成，这将大大增加发包方也就是采购方的成本。实际上，拆散分包的风险和收益影响是双向的，对供应商而言，没有机会获得知识，也没有更大的机会和动力去贡献智慧和知识给客户，也就是说他的风险与收益水平都是较低的。

（二）主动流动

第二种典型的流动与自然流动相反，是一种知识的自觉流动。即流动的双方，特别是知识的流出方明确知识流动的目的和价值，主动地将知识进行流动和共享。如丰田汽车通过成立供应商协会、咨询团队和学习小组，将知识主动地向供应链中扩散，以实现整个供应链系统的一致性和协调运作，从而创造高质量和高效率。西门子、ABB 等公司在中信重工设立实验室和培训中心，将电气、自动化控制等知识有目的、有计划地向制造环节扩散，更好地使电气部分与机械等部分的运行匹配，从而实现产品的整体最优（系统最优）而不是电气系统最优（局部最优）。企业调研中甚至发现个别高科技企业将检测原理、数学模型等核心知识向软件、主板供应商处输出，以使对方能够更好地设计出个性化的、符合企业要求的高质量元件。

主动流动一般都是方向明确、有目的有计划的、可控流动。知识流动的方向非常重要，在供应链结构中，节点企业来自不同的行业和专业领域，所在位置的不同决定了对知识的需求和评价。对知识流出方而言，是为了实现一个具体而非抽象的目标而进行了知识流动，如生产系统优化、协作新产品开发、提升制造能力、改善理念等。对于以追求自身经济利益最大化和股东利益最大化的企业而言，不计回报的奉献和提供所谓无偿的知识流动与共享的案例是极少的。更进一步，企业是追求实际效果的经济体，在看不到具体的成果、无法准确量化预期收益的情况下，贡献知识资源的动力极其微弱。

此外，还有其他关于知识流动的分类标准，如按照知识流动的范围来划分，又可以分为局部流动和系统流动。局部流动是两个或几个节点企业之间的知识流动。系统流动是站在全局和系统的高度，规划、整合、设计知识流动的路线和方向、流动的知识种类和知识数量、层次和范围等，是在供应链系统内部进行知识的规划性配置，系统流动一般都是由供应链核心企业来完成的。

按照知识流动的方向来看，第一种流动是中心扩散型流动，是核心企业向节点企业扩散的流动；第二种流动是节点企业向核心企业流动，产生知识汇聚效应，如丰田的协同业务、克莱斯勒公司的协同产品开发制造等；第三种流动是混合流动，也就是中心扩散与汇聚同时发生，在一个统一的平台上进行。

第二节 供应链知识圈

一 知识边界

供应链知识流动和共享是研究供应链上知识运动规律的基础和先决条件。供应链是跨组织联合体，由多个独立法人、独立组织构成。尽管供应链核心企业能够发挥一定的协调利益的作用，但是在多数情况下各个企业的利益目标与其他企业、与整个供应链系统都存在冲突，独立企业从追求自身利益最大化角度做出决策是再正常不过的选择。曼瑟尔·奥尔森（Mancur Olson）所说的有理性的、寻求自我利益的个人不会采取行动以实现他们共同的或集团的利益。对付出大量成本而获取的、日益成为战略要素的知识资源而言，企业的第一反应是保密而不是泄露、是受控而不是流出。在特定情况下，即使是已经对企业价值较低的知识，在没有利益驱动的情况下企业都不会主动地将知识流出。其次，供应链是一个竞争与合作的关系链，供应链合作伙伴处于随时调整、动态变化之中，节点企业在供应链中的地位也处于动态博弈的过程之中，而这一地位往往决定了企业从供应链中所获得的利益大小和持久与否。为维护自身在供应链系统中的有利地位获取更大的竞合收益，企业也会选择在知识流动中有所保留。

知识资源是企业创新与竞争优势的基础，将宝贵的智慧资产控制在“企业边界”以内是企业的优先选择。因此，从这个意义上说，知识在组织内的流动和共享与跨组织边界的流动共享截然不同，存在本质上的不同。主要体现在：①组织内流动中，不论是流出方还是流入方其最终的利益导向是一致的。尽管流动的主体之间会存在局部利益的冲突，但是绝对的利益不相容和不可调和是极少的，企业整体利益的增加无疑会给身处其中的每一个个体带来积极的影响。②组织内流动的风险相对较小，而且可控。组织内的知识获取、流动传播、内化外化、知识创造等过程同样存在风险，但是由于存在企业边界和企业内外部种种规则的制约，风险大大降低。更为重要的是企业可以通过制度安排，随时掌控知识流动的方向、程度和范围，将风险控制在一定范围之内。③组织内流动和共享的收益完全归企业所有，不存在利益外流、“搭便车”等情况。收益的大小无疑是波动的、不确定的，但是收益的“独占”权给企业提供了内在的动力。因此，在收益独占和风险可控的情况下，企业更倾向于把知识流动限定在一定范围之内，这个范围我们在此称为知识边界。

知识边界是现实存在的，任何企业都会优先选择将知识锁定在可以控制的范围之内。在知识边界之内，倾向于程度不同的公开、流动，对外则是设置知识保护的隔离机制——知识防火墙。知识边界的建立与消除、扩大与缩小直接体现为知识在组织间的流动，知识市场交易的首要问题可以理解为以市场机制调控知识边界。

知识边界是组织或个人设立的知识流动的范围界限。知识边界可以是有形的也可以是无形的。有形的知识边界可以是个人、团体或企业组织，企业内部的员工、部门等都可以构成实质性的知识边界，不论显性知识还是隐性知识。无形的知识边界可以是法律法规、专利保护、规章制度等，以将知识资源保留在知识边界之内。在企业内部，每一种知识一般都处于既相互独立又相互联系、既自成体系又相互交融的状态之中，因而存在多个相互重叠的知识边界是必然的，完全独立的知识类型可能有，但应该是为数不多的。

知识边界首先提供了一种保护，个人或组织有意或无意地建立了知识保护的屏障。正因为有了知识边界提供的保护机制，知识才能在内部得到共享，企业内部的知识市场交易才得以开展。

知识边界同时提供了与外界环境的交流互动。知识边界不是绝对封闭的，而是相对开放的。知识的产生和发展是一个不断变化创新的过程，需要认识主体与外界环境的互动交流。随着时代的进步和环境的变化，知识形态必须向更高级别发展才具有更大的生命力。完全封闭的知识边界只能使知识创造窒息，最终造成这一知识形态逐渐落后被淘汰。所以，知识边界的功能是双重的，既要提供对知识资源的保护又要提供知识资源与外界环境、知识资源之间的交流与互动。

因此，知识边界和边界之内的知识资源就构成了一个实体，在此提出另一个新的概念——知识圈。

二　供应链知识圈

（一）知识圈的概念

本书用知识圈（Knowledge Circle）的概念来解释供应链知识的流动和共享问题。

知识圈包含知识边界、知识资源、知识载体三个要素，也就是说知识边界、知识资源和知识资源的载体共同构成了知识圈。其中知识边界是知识流动的范围；知识资源是个体、组织所创造并拥有的智慧资产，以显性或隐性的方式存在于个体或组织内部；知识载体是知识资源的携带者，最终的携带者是人，也可以宽泛地理解为人员、部门组织或企业。

（二）知识圈的结构

从结构上看，按照某一项知识各个部分的重要程度，将知识圈分为以下三层：

（1）核心层。包含最为关键和最为重要的核心知识，是该项知识区别于其他知识最为本质之处，也决定了该知识资源的最终价值。

（2）中间层。包含核心层知识以外的、对形成该项知识必不可少的配套、关联知识部分。中间层知识是构成该项完整知识必备的部分，尽管有些情况下这部分可能属于一般性的知识类型，但对利用该项知识资源形成技术或产品的过程中不可缺少。

（3）外层。包含辅助性的知识，这类知识一般与具体技术或产品的形成有关，如制造加工知识、外形构造知识，以及所采用的原料、辅料性能知识等。相对于核心知识，外层知识具有较高的替代性，较容易通过外部的方式获得。知识圈的结构如图3－1所示，从图3－1可以看出，知识圈的外包络线就是知识边界。

知识圈不是静止的，而是一个动态弹性圈。知识圈的动态特征表现为两个方面：①知识的内部运动。这里结合知识链理论模型的成果，将知识圈内的知识运动过程分为知识获取、知识整理、知识生成、知识转化、知识创造五个过程。与知识链不同的是知识圈的知识运动不是线性单向的，而是循环往复、不断变化与发展的过程。②知识圈与外部的互动与交流，可以是知识圈与知识圈之间、知识圈与外部环境之间的知识流动、传播共享、互动等过程。知识圈的外包络线是知识边界，知识圈可大可小。知识圈的大小代表了知识流动范围，也就是知识边界的大小。

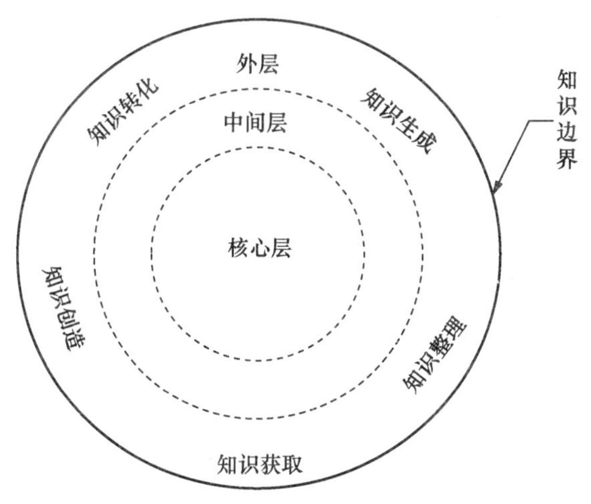

图 3－1　知识圈模型结构

在组织内部，存在多个相互关联的知识圈，如图 3－2 所示。正如组织内部的知识边界存在重叠的情况，知识圈同样存在相互重叠。知识圈的重叠意味着知识的交叉拥有，也就是共享。知识圈重叠的深度决定了知识共享的深度，也就是知识圈核心层、中间层或外层的相互重叠，不同层次的重叠代表着不同的共享深度。这里需要强调的是，不论组织或企业内部有多少数量的知识圈，这些知识圈都有一个共同的外包络线——即共同的知识边界，这个知识边界一般情况下都是指企业边界。从这个角度来看，在企业外部，企业与企业之间的关系同样可以表现为知识圈与知识圈之间的关系。以我们研究的供应链为例，供应链上各个节点企业之间的知识流动和共享，也可以表现为知识圈的扩张和重叠。

知识圈同样也可以将知识市场模型纳入进来。就内部知识市场而言，表现为在共有的知识边界之内，内部知识圈与知识圈之间的知识交易，这个共有的知识边界就是企业边界；外部知识市场，如供应链节点企业间的知识交易，就可以理解为外部知识圈之间的知识交易，体现了内外有别。

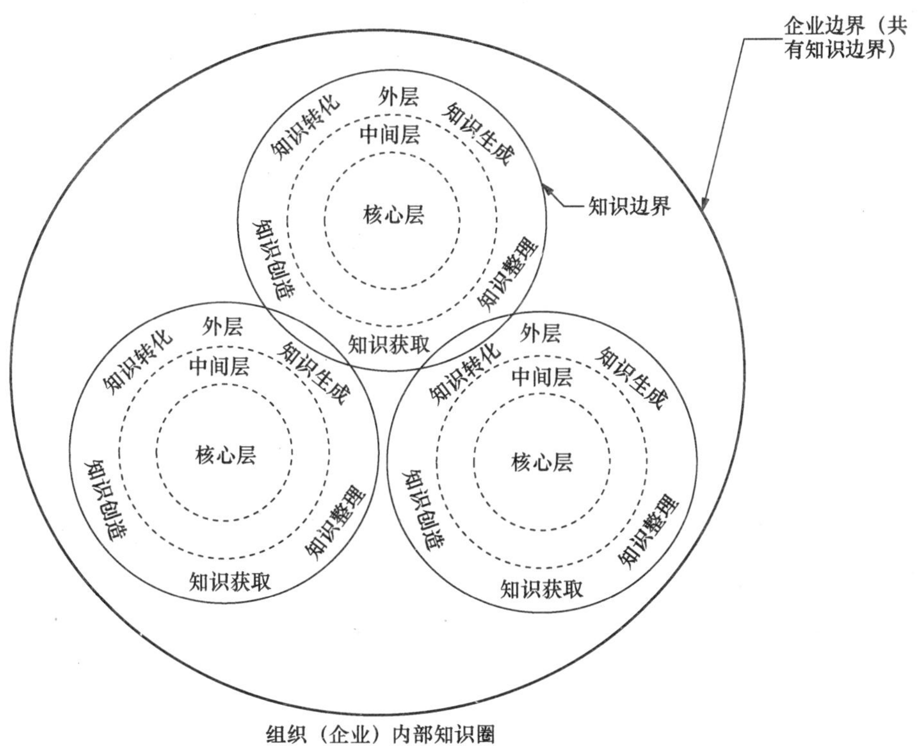

图3-2　企业内部知识圈模型结构

至此，供应链知识流动乃至接下来要探讨的协同问题，也就演化为两个大的问题：一是知识资源如何突破知识边界，实现跨组织边界的流动问题；二是流动的知识资源在整个供应链系统上优化配置的问题，协同是优化配置的结果和表现。

第三节　供应链知识协同的内涵

一　供应链协同

（一）供应链协同的内涵

目前，对供应链协同的概念并没有统一的定义，但其内涵可以归纳为：①涉及两个或两个以上企业的复杂管理活动，供应链协同意味着两个或多个独立的公司联合而非孤立地运作，从而成功地规划和执行供应链运作。②协同是以系统和全局的视角定义供应链成员企业关系，以系统方法追求供应链整体绩效。供应链是运用全局和系统的方法来管理全部的信息流、物流和服务去满足客户需求，这种理念（哲学）带来了经营管理的根本性改变，个体最优化并不能使系统绩效最优。[①] ③协同是对竞争环境的动态适应。Anne 等（2007）认为，当竞争、响应性和客户满意被认为是成功管理的关键因素后，企业就不可能独善其身了，对外寻求与合作伙伴的协同就成了必然的选择。[②] ④协同有层次之分，供应链协同是指协作完成以下工作，如联合计划、联合产品开发、相互的信息交换以及一体化的信息系统、在公司网络不同层次的交叉协同、长期合作、风险共担和利益的共享。就协同产生的原因而言，多数学者倾向于外在动因是为了应对竞争加剧和环境动态性强化的局面；其内在动因是出于谋求中间组织效应，追求价值链优势，构造竞争优势群和保持核心文化的竞争力的需要。

综合国内外的研究成果，本书将供应链协同定义为：以成员企业之间相互信任、相互依赖的关系为基础，以利益为纽带，为实现比单个企业单独行动更大更为长远的共同目标，成员企业所拥有的各种资源和要素在供应链系统上的优化协调配置。

（二）协同的目的和意义

尽管没有统一的定义，但是众多的研究都表明，协同对供应链绩效产生积极的影响，主要体现在以下方面。

第一，协同是供应链的本质特征和关键成功因素。Lau 等（2004）认为协同是供应链的原理和主要功能，所谓供应链其本身就是一种协同，是为了提高整个供应链的绩效并考虑各个参与单位的各自需求的一种协同[③]；Li 等（2007）认为供应链成功的关键因素是构建一种机制，这种机制能够统一供应链合作伙伴的目标、协调他们的决策和活动以使系统绩效

① Xiuhui Li and Qinan Wang, "Coordination mechanisms of supply chain systems", *European Journal of Operational Research*, Vol. 179, No. 7, July 2007, p. 2.

② France Anne and Gruat La Forme and Vale'rie Botta Genoulaz, "A framework to analyze collaborative performance", *Computers in Industry*, Vol. 58, No. 5, May 2007, p. 687.

③ J. S. K. Lau and G. Q. Huang and K. L. Mak, "Impact of information sharing on inventory replenishment in divergent supply chains", *International Journal of Production Research*, Vol. 42, No. 5, May 2004, p. 919.

最优化。[①] 供应链协同成为供应链管理的关键成功因素。

第二，协同与供应链整体绩效直接相关。Arshinder 等（2009）认为，为了提升供应链的整体绩效，供应链成员应该如同一个完整的系统那样行动而相互之间协同[②]；Lee（2000）认为应将供应链协同视作一种手段，来重新设计决策权、工作流和成员企业之间的资源以创造更好的绩效、实现更高的边际利润、提高客户服务绩效和更快的响应时间[③]；Anne 等（2007）认为协作绩效主要体现在柔性的提升、反应性改进、更好的资源利用、缩短和控制交货延迟、质量提升和竞争力提升，主张采用响应性、可靠性、柔性、质量和成本评估四个方面的指标来对协同绩效进行评价。[④]

第三，协同意味着更大的价值创造。Sainsbury（2007）指出全球化的价值增值过程常常通过跨国公司供应链成员企业之间的协同来实现。[⑤] 20 世纪 90 年代以来，客户—供应商关系正经历着巨大的变化，表现在交易的对象和目标的变化、企业功能的改变、客户要求的供应商技能的变化等方面，所有上述变化是由成员企业之间的相互信任和协同保证的。

与之相对应的是缺乏协同对供应链带来了消极的影响。Ramdas 和 Spekman（2000）认为，尽管供应链协同众说纷纭，但是有一点是肯定的，那就是缺乏协同将降低供应链绩效。他们认为，缺乏协同将导致不正确的预测、产能利用不足、过度的库存、不合适的客户服务、库存转移、增加库存成本、延误产品到达市场的时间、影响订单实现响应、影响质量、影响客户聚焦和客户满意[⑥]；Spengler（1990）从多级代理的角度研究了供应链，认为如果每一个代理都关注于自身利益最大化，那么将导致

---

① Xiuhui Li and Qinan Wang, "Coordination mechanisms of supply chain systems", *European Journal of Operational Research*, Vol. 179, No. 7, July 2007, p. 2.

② Arshinder Arun Kanda and S. G. Deshmukh, "A framework for evaluation of coordination by contracts: A case of two - level supply chains", *Computers & Industrial Engineering*, Vol. 56, No. 1, January 2009, p. 1177.

③ Lee, H. L., "Creating value through supply chain integration", *Supply Chain Management Review*, Vol. 4, No. 4, April 2000, p. 30.

④ France Anne and Gruat La Forme and Vale'rie Botta Genoulaz, "A framework to analyze collaborative performance", Computers *in Industry*, Vol. 58, No. 5, May 2007, p. 687.

⑤ Sainsbury Lord, *Race to the top: A review of the Government' s science and innovation policies*, Independent HM - Treasury Report, HMSO, October, 2007, p. 35.

⑥ Ramdas, K. and Spekman, R. E., "Chain or shackles: Understanding what drives supply - chain performance", *Interfaces*, Vol. 30, No. 4, April 2000, p. 3.

双边缘化问题，实际上是“双败”的结果。①

从目前的研究成果来看，现在争论的不是要不要协同，而是如何实现协同的问题。协同创造了一种全新的战略理念，这就是以系统思考代替节点思考，以系统最优、系统改善代替局部改善和局部最优。20 世纪 90 年代以后，供应链理论和实践使许多企业都认识到一个事实：单个企业的力量是有限的，单个企业的力量在现代企业竞争环境中并不总是能够确立竞争优势获得有利地位。

以丰田汽车为例，丰田公司的供应链协同其核心内容主要体现在两个方面：一是推行 TPS（丰田生产系统），即丰田生产系统在整个供应商系统内的推行；二是进行了协同业务活动，与供应商之间展开新产品、新技术和新市场的协同开发等。对于第一个方面的协同运作，丰田公司实际上是在寻求整个供应链系统的相容和一致性，即用一种相对先进的理念和运作手段规范、统一供应商的生产运作，从而产生合力，创造单个企业难以达到的质量、规模和效率；第二个方面的协同运作，更应该理解为这样一个事实：那就是单个企业的资源和能力是不足的，局部的资源和能力不足以解决系统和全局的问题，需要系统资源的投入，聚焦于某一点或某一个方向。

二 供应链知识协同

（一）供应链知识协同的概念

供应链知识协同将知识管理的研究范畴从企业内部延伸至整个供应链体系，涉及跨组织边界的知识流动与共享、知识整合与重构、知识创新与应用等一系列知识活动过程。企业竞争优势的来源与无形资源特别是知识资源密切相关。在供应链环境下战略合作伙伴关系能够产生创造新的能力，而这种能力是单个企业无法独立去创造的。多数学者认为知识协同的目的是实现知识创新和提升供应链系统绩效。

张旭梅（2007）在总结了国内外对供应链知识管理的研究后提出，供应链知识管理的最终目的是“产生协同价值”。她认为供应链中的知识管理是供应链节点企业运用集体智慧，通过获取、共享和运用存在于企业内部和外部的显性知识和隐性知识，使其产生协同价值，从而提高企业知

① Spengler, J. J., “Vertical restraints and antitrust policy”, *Journal of Political Economy*, Vol. 58, No. 4, April 1990, p. 347.

识创新与运用的效率，增强供应链整体竞争力的过程。① 王娟茹等（2007）的研究也支持了张旭梅的观点，强调供应链知识转移的目的也在于知识之间的“协同”。② Vito 等（1999）则认为知识转移是供应链中成员企业之间的重要活动，有利于迅速消除供应链组建初期节点企业之间在知识和技术相容性或一致性方面的壁垒，增强供应链的同步性、互补性和黏合力，提高供应链的整体竞争优势，使之快速融为一体。③ 知识作为一种资源，是供应链中协同效应的真正来源。上述研究都在强调一个结论，那就是知识不仅能够有效地促进供应链协同，而且知识本身还可以成为协同的对象和协同的“主体”。

知识协同应围绕客户需求而展开。刘彦辉等（2007）认为供应链中存在着丰富的知识，在供应链协同的推动下，各节点企业的知识源、知识、知识接受者之间得以建立关联，形成节点企业内和节点企业间的知识交流，是一个知识的获取、选择、生成、内化、外化的无限流动的循环过程，整个过程以顾客为核心，通过供应链之间的各节点企业来协同完成。④ 吴冰等（2008）提出了供应链协同知识创新的概念，强调供应链中的知识创新是以客户需求为导向，结合信息技术的发展，有效地协同供应链成员和外部网络而开展的创新活动。⑤ 上述研究都明确了客户需求对供应链知识协同的重要性，强调了知识协同应围绕客户需求展开。但也应该明确的是在完整的供应链系统中，客户也是供应链结构中的一个环节，因此，对知识协同的需求既可以是外生的——供应链所处的竞争性市场中产生；也可以是内生的——来自供应链内部客户环节的需求，二者都是供应链知识协同的动力来源。

综合前述学者的研究，本书认为对供应链知识协同的研究，应基于两个基本的事实：①供应链的结构属性，即组成供应链系统的是独立法人利益主体企业，在缺乏现实利益驱动之下协同不可能发生，即使发生也不可

① 张旭梅：《国外供应链知识管理研究综述》，《研究与发展管理》2007 年第 2 期。

② 王娟茹等：《基于溢出效应的供应链知识转移》，《工业工程》2007 年第 9 期。

③ A. Vito Albino and Claudio Garavelli, “Knowledge transfer and inter – firm relationships in industrial districts: the role of the leader firm”, *Technovation*, Vol. 19, No. 1, January 1999, p. 53.

④ 刘彦辉等：《供应链企业间协同知识链管理模型研究》，《经济理论研究》2007 年第 1 期。

⑤ 吴冰等：《供应链协同知识创新的激励设计》，《科学学与科学技术管理》2008 年第 7 期。

能持久和有效；②知识作为企业无形资源的独特属性，在供应链环境下则表现为知识边界和知识圈的现实存在。相对于知识的获取而言，知识的流失要容易得多，而一旦流失对企业造成的损害将无法估量，因而对任何的企业而言，知识协同都不仅仅意味着利益，而首先是风险。而在知识协同的过程中，知识一旦流动、共享，对知识输出方而言，将很难甚至无法控制知识流入方对知识的学习、复制和使用，在信息不对称的情况下甚至无法准确评估知识对于知识流入方的价值所在。在知识双向流动的情况下，双方互为输入输出方，因而风险对于任何一方都存在。因此，相对于生产、物流和采购的协同，知识协同对于知识合作方的相互信任要求更高。

综上所述，在此给出供应链知识协同的概念。本书认为，在供应链环境下，知识协同是以客户为导向，成员企业在相互信任的关系和利益驱动之下，共担风险，以知识突破知识边界和知识圈为途径，以具体的战略或项目为载体，通过供应链成员企业之间的知识匹配和知识创造，实现知识资源在整个供应链系统上的重新配置和优化配置，从而达到提升供应链和企业绩效并创造更大客户价值的根本目的。

（二）供应链知识协同的内涵

供应链知识协同有着广泛而深厚的内涵，具体表现在以下几个方面。

第一，知识协同需要站在供应链系统的高度。站在全局的高度审视供应链，那么每一个节点企业所在位置及其所拥有的知识资源就不再是孤立的，而是存在于紧密的相互联系和运动之中。在核心企业或某一成员企业的主导之下，孤立的知识资源走出了知识边界，实现了供应链层面的重新配置和优化配置，使知识这一企业核心资源的潜力得到更大、更为有效的发挥。

第二，知识协同的效应是多方面和多层次的。就直接的效应而言，通过知识资源的重新配置改变成员企业的知识存量和知识质量，实现两个层面的效应：第一个层次是达到知识匹配，实现节点企业知识系统的一致性和相互融合，从而实现协同的第一层次的目的；第二层次的目的是通过知识资源的优化配置和合理、可控的流动，集合成员企业的知识资源进行知识开发和知识创造，从而产生更大的创新效应。

第三，供应链成员企业之间的知识协同受利益与信任关系的双重驱动，其根本动机来自企业的利益追求。作为追求自身利益最大化的经济实体，没有利益的驱动，任何企业不会主动关注系统利益，更不会将“他人”利益置于自身利益之上。正如没有更大和更为长远的利益，丰田不会将自身所拥有的生产管理技能和知识主动扩散、分享给所有的供应商，而没有丰田作为核心企业所提供的长久的采购便利和跨国公司的国际品牌影响力所带来的未来更大的利益预期，供应商也不会主动学习丰田生产管理系统知识、积极参与以丰田为核心的“协同业务活动”，在丰田新产品开发的过程中主动贡献自己的知识和智力资本，因此，利益是永恒的也是最为根本的协同诉求。但是，只有利益驱动是不够的，对于知识协同尤其如此，知识的特殊性更加要求协作企业之间强的信任关系，可以说，信任关系是知识协同得以实现的必要条件。

第四，知识协同的“主体”和“对象”是相对抽象的、无形的知识资源，但是，知识协同的载体绝不能抽象，知识协同只有通过具体的战略或项目才能得以真正落实。在已有的关于供应链知识共享的研究中，建立共享知识库等知识共享平台理论最大的问题在于缺乏有目的的、系统的和方向明确的协同知识应用，因而所谓“各取所需”只能使共享知识库流于形式，缺乏实际应用效果。尽管在供应链中存在着大量的不自觉的知识的自然流动，但是，本书所定义的知识协同是在系统高度，通过具体的战略行动或项目，特别是研发项目，将来自成员企业的各类知识资源集成到一个具体的平台之上，以核心企业或某一个成员主导的方向明确、利益共享和风险共担的知识协作。

第五，知识协同的理想状况是知识资源在供应链系统上的优化配置。但是，这一理想的状况不仅仅意味着利益诱惑，更意味着巨大的内部和外部风险。知识协同最为困难之处在于如何使作为企业核心资源的知识走出知识边界和知识圈。但是一旦知识走出知识边界，保护机制将大大降低和减弱，甚至失去效力，给企业带来潜在的甚至是巨大的损失，这是知识协同无法回避的本质属性。

第六，知识的流动和共享是实现知识协同的前提和条件。供应链知识协同的提出并没有将这一概念与已有的供应链知识流动、共享等知识管理概念和研究成果割裂，恰恰相反，供应链知识协同正是建立在已有的供应链知识管理研究的成果之上。供应链知识流动和共享以及由此带来的知识转移、知识链和知识流等都是实现知识协同的不可或缺的条件和必须经历的过程和途径。换言之，知识流动和共享是知识协同得以实现的前提。只是在本书中，知识流动和共享是在知识边界和知识圈理论框架和模型下，以与以往不同和独特的视角展开。

第四节　知识协同与供应链协同的关系

第一，知识协同属于供应链协同的一个范畴，尽管是一个相对特殊的领域。知识协同是供应链协同的一个分支，是供应链协同这个大的概念下的一个子概念。知识协同的背景是供应链环境，因而其协同规律、协同表现、协同的属性都与供应链的结构、类型和属性密切相关。供应链的内在结构和供应链成员企业之间的供应商—客户的特殊关系，以及伴随着供应链的人员往来、物资流动和信息流动的特性都影响着或决定着知识协同的表现和特征。供应链是一个关系链，在供应链上的节点企业或成员企业之间有着强烈紧密的利益关系。在供应链环境下，尽管有利益的冲突，但是从全局上来看，成员企业的利益又是一致的。在局部存在矛盾与冲突，在整体上和系统上又是统一的。

第二，知识协同是为了更好地实现供应链协同。知识协同和已知的供应链协同相比，有其独特之处。知识不仅有利于建立良好的供应链关系，还有助于加强和改善这种协同关系。知识起到了纽带作用，在知识链的沟通作用之下，节点企业能够更好地实现相容和一致性，为消除供应链的薄弱环节和“短板”起到了至关重要的作用，促进了成员企业之间更好地相互协作；知识协同更高层面的目的则表现为知识的创造和创新，意味着更大的价值创造，这无疑会增强整个供应链的竞争优势进而带来更大的绩效，这种效益随着供应链的传导作用和合理设计的机会，使参与其中的企业获益，从而产生激励作用并进一步促使这种协作的发生。

第三，知识协同是供应链协同的高级形态。从目前掌握的研究成果来看，供应链协同的过程必然伴随着或多或少的知识协同因素，如知识流动、局部共享等，要促使供应链协同的发生，知识在其中必然发挥着一定的作用。从企业调研的情况来看，物流和信息流的协同必然伴随着知识的协同，只是程度不同而已。供应链协同发展到一定程度，必然面临着知识的障碍。在需要更高层次和水平的协同的时候，需要在知识层面展开合作。因此，知识协同是供应链协同发展到一定程度的高级形态，是供应链联盟企业间在战略资源方面协同的一种方式。

第四，知识协同是核心资源的、最具潜力的协同形式。供应链优势来源于其结构，这种优势也反映在知识结构上，主要表现为：①知识来源的多样性和复杂性，供应链成员企业来自不同的行业、不同领域，使供应链知识具有多样性；②知识相互关联，具有紧密的关系。从系统的高度来分析，供应链上的知识表现为相互补充和高度匹配。广义而言，知识是企业无形资源的高度概括和凝练，是形成技术及各种能力的基础和条件。如果说生产、物流和采购等的协同仅仅伴随着知识的协同，那么知识协同则将知识这一重要的资源推向了前台，使知识成为协同的主角。知识特别是作为战略资源的核心知识，能够通过一种清晰而明确的战略和载体实现在供应链上的优化配置，其对企业、对整个供应链系统将会产生重要而深远的影响。协同所能够产生的效益是单个知识无法实现、无法估量的，在知识相互之间的碰撞和互动中，新的更好的知识被创造出来，从而提升企业和整个供应链的生存和发展环境。

本章小结

本章从四个方面探讨了供应链知识协同的概念、内涵和作用。首先，探讨了供应链上的知识流动规律，知识资源在供应链节点企业之间流动和共享是供应链上的普遍现象，并且知识流动与共享促进了供应链成员企业之间的相容和一致性，实现供应链的一体化运作。供应链的知识流动可以分为自然流动和主动流动，其中主动流动对供应链的意义更为重大。其次，建立了供应链知识圈理论模型，供应链上的知识流动与组织内部的知识流动有着本质的区别，知识边界既限制了知识的流动范围也提供了必要的保护，知识边界、知识资源和知识载体共同构成了知识圈。再次，进一步探讨了供应链知识协同的内涵。知识协同通过突破知识边界，实现了知识资源在整个供应链系统上的重新配置和优化配置，产生了知识创新，提升了整个供应链系统的竞争优势。最后，研究分析了供应链协同与供应链知识协同的相互关系，本质上供应链知识协同属于供应链协同的范畴，知识协同是供应链协同的高级形态和更为复杂的协同形式。

第四章　供应链知识协同影响因素分析

知识资源的流动与协同是基于供应商、制造商和客户之间的战略合作伙伴关系，其实质是相互信任关系。此外，最为根本的驱动因素是供应链合作伙伴之间相互关联、互为影响和相互制约的利益。在制造业中，供应商以获取制造商长期稳定订单的经济利益为最终目的，制造商以获得高质量、高技术含量和高性价比的零部件供应为目的。同样，客户以获得满足需求的产品和方案为目的，并获得未来采购的便利。总体而言，信任与利益共同驱动了知识协同。

知识协同也同样存在着巨大的风险。在协作过程中，成员企业不仅投入了资金、人力和物力，更为重要的是向合作方提供了必要的知识资源。在协同实现的过程中，存在违约风险、道德风险和市场风险等，这些风险因素与知识的属性密切相关，都对参与知识协同的成员企业产生重要影响。

此外，在知识协同过程中的信息共享、透明化也同样重要，全面掌握对方的协同努力程度、投入程度和知识创造过程及效果，对供应商和制造商而言都至关重要。以下将对供应链知识协同的影响因素进行一一阐述。

第一节　经济利益和风险因素

一　利益因素

对参与知识协同的各成员企业而言，不论是直接利益还是间接利益，经济利益永远是驱动供应链成员企业参与协同的根本动机所在，成员企业都是为了实现更好、更大、更为持久的经济利益。

理想地，供应链成员企业以知识资源为投入、展开研发协作进行知识创造所获得的利益与每一位参与企业都有关，协同机制应按照投入成本的大小、各自承担的风险大小等因素进行利益的合理分配，促使协同的产生和持续。以一个一般性的由供应商—制造商构成的供应链系统为例，知识协同所产生的利益主要有以下几个方面：

第一，由于知识协同创造新的知识并形成具体的技术与产品，围绕供应链系统特别是核心企业（制造商）的竞争力改善和市场收益扩大，给协同参与企业带来直接的经济收益。其中制造商所获得的利益是直接的、显性的，可以表现为财务收益，或反映企业综合实力的企业成长性、市场占有率、品牌影响力、竞争优势等方面的收益；供应商所获得的收益是间接的，双方通过协同机制的设计与实现，制造商以合理的方式将所得利益与供应商分享。

第二，供应—采购便利。制造商和供应商都期望在供应链知识协同中获得足够的供应或采购便利，主要包括以下几个方面：

- 采购价格。为鼓励供应商参与知识协同，作为供应链核心企业的制造商以适当的采购价格获得由供应商提供的零部件，将所获得的市场收益与供应商进行分享。

- 增大一次性采购量等采购便利。制造商通过增大采购规模的方式激励供应商参与协同，自身也能显著地降低交易费用、采购成本。

- 优先采购权或独占采购权。供应商由于自身的努力成为在同等条件下制造商的优先采购对象，甚至是这种产品的唯一采购对象，一般这种优先采购权或独占采购权都设有期限。

- 长期稳定的供应关系。制造商与供应商结成长期稳定的供货关系，实现对供应商的持续采购。从长远看，这是供应商所获得的最大利益。

此外，供应商由于参加了由核心企业所组成的供应链并参与了知识协同的行为，获得了比企业单独行动更大、更为长久的收益，以及自身在财务、品牌、知识创新等方面的综合效益，这些都是驱动供应商积极参与知识协同的动力所在。

第三，与知识创造直接相关的收益。知识协同所直接创造的新的知识资源，以及基于这些新的知识资源所形成的专利、专有技术、知识产权等的归属与分配，这是知识协同独有的收益，这一收益甚至可能大于所获得直接利益。供应链系统是一个动态的战略联盟关系，成员企业随时可能由于各种原因退出合作。此外，对任一节点企业而言，该企业都有可能是另外一条供应链上的成员企业，与现有的供应链存在某种程度上的竞争关系，因此，从一个供应链系统所获得的知识资源处理不当将会造成对企业的实质性威胁和损害。对这一类收益也应设计合理的机制界定其归属和分配。

二 风险因素

风险往往与利益相伴相生，利益的获取与分配不仅与投入有关，而且应该与所承担的风险有关。以一个供应商和一个制造商参与的系统为例，知识协同过程中的风险主要有以下几个方面：

第一，知识资源流失及被不当利用的风险。知识资源的流动共享和重新配置是知识协同实现的基础，但同时给知识输出方带来了潜在的风险。对制造商而言，供应商获取知识以后存在前向一体化的可能；同样对供应商而言，制造商获取知识后存在后向一体化的可能性，特别是核心知识的输出对输出方往往意味着灭顶之灾。不当利用是知识输入方以各种方式将输入的知识资源据为己有，并与输出方形成同业竞争关系，对输出方造成实质性损害。此外，知识资源通过其他的供应链或供应渠道流动到第三方，特别是具有竞争关系的第三方都会给输出方造成威胁。

第二，知识创造风险。知识协同是通过研发协同得以实现，而知识创造、技术开发和产品开发本身具有高投入和高风险特征，研发的成功率低而失败的可能性很大，对供应商而言尤其如此。为配合核心企业即制造商的知识创造过程，供应商需要投入各种资源进行知识创新并同时承担研发失败的风险。

第三，市场风险。市场风险主要集中于制造商一侧，但通过供应链传导至供应商处。知识协同一般意味着新技术的产生与新产品的推出，新产品能否得到市场和客户的认可同样具有高风险。新产品的市场推广失败意味着知识协同的失败并给制造商和供应商带来损失。对知识协同的主导方制造商而言，承担直接市场风险，而对参与方供应商而言，承担间接的市场风险。

第四，违约风险。协同是双方共同努力的结果，在努力程度难以观测和衡量的情况下，风险是时刻存在的。协作方无法获得应有的经济利益、知识产权归属不当、实际的协同投入不足等造成显性违约或隐性违约行为，导致协同关系难以持久协同效果难以实现。

成功的协同机制设计首先要准确评价协作方的投入水平和努力程度，以及各自所承担的风险大小，并加以量化。在此基础之上，进行协同利益的合理分配；其次是通过信息共享、运营计划、协同研发等辅助性机制的建立，来保证协同的产生。但是，市场化的利益、风险因素并不能解决所有的问题。

对知识协同中风险的识别、分析和评价在下一章中进行重点探讨。

第二节　关系因素

一　利益—风险因素失效的原因

（一）协同信息不对称

从经济学的角度看，市场失灵的原因主要有信息不完全、公共物品和外部性等。[①] 供应链知识协同是一个双方或多方协作的过程，作为供应链上的任意一个成员都有可能因为供应链系统在某一领域局部或整体的改善而获益，对以知识创新、技术和产品开发为目标的知识协同尤为突出。因此，对供应链系统而言，“知识创新成果”就是公共物品，尽管多数时候创新成果集成于核心企业的产品体系之中，但对整个供应链上节点企业都会产生积极的影响，因而就有可能存在“搭便车”现象。

信息不完全的情况更加普遍。按照经济学的理论，如果消费者对市场价格或产品质量没有准确的信息，市场体系就不会有效率地运营。这种信息的不完全可能会给生产者一种刺激，使它们把某些东西生产得太多，而把另一种东西生产得太少。这就是信息不完全所带来的市场失灵问题，每一种这样的信息问题都可能导致竞争性市场的无效率。价格体系之所以能有效率地运营，是因为市场价格向生产者和消费者双方传递了信息。

供应链知识协同过程中，协作双方存在着显著的信息不对称。尽管知识协同需要较高程度上的信息共享，但是供应链是独立法人企业结成的动态战略联盟，无法达到类似于一个企业内部运营的高度。此外，从知识协同的特殊性来看，知识资源的属性和知识创造的复杂性更加剧了信息不对称。从实际操作层面来看，知识协同合作方对协同的响应程度、努力程度的观测具有很大的难度。

① ［美］平狄克、鲁宾菲尔德：《微观经济学》，中国人民大学出版社 2000 年版，第 470 页。

协同是对共同目标所做出的响应。在信息不对称的情况下将产生逆向选择，以“低响应”取代“高响应”来应对协同，协作方隐藏自己的协同成本和努力程度，为了在博弈中获取更大的利益，从而降低协同的效果，导致协同成为一种形式。安小风等（2009）应用信息空间理论对供应链知识共享中的信息不对称问题进行了研究，强调了信息空间的产权维度为行为主体隐藏信息提供了可能性，而资本维度为行为主体隐藏信息提供了必然性，测度性则使得信息障碍问题长期存在，这三个维度相互影响、互为前提①。信息不对称还带来了道德风险，在前文中已经对知识协同双方所面临的主要风险进行了阐述，主要的道德风险有知识资源被不当利用、泄露给存在竞争关系的第三方等，从而给知识输出方带来实质性损害，引起知识产权纠纷。

信息不对称对协同产生重要的影响，将会在一定程度上降低协同者的预期，使其产生承受更大风险的不安全感，导致的结果是要么退出合作，要么要求更高的收益来补偿。预期的降低，如果不能通过多次的合作，或者更多的更细致的契约得到有效改进，必然会降低协同者的努力程度和意愿。实际上，协同能不能够实现双方约定的目标充满了风险和不确定性。这样的合作既取决于双方或多方的努力程度，也取决于外部环境，如市场因素、消费者的变化、国家的宏观政策等。

（二）利益冲突的不可调和

利益驱动失效的另一个重要的原因在于供应链合作伙伴之间的关系本质上是处于完全市场和纵向一体化之间，也就是说介于市场机制和企业内部机制之间，因而其关系具有特殊性。尽管对任一协作方而言，参与协作所获得的利益大于企业单独行动的利益是协同发生的基本条件，但是局部利益和整体利益、短期利益与长期利益之间的冲突不可能完全避免。

（三）契约不完备

此外，契约不完备也是一个影响因素，尽管经济学理论已经证明合约或合约设计是解决信息不对称问题的有效途径，但是知识资源的特性使合约风险始终存在。知识资源具有高的风险敏感性，即知识资源创造的高难度和易失性。虽然知识创造的过程反映了历史，包含着复杂的情境因素

---

① 安小风等：《供应链知识共享决策信息空间模型及合约机制研究》，《现代管理科学》2009 年第 1 期。

等，但是知识资源的被复制、模仿和学习是相对简单的。因而在知识协同过程中的知识流动和共享具有高风险，而契约的不完备又使这种风险对知识输出方而言具有不可控性。

知识资源的独占性是任何一个企业获取竞争优势的来源，对供应链合作伙伴而言，独占知识资源是为了在供应链中获取有利的地位和更大的收益。所以，无论从信息不对称、契约不完备还是利益冲突的角度，知识协同对知识输出方而言都意味着极大的风险。从投资学的角度，风险与收益总是相对应的，但是过高的风险，尤其是超出知识输出方控制范围、可能的损失难以准确计量的风险将会使协同方望而却步，协同难以发生。在这种情况下，就需要一种特殊的黏合剂来弥补利益—风险机制的裂缝，这种黏合剂我们称为协作企业之间的相互信任关系。

二　关系因素的特征

所谓关系，简单地说就是合作方相互之间的认识与评价，表现为合作、信任与相互承诺，相互信任是关系的一种类型，也是最为重要的一种类型。对知识协同而言，利益—风险因素是协同产生的充分条件而不是必要条件，而关系是协同发生的必要条件。也就是说，有“关系”协同不一定发生，但是没“关系”协同一定不会发生。

就供应链的构成来看，是从供应商的供应商到客户的客户，将所有节点企业串联起来，为最终客户提供产品和服务的传导过程。复杂多变的外部竞争环境和客户需求特性使单个企业在充分满足客户的个性化需求方面力不从心，需要将规模经济性、灵活性、快速响应、柔性、核心竞争优势融为一体的同时节省交易费用，实现资源的最优配置和价值创造的最大化，这客观上需要供应链节点企业实现一体化运营，完成一个完整的客户价值创造过程，创造最大的价值。在波特的行业竞争环境分析的五力模型中，供应商的讨价还价能力、客户的讨价还价能力等五种力量决定了行业竞争的激烈程度和行业获利水平的高低，也将企业与其供应商、客户之间的关系定位为竞争与对抗，竞争与对抗是传统企业战略的核心。

在传统的供应关系或供应链企业中，从自身利益最大化的角度以及在与供应链上其他企业的讨价还价（竞争）中占据有利地位，在没有内在和外在激励因素时，节点企业自然的反应或者说第一选择是优先考虑维护自身利益，而不是系统利益、整个供应链的利益。就知识而言，企业的优先反应是尽可能形成知识边界、构建知识屏障防火墙，以确保自身的竞争地位和讨价还价能力、讨价还价权，从而获取最大化的利益。尽管在企业供应关系中，供应商、制造商、客户之间的产品与服务供应关系以及物流、资金流、信息流等自然而然地使知识在节点企业之间伴随着产品和服务的传递而流动，但是知识流动的效率和效益不大，企业并没有有意识地进行知识的共享、协作，以及更进一步地针对某一具体产品和服务的知识开发与创造活动，因而也就谈不上真正的协同，或者说处于协同的最低层次。从这个意义上说，以邻为壑、缺乏沟通与协调、基于竞争与对抗的节点企业关系将使供应链战略的效果大打折扣，换言之，竞争与对抗的关系与供应链战略的本质要求是相矛盾的，只能形成供应关系，而无法形成有效的供应链合作关系。

因此，协同关系是供应链知识协同的内在要求。知识协同的关系，首先表现为目标的一致性，这个一致的目标就是快速响应客户需求、创造最大的客户价值，提供给最终客户最大的价值。

其次是方法与途径的一致性，即以更低的成本、更快的响应速度、更新更好的客户价值、更高的时间价值创造有别于竞争对手的供应链竞争优势，通过这一竞争优势来实现战略目标。

最后是利益的一致性，也就是整个供应链获取的经济利益和非经济利益能够惠及每一个节点企业，使得节点企业获得利益大于节点企业选择不合作、不协作单打独斗竞争对抗时的利益，在这种情况下，协同的产生才具备了基本的条件。

三　关系的建立

关系是一种无形的纽带，但是纽带的形成需要长期的有形投资。关系的基础是成员企业之间的相互信任和承诺，这种信任与承诺可以来自长期的交易关系，是企业从短期交易向长期交易，从交易导向转变为关系导向，从而建立起来的相互认知；也可以来自对企业综合实力的评价，如供应链成员企业对核心企业，特别是著名的核心企业的信任，核心企业以其品牌、综合实力等无形资产获取成员企业的尊重，知识共同体理论中的“责任和自我胜任感”一般都是来自供应链核心企业，这也是多数供应链都围绕核心企业构建的重要原因。

但是，从更一般意义上而言，相互信任与承诺需要投资才能建立，这种投资称为资产专用性投资。投资的目的在于建立相互之间的信任，增加机会主义行为或者说违约行为的成本，同时也是建立供应链、实现知识协同的需要。专用性的资产投资如生产线的设置、人员招募、技术改造、厂址搬迁、产品结构和功能调整等方面，专门针对知识协同的投资还包括智力资本投资、学习投资、研发和人力资源投资等。

Williamson 指出了三种专用性资产形式：

（1）地点的专用性，是指位置上靠在一起的资产，这是为了节约运输和库存成本，或是为了获得加工效率上的优势。

（2）实物资产专用性，是指资产在物理或工艺特性专门适合于特定交易。

（3）人力资产专用性，是指在长期交易中积累起来的专门知识和技能以及信息等。

不论何种形式，专用性资产是为支撑某种交易而进行的耐久性投资，它一旦形成投资于某一领域，就会锁定在一种特定的形态上，其次优选择将大大贬值，因而具有激励与约束的双重作用。当然，只有专用性资产的投资是不够的，供应链体系要求专用性资产必须进行共享，才能发挥作用。总结以上的观点，我们得出：关系的产生不是免费的，而是要付出代价的。也就是说，关系的建立需要投资，只有投资才能产生稳定的相互信任的关系。

四 关系的作用

首先，关系降低交易费用。交易费用是指在市场交易中寻找交易对象、签约交易合同、监督、执行和履行合同、建立保障合同履行的机构等，能使市场交易顺利进行所需要的费用或付出的代价。交易费用的大小主要受交易依赖程度的影响，而交易依赖程度按照 Williamson 的观点，与“资产的专用性”成正比，即资产的专用性越强则交易费用越高，但是这里提出的依赖关系是“单向”依赖，即 A 对 B 的依赖，B 对 A 的依赖不存在或很小。在供应链系统中，由于双方或多方的专用性资产投资所构建的“关系”使依赖程度大大加深，为什么却带来了交易费用的降低呢？原因在于“双向”、“多向”的依赖，形成了多维的约束与激励。也就是说，降低还是提高交易费用，取决于依赖程度加深所带来的交易费用增加 M 与相互信任与承诺这种正强化所带来的“期望行为”导致的交易费用降低 M′。M′体现在很多方面：由于交易伙伴数量的减少而节约了交易信息的搜寻费用；短期交易变为长期交易后所形成的“交易惯性”，所需费用极低；合约监督的费用降低等。如果 $M' > M$，则交易费用降低。现实情况是，由于供应链伙伴关系中的双向依赖，即 A 对 B 的依赖与 B 对 A 的依赖在某种程度上相互抵消，大大降低交易费用的增加。

其次，减少机会主义行为。机会主义行为导致“逆向选择”与“败德”现象，违约方获利而守约方受损，但交易的整体效率下降，社会总收益减少。减少机会主义行为，不仅仅通过双方的专用性资产投资和惩罚机制来增加机会主义的成本，更为重要的是在合约订立前对供应链合作伙伴的相互选择。有学者应用博弈论的理论和方法进行了供应链中合作伙伴选择的研究，很有裨益。减少机会主义行为显然增加了供应链的关系租金。

最后，促使协同产生。为塑造和提升供应链的竞争优势，应对快速多变、复杂和不确定性高的市场需求，客观上要求供应链上各个成员企业相互协作，“界面友好”，如同一个企业那样的无缝隙（seamless）运作。

从丰田公司的知识协同实践来看，以丰田为核心的供应链所形成的协同关系都是通过投资来形成的。成员企业为了实现一个共同的目标，在利益上结成共同体，通过双方共同的投资形成相互信任、理解与互惠的稳定关系，利益共享与风险共担。更进一步地，为了实现既定的目标和利益，在战略层面、在战术层面做出共同的、协调一致的反应和行动，朝着目标努力。对于知识协同关系建立的投资，也可以称为“协同投资”，牢靠、稳定的关系基于投资。从丰田知识共享的案例来看，丰田向外输出知识，推行丰田生产系统、成立供应商协会、进行最佳实践活动等都可以理解为一种投资——智力资本的投资，投资物是无形的知识资产；而对于知识的接收方来说，它也进行了投资——学习投资，并伴随着学习的深入从理念到行动上的自我改造，进行了按照丰田的要求的一系列变革，使之满足丰田所要求的在丰田生产系统的一致性，也就是说双方都在投资。

资产专用型投资关系使这一无形的纽带和难以衡量的因素成为具体可衡量的、协作方都可清晰准确判断的“有形机制”。关系不再是虚无缥缈、不可捉摸，其强度可以通过投资强度来有效观测。持续稳定的关系投资也增加了协作方退出协作的机会成本，使合作关系更加稳定牢固。

五　关系的类型

知识协同关系建立所必需的投资主要有知识资源的输出投资、用于技术研发与产品开发的固定资产投资、人力资源投资（人员的招募、人工费用等）等，具体的投资形式下一节中专门予以阐述。从关系的角度看，并非所有的供应链关系都能产生协同，真正能够产生协同的关系一定是稳固的、强度很高的关系。关系中的节点企业之间的利益是连接为一体的，任何一个局部协同的实现都会影响整体或系统的协同目标的实现，因而也是强烈的利益锁链，这样的关系一定是牢固而稳定的。就供应链上的关系而言，我们按照关系强弱定性地划分为两大类，即强关系和弱关系。

关系强度这一概念是由 Granovetter 于 1973 年在《弱关系的力量》一文中提出的。他把人们之间的关系划分为强关系和弱关系，认为互动次数较多、感情相对较深、关系较为亲密、互惠互换较多则称之为强关系；反之则被认为是弱关系。他从节点之间交流的时间（amount of time）、情感的紧密程度（emotional intensity）、熟识性（intimacy）和互惠性（reciprocal）四个方面来度量关系强度。按照他的观点，强关系经常是在性别、年龄、教育程度、职业身份、收入水平等社会经济特征相似的个体之间发展起来，弱关系在不同特征的个体之间发展起来。

在 Granovetter 的理论基础之上，国内外学者对企业合作伙伴关系进行了较多的研究。胡磊磊（2012）将组织间强关系定义为包括生产合作关系、信任交往关系、研发协作关系；弱关系包括需求关系、销售关系、与其他集群交往协作的关系。[①] 陈琳（2012）对企业与外部创新组织间的网络关系强度进行了研究，选择合作交流范围、接触频率、互惠性以及信任性四个指标来衡量企业与外部创新组织间的网络关系的强弱，并将网络关系强度作为一个独立的变量，了解网络关系强度是否在企业技术集成能力对创新绩效的影响中起到调节性的作用。研究表明，网络关系强度对产品建构能力和产品创新绩效以及市场创新绩效均有显著的调节作用。网络关系越强，产品建构能力对企业产品创新绩效和市场创新绩效的影响越大；网络关系越强，意味着企业与外部组织的交流合作范围以及接触频率越高，越有利于企业深入了解客户的个性化需求，从而生产出符合市场需要的新产品，因而其产品创新绩效也就相应地提高。同时网络关系越强，增加了企业与外部组织的接触机会，有利于促进企业品牌的宣传，外部组织通过与本企业的交流，可以为本企业在服务水平和质量方面提出更多的建

① 胡磊磊：《网络关系强度与集群创新效率关系模型及实证研究》，《科技进步与对策》2012 年第 17 期。

议，从而提高企业的服务质量，最终促进企业市场创新绩效的提高。①

借鉴以上研究的成果，结合供应链知识协同的属性，本书将弱关系分为以下两类：

（1）弱Ⅰ类关系。即纯粹的短期交易关系，作为一般性的供应链成员随时可能被替换，随时可能退出或被淘汰。

（2）弱Ⅱ类关系。长期交易关系或营销关系，但也仅限于交易导向，双方都相互认可，对对方的各项需求、各种要求都已经适应和接受，并有了一套处理双方利益关系、纷争的规则和手段，也能得到比较有效的执行。

将强关系划分为以下三类：

（1）强Ⅰ类关系。双方不仅仅是交易关系，不仅仅关注交易的对象和交易的过程，还包括其他的方面。由于长期的合作，双方互相的认可，交易过程进行得基本流畅和顺利。信任关系在逐步建立之中，双方能够进行管理经验、企业文化等的交流和一定程度、较低层次的资源共享。

（2）强Ⅱ类关系。利益共享与风险共担关系，但以有形的相互协作为主。双方结成利益的共同体，以供应链整体利益的实现为目标，为实现利益的共享和风险共担，在生产运作、物流、采购、库存等领域进行深入的相互协作、信息共享、联合决策，在运营层面乃至在战略层面一体化运作，结成一般意义上的供应链战略合作伙伴关系。从深层次讲，双方竞争与对抗的关系已经转变为竞争与合作的关系，不仅仅在经验层面的低层次交流与共享，而是通过利益锁链共同拓展市场、应对竞争。这种关系必然是长期导向和关系导向的，双方在利益分享方面制定了一系列的措施和契约，能够使众多参与者从中受益并使这种关系维持下去。

（3）强Ⅲ类关系：知识协同关系，也称之为无形的协同关系。双方通过知识的输入、输出等智力资本的投资形成稳定的、强化的信任与合作关系。这一层次关系有两个特征：一是双方的协同涉及了企业发展的战略性的、最为本质的知识创造、技术与产品创新层面，是最深层次的相互信任、相互协作；二是知识协同的风险极大，双方进行知识资源甚至是核心知识资源的共享需要比有形协同更加强烈的关系纽带。知识是无形的，无

① 陈琳：《企业技术集成能力对创新绩效的影响研究——以浙江省装备制造业为例》，硕士学位论文，杭州电子科技大学，2012年。

形的协同是更高层面的协同，也是对企业、对整个供应链系统产生至关重要作用的协同。可以说，无形协同关系的强烈程度是空前的。

第三节　关系租金

自20世纪90年代以来，信息技术和网络飞速发展，供应商与客户之间一对一的对偶关系发生了诸多实质性的改变，表现为：①信息技术与网络使供应商与客户之间的信息不对称程度大为减弱，客户的讨价还价能力在上升并达到一个前所未有的高度，供应商取悦客户并使客户获得满意的难度大大增加。②技术进步使跨组织边界对交易行为及过程的有效监督、交易前后充分的信息搜寻以及对交易的评估成为可能，为节约交易费用提供了技术途径而不是纯粹依赖纵向一体化。③信息的充分流动、文化的融合与交流，全球化的资源配置与竞争等市场与非市场的因素共同作用造成了价值观的多元化与不稳定性，体现在客户需求一方就表现为兴趣的快速"审美疲劳"、易变性、发散与多元化、个性化；表现在供应商一方就体现在更短的产品生命周期、更快的市场响应、更具柔性的运作管理。上述因素与宏观环境的变化共同造成了企业经营环境的高度不确定性，无疑给企业的战略管理带来了挑战。在此情况下，必须探索新的与环境匹配的战略竞争模式，自20世纪以来，出现了以超越竞争对抗进行产业价值链与企业价值链重构趋势，原有产业价值链上一对一（对偶关系）、一对多（星系关系）、多对多（网络关系）的供应商、制造商、客户等关系被重新排列组合，跨组织边界竞合的供应链竞争模式逐渐成为主流，成为提供快速响应与柔性、应对多变不稳定客户需求、实现效率与差异化兼顾的有效竞争手段。

供应链的竞争优势来源于哪里？产业组织理论的S－C－P范式提出了竞争优势的外生性观点，因而也就无法解释"好行业中的差企业"和"差行业中的好企业"等问题。资源基础理论首先肯定了竞争优势的内生性，持久的竞争优势来源于企业所拥有的资源以及在资源基础上形成的能力，特别是核心竞争力。该理论很好地解释了竞争优势来源的问题，但正是由于资源的内生性对跨组织边界的竞争优势问题构成了障碍，显然，在资源基础理论和跨组织边界上还需要一个纽带。此外，资源基础理论也忽略了某些重要的无形资源，如关系资源等，这与资源基础理论依然没有摆脱竞争与对抗的传统战略理念有关。

租金理论为解决这一问题提供了一个独特的视角。一般而言，企业存在三种类型的基本租金：凭借其控制的异质性资源而创造的李嘉图租金，控制市场而创造的垄断资金，具有创新的动态能力而形成的熊彼特租金，而这三类租金又是相互转换的。在这三类基本租金中，垄断是根本目的，创新具有基础性作用，而李嘉图租金则具有战略意义。显然，供应链的出现，正是新型竞合关系、产业价值链重构的创新，通过跨组织边界的资源整合重新配置来提供异质性，这正是租金理论能够很好解释的领域。此外，关系租金概念的引入又弥补了资源基础理论的缺陷，同时又可以突破内生性资源与能力及外生产业结构视角的限制。

一　租金的有关概念和类型

租金，一般是指超出平均利润或超出竞争性收入的部分。最早的租金指由于异质性资源所带来的收益，即由于资源的异质性所产生的“溢价”。熊彼特提出了创新所产生的租金，指由于技术创新，从经济学的角度产生垄断优势，垄断优势获取超过平均利润的部分称之为熊彼特租金。此外，还有由于垄断而产生的垄断租金，以上是三种基本的企业租金类型。

关系租金这一概念由来已久。Asanuma 探讨了关于日本汽车零件供应商与汽车制造商发展特殊关系的技巧，提出了通过合作来创造超额利润的观点。Dyer（1998）指出，“特殊的厂商间联系”（Idiosyncratic Interfirm linkage）和特定战略联盟伙伴的专用性投资是竞争优势和关系租金的重要来源。他们把关系租金定义为一种超额利润，这种利润是通过交换关系产生的，而不是某家企业产生的。在特定联盟中，只有合作者的特质可以创造这种利润。Dyer 等认为，“关系租金”是一种只能从交换关系中共同获得的超额利润，个别厂商无法获得，关系租金只能通过由特定战略联盟伙伴共同做出独特贡献来创造。他们强调，组织间合作伙伴通过整合、交换或投资于专用性资产、知识与资源（能力），且（或）利用有效的治理机制来降低交易成本，或有效地整合资产、知识或能力来获得租金。因此，特殊的组织间关系是关系租金和竞争优势的重要来源。①

---

① Dyer, J. H., “The relational view: cooperative strategy and sources of interorganizational competitive advantage”, *Academy of Management Review*, Vol. 23, No. 3, March 1998, p. 660.

庄晋财等（2008）认为关系租金来源于群内各行为主体的竞合。竞合指各行为主体或组织之间的一种关系，具有资源、知识、信息、功能等的互补性与共赏性，通过共同专属性投资创造出超额利润，为群内企业寻求竞争优势提供了新的途径。[①] 这一租金不仅依赖于特定交易方式，双方信任关系的存在，而且取决于专属性的关系投资，使得整个集群网络体系成本降低，赢得更大的产品差异化及更强的市场适应能力。企业是生产要素有机结合而形成的具有特质性能力的组织，这些资源的组合具有特质性，其收益超过竞争性收入，形成“组织租金”。所以，不仅单一异质性资源能产生租金，资源的有效整合也能产生租金，不仅单一组织能创造租金，网络体系也能形成租金。

我们认为，结合社会交换理论（Social Exchange Theory，SET）在组织交换关系建立过程中的应用，所谓关系租金，是建立供应链合作伙伴之间，以创新为目标，基于合作伙伴之间的相互信任和承诺，通过特定的资产专用性投资而产生，以跨组织边界的合作与共享为途径所产生的超额利润。从以上的定义可知，关系租金存在于合作伙伴的关系纽带之中，而信任与相互承诺是关系建立的基础；进行资产专用性投资是关系租金产生的必要条件；相互合作与共享是实现关系租金的途径，其根本目的是创新。

目前，国际国内对供应链租金的研究还存在很多问题，主要表现在以下几方面：

一是以关系租金为主，忽视其他三种租金（李嘉图租金、垄断租金、熊彼特租金）在供应链模式这一新的战略结构下的产生来源及表现形式。个别国内学者认定，供应链的租金类型只能是关系租金，或在关系租金基础上形成的所谓“网络租金”等。忽视供应链结构中三种基本租金新的表现形式。现有的研究中，一种观点认为上述李嘉图、垄断和熊彼特租金只存在于单个组织之中，供应链体系所产生的关系租金是一种新的租金，有别于其他基本租金类型；另一种观点将供应链体系中的租金全部都归结为关系租金，上述三种基本租金也以关系租金的形式表现出来。

二是对三种基本租金与关系租金在供应链结构中的关系没有进行明确界定。关系租金在供应链结构中，与上述三种基本租金之间的关系是什

① 庄晋财等：《全球价值链背景下产业集群租金及其经济效应分析》，《金融教学与研究》2008 年第 5 期。

么？如何相互作用都有待进一步研究。

三是将供应链关系租金与产业集群等特定跨企业组织形式的所谓“关系租金”混为一谈，混淆供应链与产业集群之间的根本区别。我们认为产业集群与供应链体系既有联系又有区别，区别是根本的。相同之处在于双方都是跨企业的组织形式，区别在于企业集群可以完全由市场力量所形成，但供应链体系则是介于完全市场和纵向一体化之间的新的模式，必须由双方或多方自觉地相互协作、进行资产专用性投资而建立的长期合作交易关系。

四是对供应链租金的来源和类型还存在一定的模糊。现有的供应链租金研究，无论是在租金类型，还是在租金来源方面都存在问题，主要表现在：在租金来源方面，强调交易过程，而忽视对整个价值链各个环节的考量；强调协同效应对租金的贡献，而忽视整个价值链的加深与重构，由此产生更大和更持久的租金；在租金类型方面，强调关系租金，以及在关系租金基础上产生的“网络租金”和“价值链嵌入租金”，而忽视对李嘉图租金、垄断租金以及熊彼特租金三种基本租金在供应链体系中来源、表现形式的深入研究。

二　供应链下租金的来源及其表现形式

租金，在供应链环境下，最早产生于单个企业的内部，有独立企业的资源异质性、创新以及这些资源与能力在竞争性市场上的“投射”（如垄断）所创造，这时的租金是内生的；进而，由于供应链体系的建立，借助特殊的“关系”媒介，扩展到部分或整个供应链，由最初的单一结构，蔓延至网络；由最初的单个企业的资源异质性贡献、创新与垄断所带来租金，到由整个供应链的系统异质性、创新与垄断所产生，这是一个十分复杂的过程。

我们认为，供应链系统下，关系租金是基础，所谓网络租金是一对一的对偶关系转变为多对多的网络关系所产生的关系租金，其实质还是关系租金，只是关系租金的网络表现形式而已。换言之，关系中的信任与承诺是供应链系统租金产生的基础。独立企业内生的李嘉图租金、垄断租金和熊彼特租金在跨企业组织中没有消失，而是借助供应链系统媒介转化成为系统性的租金，可以理解为系统“内生”租金，分别体现了系统资源异质性、创新与垄断所带来的“溢价”。供应链中租金的来源如图 4 - 1 所示。

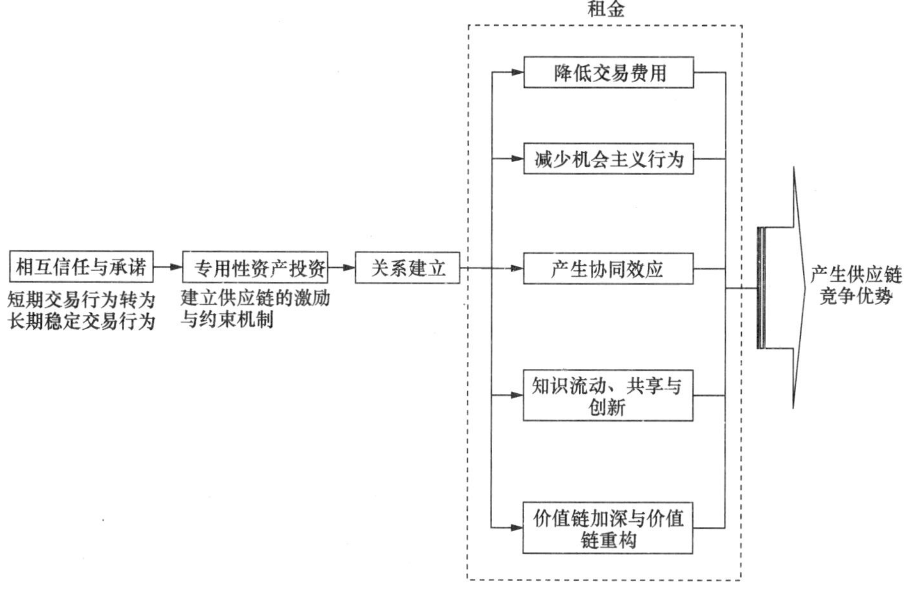

图 4－1　供应链系统租金来源

实际上，在新的供应链结构下，各种类型的租金都有所表现。根据笔者对某国家高新技术产业开发区数家高新技术企业五年来的跟踪研究发现，成长性好的中小型高新技术企业无一例外都在积极进行供应链构建的尝试，许多企业在结成供应链方面是积极和深入的，不仅仅停留在单纯的交易环节。具体的合作方式有：进行专用性资产投资，突出的表现是针对研发模块供应商进行一次性研发购买（金额远远超过单笔研发产品供货报价，类似于研发买断）；研发模块供应商同样进行专用性资产投资，购买专门用于对方的研发设备、检测设备、产品生产线等；设立专门的独立研发组织，双方共同招募有关人员，隶属于双方共同所有；互派人员，参与对方产品的设计与开发过程；签订长期合作协议，邀请研发模块供应商参与制造商产品的设计制造；核心技术的部分“交底”，制造商向研发模块供应商在一定层面上进行核心技术的共享与交流，目的是有助于供应商的针对性研发等。上述变化不仅仅出现在供应链的后端，在供应链的前端同样存在：研发前置，将客户纳入到供应链体系之中，与客户签订双方共同研发协议，客户提出产品定制化要求，并一次性支付有关研发费用，制造商针对客户进行定制化研发，研发成果双方共享，这已经属于专用性资产投资的范畴。上述一系列变化已经远远超越了所谓网络整合商与研发模块供应商之间的完全市场交易关系，表现为在价值链各个环节上的加深与交融，结成战略合作伙伴关系。

对于李嘉图租金而言，其核心是形成异质性资源，供应链资源的异质性来源于两个方面：一是异质性资源的流动，最初存在于单个企业内部的异质性资源由于供应链的结成，由单个企业，一般情况下是供应链的核心主导企业，主动进行的扩散，或不自觉地扩散，如技术资源、品牌资源和管理资源等的扩散。如丰田的制造技术、现场管理等无形资源在丰田供应链中的扩散；二是由于组成了供应链这样的网链结构，由传统的纵向一体化到“横向一体化”，从每个企业都涉足产业价值链的各个环节到专注于核心业务，将非核心业务进行外包（outsource - ing），从而产生于完全不同于以往单个企业或竞争对手的资源，资源重新进行了组合和配置，进行了有效的分工与协作，产生了存在于整个供应链体系中的异质性资源，即所谓资源禀赋差异。供应链所形成的这样一种网链结构，使信息流和知识流在供应链的各个环节流动，异质性的资源的扩散，特别是无形资源的扩散，形成整个供应链的李嘉图租金。

对于熊彼特租金而言，供应链的目的还在于通过资源的重新配置和组合，形成增值网链，形成创新性的资源和能力，成为创新的新的源泉和发动机，否则供应链将缺乏竞争力，因而在供应链中也会形成熊彼特租金。至于垄断租金，则是供应链系统的整体涌现性在竞争性市场上的“有效投射”，垄断租金的产生是自然而然的。简言之，供应链系统下，李嘉图租金、垄断租金和熊彼特租金不是消失了，而是内化于供应链系统之中。

从图 4 - 1 中可以看出，知识流动与共享、价值链的加深与重构是三种基本租金的主要来源。

知识是对组织起来的信息加以推理、验证，从中得出系统化的规律、概念或经验。知识不仅存在于企业内部，供应链的知识跨域了企业边界，广泛存在于供应链的整个体系中。知识在价值链各个环节中创造，并以显性或隐性的方式存在。显性知识是编码化的容易识别的知识形式，隐性知识是没有被编码化的很难识别的知识形态。供应链知识管理的核心是企业间知识的交流与扩散，从而形成统一的、持续的核心竞争优势，实现同步、协调与柔性，实现战略联盟价值最大化。

在供应链体系中，不仅仅是已有知识的简单扩散，而且是通过知识流在供应链的平台上实现知识创新。因此，我们认为，供应链的知识流分为四个层次（如图4－2所示）：首先最低层是知识的流动；其次是知识的共享，建立知识共同体（建立共享知识库）；再次是知识一体化（知识的整合、系统、重构、再反馈、模式化、固化）；最后是知识创新，应该是一个循环无限的过程。通过知识流动与共享，创造出更新更有价值的知识，提升供应链整体的竞争力。

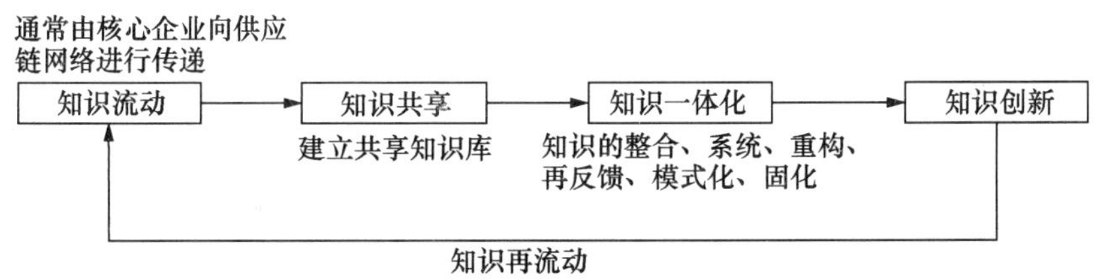

图4－2　供应链中知识流动与共享过程

价值链的加深与重构是另外一个重要的租金来源。所谓价值链的加深是指在供应链体系中一个或多个价值链环节的常态化、稳定化和优化。而价值链的重构又是供应链体系构建的必需。价值链加深与重构所带来的是资源的重新组合和配置，正如杨瑞龙的观点，不仅单一的资源能够创造租金，资源的组合亦能创造租金。价值链的加深与重构所带来的是供应链系统的异质性资源与能力，为系统所拥有。

供应链中的关系是一个特定的概念，换言之，关系与供应链结构密切相关，相互依存，缺一不可。有一种观点认为所有的企业都有供应链，把供应链的存在看作是一种常态，这是供应链泛化的极端表现。我们认为，原始自然状态下的客户、制造商与供应商之间的关系只能界定为供应关系，而不是供应链体系，供应链是双方或多方自觉、主动开展的超越一般市场交易关系的新的竞合增值网络关系，换言之，供应链是“关系”的网链。

关系的基础是相互信任和承诺。关系租金的产生，是基于供应链合作伙伴之间的相互信任，伴随着专用性的关系投资并且与特定的交易相关。这里首先要强调的是进行专用性的资产投资。投资的目的在于建立相互之间的信任，增加机会主义行为或者说违约行为的成本，同时也是建立供应链的需要。相互信任关系的建立，降低了交易费用，减少了机会主义的行为，创造了关系收益，这就是关系租金。庄晋财等提出了网络租金、嵌入全球价值链所形成的租金两类租金形式，但这两类租金依然是关系租金或其他三类典型租金在供应链系统下的组合和不同表现而已。

国内外有许多学者认为，21 世纪的竞争是供应链（Supply Chain）的竞争，而不是某一个企业的单打独斗。为塑造和提升供应链的竞争优势，应对快速多变、复杂和不确定性高的市场需求，实现整个供应链体系的柔性、快速响应和一体化运作，客观上要求供应链上各个成员企业相互协作，“界面友好”，如同一个企业那样无缝隙（seamless）运作。因此，协同一致是供应链存在的基础，也是供应链一体化运作的必要条件。供应链协同是一个宏观的概念，既可以是成员企业在价值链基础性活动和辅助性活动各个环节上的协同，如采购的协同、生产制造过程的协同、营销的协同等，也可以是各个“流动要素”之间的协同，如物流、信息流、资金流的协同等。

本章小结

本章主要探讨了供应链知识协同的主要影响因素。首先，将影响供应链知识协同的因素分为利益因素、风险因素和关系因素三大类，在此基础上分析了影响供应链知识协同的利益因素，探讨了协同利益的主要来源和类型；其次，分析了影响知识协同的风险因素，初步描述协同过程中存在的主要风险类型及其表现；再次，分析了影响供应链知识协同的关系因素，就关系的类型进行了探讨；最后，基于关系租金理论，探讨供应链合作伙伴之间的关系对供应链竞争优势以及供应链协同的重要作用。

第五章 供应链知识协同风险的识别、分析与评价

根据资源基础理论的观点，持久的竞争优势来源于企业内部，即企业所拥有的各种资源，特别是企业的无形资源。无形资源深植于企业的发展历史之中，是企业特质的综合反映，更难以被竞争对手所了解、分析和模仿，因而更具有潜力。构成企业核心竞争优势的战略性无形资源更因其复杂性、成因的模糊性和无可替代性而备受重视。

无形资源以各自独特的方式存在，知识资源、管理能力、组织制度、企业文化、创新能力、科技能力、品牌和企业凭借产品和服务获得的声誉都属于无形资源的范畴。这其中，知识资源起着决定性和基础性的作用，企业竞争实质上是知识的竞争，知识资源构成企业在市场上的竞争优势，任何企业的产品或服务背后所体现的是知识水平、知识创造能力、知识利用技能的高低。

尽管知识资源是重要的战略资源，但是仅仅是资源本身并不能够给企业带来竞争优势。对现代全球化的企业而言，供应链的主要问题有时并不一定是合作伙伴之间的信息不对称导致供应链合作障碍，而是分布于供应链之上知识的碎片化形态，以及对这些碎片化知识进行整合的困难。大多数情况下，一种竞争优势通常要以几种资源的独特组合为基础，对资源的整合和运用才能构成竞争优势的基础。供应链知识协同与以往知识管理理论的本质区别在于将知识管理的范畴从企业内部拓展到跨组织边界，在一个特定的企业系统——供应链节点企业所构成的企业群中分析探讨知识的流动共享与创新的规律。

一方面，供应链的特殊结构为研究跨组织边界的知识运动规律提供了可行的基础条件。供应链是一种特殊的跨组织结构，是由产业链上存在上下游关系的多个独立法人节点企业通过利益与关系纽带结合而成的有机系统，涉及供应、制造、销售、配送等多个环节的几乎所有职能及关键业务

流程。供应链上的知识之间具有内在的紧密联系，对形成最终产品和服务发挥着必不可少的作用。供应链上的知识既具有明显的差异性，也具有显著的内在关联性。供应链可以被视作由一组相互分工、相互合作的独立企业所构成的“虚拟企业”组织，使跨组织边界的知识协同成为可能。

另一方面，跨组织边界的知识流动、共享也给供应链企业的运营管理带来了全新的变化和风险。其中最为重要的变化体现在企业的核心能力上。在当前，构成企业竞争优势的核心能力更多地反映在资源整合能力方面，更加显著地强调跨组织边界的资源配置与集成，企业运营管理重心由企业内部转变为超越组织边界，有形资源和无形资源在多个节点企业之间流动共享实现重新配置和集成，由此带来了前所未有的供应链管理的高难度和复杂性，风险也随之而来。

供应链知识协同中的风险具有风险程度高、风险管理难度大的双重属性，风险管理是供应链知识协同能否实现的根本性问题，直接决定了供应链的运作效率和整体竞争优势。可以说，风险管理决定着供应链知识协同的成败。风险管理的目的是识别风险、分析风险、评价风险和缓解甚至消除风险，既对供应链知识协同的实现至关重要，也直接影响着企业的自主创新成败与竞争优势的构建。

第一节　供应链风险的概念

一　关于风险的概念

风险管理是一个古老的命题，可以追溯到古希腊的亚里士多德时代。尽管对风险的定义和内涵尚存争议，但风险源于某种不确定性这一概念已经在社会科学与自然科学的多个学科中得到共识。

对于风险的定义一直存在两种理解，一种是从不确定性的角度去诠释风险，认为风险就是不确定性，这种定义更加趋向于一个中性的概念，因为不确定性对风险主体会带来双向的影响；另一个种将风险定义为可能带来损失的事件或环境，风险即损失。前者可以理解为损益论，而后者则是损失论。

根据美国项目经理协会的观点，风险被定义为不确定性事件或者是一旦发生将影响一个或多个目标达成的一系列环境。这一定义结合了两种不同的对于风险的理解，即风险的不确定性特征和损失特征。在本书中，我们采用损失论的风险观，即风险具有两个方面的特征：一是不确定性特征；二是损失特征。将两种特征相结合的风险定义为能够带来损失的不确定性。

在现实生活和企业的经营环境中，不确定性的来源层出不穷，这一方面源于信息的不完备，另一方面则是决策人的有限理性，在无法穷尽所有的可能性的情况下，不确定性事件随时都有可能发生。例如，在企业生存环境中，宏观环境对所有的企业都产生影响，只是影响程度大小不同而已。具体而言，宏观环境涉及政治法律、国家产业政策、经济走势与经济周期、社会文化与价值观变迁、技术变革等多方面，多数情况下单个企业对宏观环境的变化无能为力，分析、观测环境的变化和不确定性因素，尽可能地规避可能给企业带来的风险是现代风险管理的重要内容。不论是何种情况，多数企业总是努力降低风险暴露的程度和可能带来的损失，将企业置于相对安全的环境。

但是，对营利性组织而言，风险总是和收益相伴相生，一般情况下，高的风险往往意味着高的收益，这是许多企业愿意冒高风险的动力所在。现代风险管理始于金融投资学中，风险的大小成为资本资产定价的重要因素，而如何度量风险成为关键。马科维茨首次采用收益率方差和标准差作为风险度量的指标，来反映收益的不确定性程度，开创了风险管理定量化的先河，也使风险管理成为重要的学术研究领域。

二　供应链风险产生的原因、来源和类型

在供应链风险管理领域，爱立信、诺基亚和苹果是经常被引用的经典案例。2000 年 3 月 17 日，一场雷电袭击了美国新墨西哥州的 Albuquerque，导致了大面积的电网波动，进而引发了皇家菲利普电子公司的大火，损坏了数以百万计的芯片。工厂的客户诺基亚公司几乎立即转向其他的菲利普生产企业。由于多供应商战略和快速响应，诺基亚在这一危机中的损失很小。与之相对应的是爱立信公司，另一家菲利普公司的手机客户，采用了单供应商策略。结果是当菲利普公司因为大火而关闭，爱立信没有其他的芯片供应渠道，从而使其供应链中断数月，最终爱立信公司损失 4 亿美元的销售。而苹果公司在台湾 1999 年地震后由于 DRAM 芯片的缺货损失大量客户。

诺基亚与爱立信两种截然不同的结果反映了管理供应链风险的重要性。供应链风险是指由自然灾害，员工纷争，供应商破产，战争和恐怖主

义等原因引起，也可能来自不确定的经济周期、不确定的客户需求、难以预测的自然和人为灾害等。这些问题可能严重地中断或延误物流信息流和资金流，导致销售损失、成本上升，或二者兼有。

关于供应链风险的分类，一般情况下潜在的供应链风险包括延误、中断、预测错误、系统断裂、智力资产破坏、采购失败、库存问题和产能问题等。每一种风险都有其驱动因素和缓解减轻战略。

美国供应链管理专家克里斯托弗于2004年将风险管理引入到供应链管理领域。关于供应链风险的来源，多数学者认为随着全球化进程的加深，企业不再满足于本地市场，目标市场逐步扩展到全球市场的供应商和客户，以及越来越多的制造类、服务类企业将供应链作为主导的战略方向和商业模式，而处理不确定性、风险和脆弱性在供应链管理中就显得极为重要，这也使得风险管理成为供应链管理研究者和企业界的关注焦点。其中，对供应链脆弱性的研究甚至作为独立的研究方向。

在企业运营层面，企业聚焦于核心业务而将非核心业务外包于合作伙伴，导致了高复杂性的供应链。为了获得成本优势和市场占有率，许多企业进行了诸如制造环节外包和产品多样化的各种技术与管理创新，这些创新在稳定的环境中是有效的，但是在各种不确定性经济环境中则会导致供应链更加脆弱易于断裂，企业对外部资源的依赖程度提高带来了明显的风险因素。

近年来，供应链中断风险时有发生，原因还在于供应链敏捷性的增加导致了供应链风险显著增加，以供应链管理为核心的企业生产运作模式的改变同样加剧了供应链风险。在制造业的许多领域，由于精益生产和零库存管理理念的推广和实施，居于供应链核心的制造企业更加依赖于及时制的外部零部件配送和最小库存管理，导致供应链风险扩大。及时制的零库存对企业的生产运作管理提出了非常高的要求，更为重要的是这种运作模式已经跨越了企业边界，超出了企业能够完全实时掌控的范围，企业间信息与数据的及时有效传递与沟通是实现一体化运作的关键，这对企业的供应链管理既是极大的挑战，同时也带来了极大的风险。

此外，企业与上下游之间由单纯的交易关系转变为合作伙伴的关系同样导致供应链风险的增加。出于供应链管理的需要，企业更加倾向于减少供应商的数量，与少数的优质供应商，甚至是唯一的供应商建立长期的合作关系，企业对这些供应商的依赖程度加深，这就造成了供应链管理的悖论：为实现更快的客户响应和柔性，更低的成本和效率降低“牛鞭效应”而寻求长期合作伙伴，但却导致了供应链的脆弱性和易受攻击性。可以说，正是由于供应链合作伙伴重要性的不断提高，所以供应链风险管理的重要性与日俱增。图5-1是最近统计的导致供应链风险增加的7个方面的驱动因素，其中全球化、产品多样和外包是排在前三位的因素。就产品多样化而言，为了满足日益追求个性的消费者越来越短的产品生命周期，在许多行业，大规模定制成为战略首选，也导致了全球供应链变得非常复杂。因为大规模定制要求大量可控的平行信息流和物流以确保高的客户服务水平，这种复杂性的增加提升了不确定性的程度和风险。

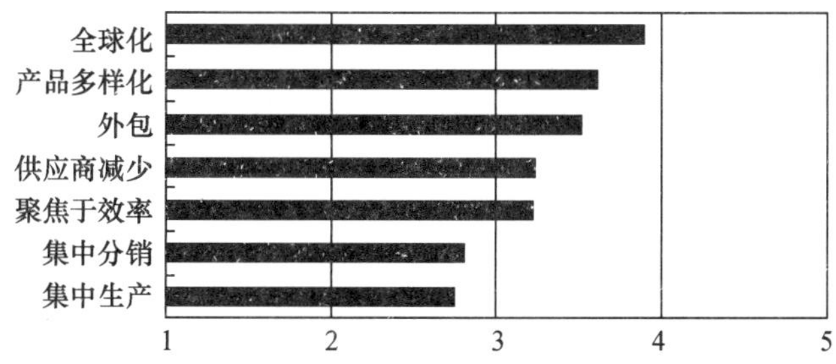

图5-1　供应链风险驱动因素

关于风险来源，有学者认为2008年以来的金融危机在很大程度上加重了供应链风险，金融危机对供应链风险具有放大效应，但是金融危机并不是导致供应链风险加剧的根本原因。即使没有金融危机，供应链风险管理仍然是许多企业必须高度关注的领域。此外，相对于服务业企业，制造企业在金融危机的背景下大幅调整供应链风险管理。一般而言，全球化、基础设施建设的提升和信息技术导致供应链变得更长和更加复杂，从而导致供应链更高的脆弱性，这里的基础设施主要是交通、能源与物流等各个方面。最近的调研表明，90%的企业感受到了来自供应链的风险，而60%的企业认为他们不能明确或足够地了解供应链风险的有关事宜。① Dina等（2009）认为新风险的出现源于供应链的复杂系统属性，这一观点

① Constantin Blome and Tobias Schoenherr, "Supply chain risk management in financial crises—A multiple case - study approach", *Int. J. Production Economics*, Vol. 134, No. 3, March 2011, p. 43.

表明最根本的风险源于供应链系统本身，而不是外界环境。[①]

供应链风险来源于两个方面：一是供应链系统外部，比如全球化，加剧动荡的世界环境，人类活动对于自然环境的影响等；二是内部，即由于供应链结构和复杂性的改变，导致风险产生或风险加剧从而引起供应链脆弱性增加，二者相互影响。从已有的研究成果来看，复杂性直接或间接地导致供应链脆弱性和易受攻击性，Jörn－Henrik 等（2011）的实证研究揭示了供应链的脆弱性。[②]

与供应链高风险性相对应的却是供应链风险管理的普遍欠缺。全球化、产品多样化导致供应端和需求端的风险都同时增加，更进一步地，产品多样化还导致了不确定性的增加。从风险管理的角度，同样大小的不确定性对供应链冲击的程度一方面取决于风险事件本身，另一方面则取决于企业供应链的设计，也就是说同样的风险事件在不同的供应链结构中和不同的企业中所造成的影响差异很大，即一方面由风险事件决定，另一方面由供应链的脆弱性决定。克里斯托弗定义供应链的脆弱性为暴露于严重的扰动之中，这种扰动导致供应链内部和外部的风险。由于供应链管理普遍欠缺，企业从危机中恢复的速度不会很快，有研究表明 44% 的企业认为供应链的脆弱性会持续性增加。

三　供应链风险管理的国内外研究成果

（一）国外研究综述

Constantin 等（2011）探讨了在金融危机的背景之下的供应链风险管理，研究从四个方面展开，分别为风险识别、风险分析、风险消除（风险管理行动）和风险监控。其中风险识别是发现在供应链系统内外存在哪些风险以及风险的来源；风险分析是对风险发生的可能性以及风险可能带来的后果进行分析；风险消除旨在提出降低风险发生的可能性、规避其危害乃至消除风险的方法和策略；风险监控室对可能的风险进行监控，监

① Dina Neiger and Kristian Rotaru and Leonid Churilov, "Supply chain risk identification with value－focusedprocess engineering", *Journal of Operations Management*, Vol. 27, No. 2, January 2009, p. 154.

② Jörn－Henrik Thun and Daniel Hoenig, "An empirical analysis of supply chain risk management in the German automotive industry", *Int. J. Production Economics*, Vol. 131, No. 1, January 2011, p. 242.

控其何时发生并进行早期预警。①

Christopher（2006）将供应链风险分为两大类：运营风险和中断风险（operational risks or disruption risks）。运营风险是指由于供应链系统固有的不确定性所带来的风险类型，这类风险是由供应链的结构属性和运营模式所决定的，例如不确定的客户需求、不确定的供应和成本等风险。② 运营风险的发生一般会导致供应延误、低效率、质量问题和成本上升，进而影响供应链系统目标的实现并造成某种程度的损失。中断风险指的是由于自然或者人为的灾难如地震、洪水以及经济危机（货币贬值或罢工）等造成的大的供应链崩溃风险。从风险严重程度上来看，运营风险一般不会造成供应链的断裂，因而其程度较轻。多数情况下，中断风险要比运营风险更为严重。

从企业价值链活动的角度可以将供应链风险分为财务风险、运营风险和战略风险。也有的研究者将研究方向聚焦于信息系统风险，强调了协同信息共享对于减少供应链脆弱性的作用，以及在危机发生的情境下企业应如何管理供应链中断风险以及设计控制风险的策略。

Ou 等（2011）按照风险来源的途径将供应链风险分为：①物流风险，包括单一来源风险、柔性风险、供应链质量风险、供应能力和供应商选择风险；②制造风险，包括生产和工艺设计风险、产能风险、运营间断风险等；③配送风险，包括需求波动、需求不足和过度库存的平衡风险等；④供应链整体风险，包括物流风险、价格波动、政治风险、道德风险和供应链合作伙伴关系风险；⑤资金流风险，包括汇率风险、价格和成本风险、供应链合作伙伴的财务能力、财务处置风险等；⑥信息流风险，包括信息准确性、信息系统安全风险；⑦智力资产风险。针对每种风险类型提出不同的风险对策。③

风险管理一般包含风险识别、风险分析和控制风险三方面内容，部分研究者特别强调识别和消除脆弱性是供应链风险管理的目的，因而供应链

① Constantin Blome and Tobias Schoenherr, "Supply chain risk management in financial crises—A multiple case - study approach", *Int. J. Production Economics*, Vol. 134, No. 3, March 2011, p. 43.

② Christopher S. Tang, "Review Perspectives in supply chain risk management", *Int. J. Production Economics*, Vol. 103, No. 3, March 2006, p. 451.

③ Ou Tang and Nurmaya Musa, "Identifying risk issues and research advancements in supply chain risk management", *Int. J. Production Economics*, Vol. 133, No. 4, April 2011, p. 25.

风险管理的根本途径是成员企业通过协同的方法系统性地减少供应链脆弱性。

Gonca 等（2010）认为一个典型的风险管理过程包括三个基本的阶段，即识别、分析与评估、消除与监控，这已经在风险管理的学术界达成了一致。① Dina 等（2009）强调供应链风险管理是开发一种方法以识别、评估、分析和处置供应链脆弱性和风险问题。② Michael 等（2009）认为当前的市场环境呈现出越来越高的竞争压力、动荡和不确定性，因此企业不仅需要建立敏捷供应链来提供超越竞争对手的价值，而且要管理随之而来的供应链中断风险以确保高质量且不间断的顾客服务。该研究发现，所谓敏捷供应链是企业的一种能力，这种能力能够实现企业与供应商一道对市场变化和客户需求做出快速的响应，但同时敏捷供应链对风险缓解同样具有价值。③

供应链风险管理与传统的风险管理最大的不同在于风险管理的跨企业性质，对风险的管控不仅仅在于企业，而在于整个供应链。这一特征表明了供应链风险管理的高难度和高挑战性。站在整个供应链的高度，供应链的一体化运作是供应链竞争优势的重要来源，合作伙伴之间的相互协作创造了竞争对手难以超越的结构性壁垒。但是对于任意一个供应链上的节点企业而言，企业目标的达成更加依赖于外部关联企业，不但风险程度成倍增加，而且扩展到整个供应链上使得风险管控跨企业边界。例如在卖方库存管理（VMI）中，居于供应链核心位置的制造业为降低库存成本和提高效率，将本应属于企业内部管理的库存交由供应商进行管理，供应商不仅需要保障供货产品的质量和交货期，而且还深度参与到制造商的生产运作之中，企业风险边界扩大。

供应链管理是一个协调与协作的过程。供应链管理是在组织网络中，通过各种组织职能，如市场营销、销售、制造、产品设计、采购物流、财

① Gonca Tuncel and Gülgün Alpan, "Risk assessment and management for supply chain networks: A case study", *Computers in Industry*, Vol. 61, No. 6, June 2010, p. 250.

② Dina Neiger and Kristian Rotaru and Leonid Churilov, "Supply chain risk identification with value - focusedprocess engineering", *Journal of Operations Management*, Vol. 27, No. 2, January 2009, p. 154.

③ J. Michael and Braunscheidel Nallan and C. Suresh, "The organizational antecedents of a firm's supply chain agility for risk mitigation and response", *Journal of Operations Management*, Vol. 27, No. 7, July 2009, p. 119.

务和信息技术等实现协调与协作的过程。这种观点特别强调了协同是供应链的本质特征。因此，供应链风险管理是指通过在供应链合作伙伴之间的协作和协调来确保供应链利益和供应的持续性。以上的定义强调了协同在供应链风险管理中的重要作用，协同是消除供应链风险的根本途径。这也反映了协同的双重属性：由于追求供应链合作伙伴之间的协同产生了更大的供应链风险，但消除风险同样依赖供应链协同。研究还认为应从供应管理、需求管理、产品管理和信息管理四个方面的协调与协作来建立供应链风险管理框架，如图 5－2 所示。

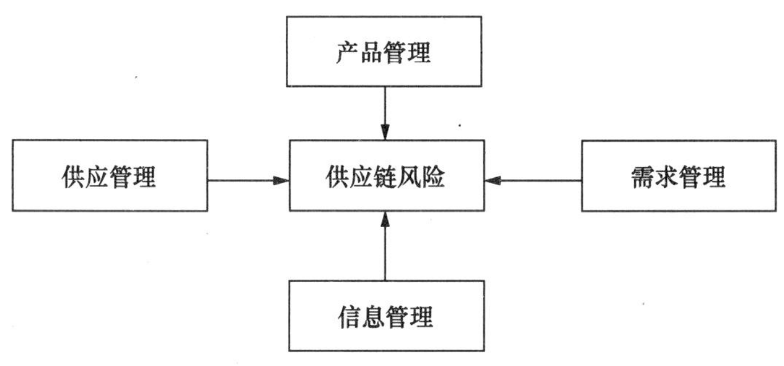

图 5－2　供应链风险管理框架

供应链业务伙伴之间的协同对消除风险、减少断裂，从而实现快速响应和高的客户服务水平具有至关重要的作用。许多成功的现代企业都把原来的机会主义信条转变为协同主义信条并且实现了供应链战略联盟。供应链高的复杂性和存在于需求和供应端的固有风险是制约供应链绩效的主导因素。现代信息技术和决策支持系统被认为是不可或缺的管理复杂供应链系统的工具，这有助于提升整个供应链系统的可视性。所谓可视性是指通过协同机制的设计并辅以相应的信息技术手段，及时有效的信息和数据传递和共享，使企业内部或供应链合作伙伴以及其他利益相关者能够实时获取供应链上的有关信息，监控供应过程以规避供应链风险。供应链的可视性不仅使企业内部相关部门能够及时掌握供应链运行的现状，而且通过跨组织的数据共享使合作伙伴获益，真正实现供应链的一体化运作。更为重要的是保持供应链的可视性也是降低供应链风险、消除供应链风险隐患的途径和方法，因为及时有效的信息共享和数据传递能够使管理者尽早地发现风险因素，更好地采取相应的预防和补救措施。

就供应链风险管理而言，风险识别、分析的目的在于更好地建立风险消除的策略，这不仅是供应链风险管理的最终目标也是供应链管理者最为关心的方面。为此众多学者提出了不同的解决思路和方法，如表 5 - 1 所示。

表 5 - 1　　　　供应链风险管理战略和策略

管理类型	供应管理	需求管理	产品管理	信息管理
战略层面	供应网络设计	产品创新和产品定价	产品组合	供应链可视性
策略层面	供应商选择，供应订单配置和供应契约	通过时间、市场和产品来转移需求	延期和工艺排序	信息共享，卖方管理库存，协同计划、预测和补货

最好的风险管理的策略是防患于未然。例如，选择合适的供应商是降低供应链风险的重要手段和途径，Christopher（2006）通过调研 156 家汽车行业企业，在关于供应商选择标准的问题上，发现以下几种情况：

第一，这些供应商选择标准在汽车行业的供应链管理中趋于理性的一致。在所有的管理层面，承诺建立相互协作的长期关系都是一个重要的标准。

第二，价格是最不重要的标准之一，而质量和交货期才是重要的标准。

第三，对汽车组装厂而言，供应商的技术能力和财务稳定性是重要的选择标准。①

这实际上验证了这样一个普遍的真理，那就是最好的风险管理方法是将风险发生的可能性降到最低。从供应商的选择标准上来看，汽车行业表现出惊人的一致，那就是通过科学的供应商管理从源头消除供应链风险。

---

① Christopher S. Tang, "Review Perspectives in supply chain risk management", *Int. J. Production Economics*, Vol. 103, No. 3, March 2006, p. 451.

从需求管理来看，多数企业往往通过以下三种途径来消除在需求端的风险：

一是通过时间来转移需求，如航空业通过淡旺季票价来转移需求；二是通过市场来转移需求，例如通过产品更新换代来转移需求到不同的市场；三是通过产品来转移需求，例如在一个市场中销售不同的产品。

就风险消除策略而言，从已有的研究成果来看，风险消除策略应该具有以下特征：

一是有效。风险管理策略应该能够使企业有效地管理风险，即使在供应链断裂风险发生的状况下。

二是弹性。策略应该使企业在大的中断期间能够维持其运营，而且能够快速恢复。

从风险类型的角度来看，对于供应链中断风险，特别是由于巨大的自然和人为灾害所造成的风险，对这类风险难以进行准确的评估，或者说即使想去评估但是由于数据难以获得，往往造成企业低估供应链断裂风险的危害。另外一种情况是多数企业虽然意识到风险评估的重要性而且运用各种定量和定性的方法去评估风险发生的可能性以及发生后可能造成的后果，但是却投入很少的时间和资源去消除供应链风险。

从目前的研究成果和企业实际风险管理情况来看，尽管供应链中断风险对企业影响巨大，但是消除中断风险的方法并不多，多数管理者对中断风险的管理方法是备份供应商，这是最常用且最行之有效的管理方式。从目前的风险管理的工具来看，主要有反应性工具和预防性工具，与预防性工具相比，反应性工具是在事故发生后采取的补救措施。

（二）供应链风险管理国内研究文献综述

国内学者从供应链风险来源和类型、风险分析和评价、风险消除等方面开展了大量的研究，形成了众多研究成果。

多数学者站在供应链系统的高度，对供应链整体风险进行了探讨。周南洋（2008）对供应链的风险识别、评估进行了系统的研究，将风险分为外部风险，包括经济全球化、文化多元、自然灾害、政治和经济的干预、国家和地区之间的法律差异、商业环境、消费者偏好改变、市场垄断性加强和信息“瓶颈”等；内部风险，包括外包、短暂的产品生命周期、企业经营管理技术、依赖少数供应商、零库存和卖方库存管理等。周南洋以上市公司供应链为研究对象，采用条件在险值法（Conditional

Value at Risk，CVaR）的供应链风险评价度量模型，并在此基础上提出了相应风险管理策略。① 刘彦平（2009）对供应链脆弱性和风险问题进行了研究，强调精益供应链、供应链风险和不确定性因素的增加导致供应链脆弱性问题，实施供应商早期参与（ESI）是解决脆弱性和降低风险的有效途径。② 张以彬等（2008）采用因果分析和层次分析方法，将供应链风险划分为供应风险、需求风险和协调风险，建立了识别框架，从战略和战术层面提出了降低供应链中断与延迟风险的产能柔性、库存柔性和提前期柔性策略。③ 刘菲（2010）探讨了供应链风险管理对供应链脆弱性的影响，研究者将供应链风险分为供应风险、需求风险和环境风险三大类，通过问卷调查和 SPSS 统计分析发现供应链风险管理中的弹性策略和合作策略对脆弱性影响较大，核心企业的性质和规模也对供应链脆弱性产生影响。④ 傅亮等（2012）也将供应链风险分为内生风险和外生风险。内生风险包含道德风险、信息风险、技术风险和企业差异风险；外生风险主要包括市场风险和环境风险。针对内生风险应通过建立战略合作伙伴关系、有效的激励机制如激励契约等、加强企业之间的沟通、加强采购管理和建立供应链监督和风险防范机构等措施来消除；外生风险则应关注环境变化、慎重选择供应商。⑤ 熊恒庆（2013）将供应链风险分为供应风险、生产风险、需求风险，并研究了延迟策略对于供应链风险管理的有效性。延迟是一个组织概念，指推迟供应链上的客户化活动至客户订单到达之时再实施。由于产品多样化使生产系统变得复杂，通过尽量延迟定制阶段，延迟策略有效地减少了复杂性和系统风险。⑥

另外一些学者根据不同的供应链风险类型展开了针对性的研究。李纯等（2010）对供应链供方的价格和供应中断以及需方风险的管理进行了研究，研究认为冗长的供应链是导致供应链风险的原因，企业应调整在扩大业务和战略储备库存持有两方面的协调程度来增加灵活性，并根据功能

---

① 周南洋：《供应链的风险识别、评估研究》，博士学位论文，中南大学，2008 年。

② 刘彦平：《供应链脆弱性和风险管理策略研究》，《现代管理科学》2009 年第 11 期。

③ 张以彬等：《供应链的风险识别框架及其柔性控制策略》，《工业工程与管理》2008 年第 1 期。

④ 刘菲：《供应链风险管理对供应链脆弱性影响研究》，硕士学位论文，浙江大学，2010 年。

⑤ 傅亮等：《供应链风险识别及其对策分析》，《物流技术》2012 年第 5 期。

⑥ 熊恒庆：《基于延迟策略的供应链风险管理》，《科技管理研究》2013 年第 19 期。

性产品和创新性产品的不同来制定不同的供应链风险管理策略。[①] 王静（2010）对产业集群化供应链组织违约风险进行了定性研究，将风险分为内生性风险和外生性风险两种，其中内生性风险是产业集群走向衰退的根本性风险；外生性风险则是集群走向衰退的诱发性因素，研究提出通过外部规范性力量，即建立外部信用评级信息系统管理供应链组织违约风险。[②] 李守泽等（2010）采用故障树理论和模糊理论对供应链失效风险识别与评估进行了分析，构造了供应链失效风险故障树，该故障树由供应商、制造商、分销商三部分组成，并阐述了供应链风险概率计算方法。[③] 姚丽霞等（2011）对供应链突发风险识别及应急策略进行了研究，探讨了供应链突发风险识别问题，提出建立联合应急库存策略、延迟策略和多种供应服务模式组合策略和信息共享策略来应对突发风险。[④] 贾炜莹等（2011）则关注了不对称信息下的供应链契约风险，探讨了经销商通过合理设计契约参数的方式来甄别出有能力的制造商，进而有效管理与控制供应链中的信息不对称风险。[⑤]

在众多的研究方向中，供应链协同、协作风险是受到高度关注的领域。韩梅琳（2007）对供应链协作风险进行了研究，采用了风险屋模型作为基本元素建立了上下游企业之间的风险分析与评估框架。[⑥] 孙华（2009）对供应链协同风险管理机制进行了研究，从供应链成员风险偏好、信息不对称两个方面出发，建立了供应链全面风险度量模型，提出了基于双向回购契约和需求均匀分布的供应链博弈模型。[⑦] 温磊等（2013）对供应链协同风险评价进行了研究，将协同风险分为外部协同风险，是指外部环境风险，包括自然环境风险、政策法律风险、经济风险、市场风险；内部协同风险，主要包括利益分配风险、目标冲突风险、信息风险、信任风险、交货风险、成本风险、管理风险、库存风险、能力风险、道德风险等。构建了供应链协同风险评价指标体系，提出了一种基于梯形模糊

① 李纯等：《供应链的供需风险管理分析》，《物流工程与管理》2010 年第 8 期。

② 王静：《产业集群化供应链组织违约风险管理》，《现代管理科学》2010 年第 3 期。

③ 李守泽等：《供应链失效风险识别与评估》，《计算机应用研究》2010 年第 12 期。

④ 姚丽霞等：《供应链突发风险识别及应急策略研究》，《物流工程与管理》2011 年第 11 期。

⑤ 贾炜莹等：《基于不对称信息的供应链契约风险管理》，《商业研究》2011 年第 1 期。

⑥ 韩梅琳：《供应链上下游企业间协作风险分析及评估》，《商业研究》2007 年第 10 期。

⑦ 孙华：《供应链协同风险管理机制研究》，博士学位论文，东南大学，2009 年。

数相似度的协同风险评价分析方法。[①] 刘红胜等（2011）基于 BP 神经网络的制造企业精益供应链协同风险的评价展开了研究，建立了精益供应链协同风险评价指标体系，并运用 BP 神经网络方法进行协同风险评价。[②] 卢慧清（2010）采用模糊层次分析法（FAHP）对制造企业精益供应链协同风险评价进行了研究，文章构建了精益供应链协同风险评价指标体系，并运用 FAHP 对其进行评价与实证分析。[③]

此外，在研究体系建立方面，唐卫宁等（2008）认为供应链风险是一个复杂系统，应采用综合集成方法对其进行研究，并建立了基于综合集成研讨厅和供应链运作参考模型的供应链风险管理框架。[④] 金铌（2011）基于本质安全的思想，对供应链风险识别方法进行了研究。根据集成供应链主体构成的特点将供应链整体风险分为需求风险、供应风险、运作过程风险、环境风险以及制度风险，并建立供应链风险识别指标体系。[⑤] 李学迁等（2010）的研究发现，信息共享虽然能改进供应链绩效，但是必须配套建立相应的激励机制才能有效降低供应链整体风险。因此，基于协调控制策略的正反馈系统思想，建立了一个基于价格竞争的两阶段博弈模型机制来降低供应链系统的风险。[⑥]

关于供应链风险管理与企业绩效之间的关系，李国昊等（2013）采用结构方程的方法对供应链风险管理与企业绩效之间的关系进行了探讨，研究表明信息风险管理、制造过程风险管理、供应风险管理和需求风险管理对企业绩效产生直接和间接的影响。[⑦]

---

① 温磊等：《供应链协同风险评价研究》，《物流技术》2013 年第 1 期。

② 刘红胜等：《基于 BP 神经网络的制造企业精益供应链协同风险评价研究》，《物流技术》2011 年第 3 期。

③ 卢慧清：《基于 FAHP 的制造企业精益供应链协同风险评价研究》，《科技创业月刊》2010 年第 7 期。

④ 唐卫宁等：《基于 HWME 和 SCOR 的供应链风险管理》，《科技管理研究》2008 年第 7 期。

⑤ 金铌：《基于本质安全的供应链风险识别方法研究》，《中国安全科学学报》2011 年第 3 期。

⑥ 李学迁等：《产品差异环境下基于信息和契约机制的供应链风险管理》，《软科学》2010 年第 9 期。

⑦ 李国昊：《供应链风险管理与企业绩效的结构关系检验》，《工业工程与管理》2013 年第 8 期。

表 5-2　　国内供应链风险管理研究成果表

研究方向	主要观点
风险类型	外部风险：经济全球化、文化多元等；内部风险：包括外包、短暂的产品生命周期等（周南洋，2008）； 供应风险、需求风险和协调风险（张以彬，2008） 供应风险、需求风险和环境风险（刘菲，2010） 供应链风险分为内生风险和外生风险（傅亮，2012） 供应链风险分为供应风险、生产风险、需求风险（熊恒庆，2013） 供应链中断风险（李纯，2010） 违约风险（王静，2010） 供应链失效风险（李守泽，2010） 供应链突发风险（姚丽霞，2011） 供应链契约风险（贾炜莹，2011） 协同风险（韩梅琳，2007；孙华，2009；温磊，2013；刘红胜，2011；卢慧清，2010）
风险分析与评估	条件在险值法供应链风险评价度量模型（周南洋，2008） 问卷调查和 SPSS 统计分析（刘菲，2010） 故障树理论和模糊理论（李守泽，2010） 风险屋模型（韩梅琳，2007） 供应链全面风险度量模型（孙华，2009） 梯形模糊数相似度的协同风险评价（温磊，2013） BP 神经网络方法（刘红胜，2011） 模糊层次分析法（卢慧清，2010） 供应商早期参与（ESI）（刘彦平，2009） 柔性策略（张以彬，2008） 激励与监督机制（傅亮，2012） 延迟策略（熊恒庆，2013） 外部信用评级（王静，2010） 延迟策略（姚丽霞，2011） 契约模型与博弈模型（孙华，2009） 博弈机制（李学迁，2010）

第二节　供应链知识协同中风险的来源

一　协同学的有关理论

协同的思想古已有之，普遍存在于自然界和人类社会之中，可以简单理解为相互协作达成一致。人类很早就懂得相互之间协作的重要性，并将协作的思想、理念和做法应用到政治军事和社会经济的方方面面，在竞争中协作，在协作中竞争，是人类社会螺旋式上升和进步的基本特征之一。协同之所以能够发生，根本原因在于个体资源与能力的有限，当面对超出个体能够承受的外部威胁与生存压力时寻求同类的协助也就成了最自然的选择，这一点在群居性生物中体现得尤为明显。同样在人类社会，由于认识自然和改造自然的局限性，以及人类情感与归属的需要，人与人之间的相互需要、相互支持与协作是构成人类社会的基础。尽管资源的有限性与欲望的无限性之间存在着永恒的矛盾，导致物竞天择适者生存，但竞争与对抗并非人类社会的唯一基调，协同有着更为深远的意义。

从一般意义上讲，协同应该属于社会科学研究的范畴，但是协同学的创立却源于物理学界。协同学（synergetics）真正成为一门科学，其创立者是德国著名物理学家赫尔曼·哈肯。根据哈肯的观点，协同学即所谓协调合作之学，旨在发现结构赖以形成的普遍规律。哈肯用协同学的观点阐述了一个统一的宇宙观，并通过激光的形成、星云等的研究提出协同不仅仅是生物界、人类社会的本能，更加普遍存在于分子原子等最为基本的物理现象之中。哈肯首先否定了宇宙“热寂”假说，即按照物理学的基本规律，更确切地说按照热力学的基本规律，宇宙的混沌应该不断增加，一切有规律的功能顺序应当停止，一切有序性应当崩解，他认为正是由于协同作用，有序性和相对稳定的结构才得以建立。

关于协同之所以能够实现，哈肯提出了重要的“无形之手”序参数的概念——使一切事物有条不紊地组织起来的无形之手为序参数。序参数由单个部分的协作而产生，反过来，序参数又支配各部分的行为。序参数从字面上理解是形成有序状态的参数。可以说，序参数是形成协同的推动力量，也是个体之间相互协同的必然结果。序参数的概念类似于社会经济活动中的机制问题，从整个经济活动范畴来看，正是由于机制的存在，无形之中调节着各个参与方的行为，促使协同行为的产生，并对协同的最终结果起作用。除了序参数的存在之外，哈肯更进一步提出了在无序与有序的状态间存在一个临界点，当某种力量突破临界点后，有序的状态得以形成。从序参数的角度，也就是序参数必须达到一定的量值或者达到一定的强度才能起到产生协同的效果；从机制的角度，也就是激励与惩罚、刺激与抑制的力量必须达到足够的强度，突破某一种极限之后才能促使个体产生积极的协同行为，产生某一种我们希望看到的有序的结果和稳定的状态，这就是阈值的概念。

随后哈肯将协同学的思想延伸到了社会经济的范畴，提出个体，无论是原子、分子细胞，或是动物人类，都是由其集体行为，一方面通过竞争，另一方面通过协作而间接地决定着自身的命运，但它们往往是被推动而不是自行推动的。在这个意义上，我们可以把协同学看成是一门在普遍规律支配下的有序的、自组织的集体行为的科学。协同学的目标是在千差万别的各科学领域中确定系统自组织赖以进行的自然规律。在这一观点中，哈肯并没有因为协同而否定了竞争的存在和作用，如同硬币的两面，竞争与协同相辅相成缺一不可。

针对协同的环境，哈肯认为开放的系统对于形成有序的状态至关重要，对于一个开放系统，在一个不受干预的系统中无序性不断增加的原则是不适用的。古老的玻尔兹曼原理，即熵是无序性的一种度量并趋向于极大，只对封闭系统成立。在一个开放系统中各组成部分不断地相互探索新的位置、新的运动过程或新的反应过程，系统的很多部分都参与这种过程。根据协同学的观点，封闭系统看似有序实则无序，根本原因在于缺乏与外界环境之间的能量交换，这与开放式创新的思想一脉相承。封闭式系统必然导致创新的最终枯竭，原因同样在于系统缺乏与周围环境的交流，特别是知识互动。开放式创新的生命力在于将创新来源的范畴由系统内部扩大到系统外，多源性、多样化的知识来源刺激了新知识的产生。

但是，供应链知识协同并未在学术界得到应有的重视和广泛的研究，甚至其概念本身也始终没有得到清晰明确的界定，其内涵也未得到深入的挖掘。更由于其至少涉及协同学、供应链管理和知识管理等众多学科领域导致众多研究者各自为政、管中窥豹，导致供应链知识协同的研究依然缺乏清晰的研究主线和研究框架。

就协同的概念而言，检索国内外研究成果，Collaboration 和 Coordination 是协同最为普遍的表达形式，但要充分诠释协同的深厚内涵，只有将二者结合起来才能实现。在供应链背景之下的协同应包含两个层面的含义：一是协作（Collaboration）；二是协调（Coordination）。协作是协同产生的必不可少的条件，也是协同实现的途径和方法；协调是协同的外在表现和内在特征，是系统相容与内在一致性的体现，二者相互联系、互为因果，对协同的实现缺一不可。

二 知识协同中的风险及其研究综述

知识资源具有高的风险敏感性，即知识资源创造的高难度和易失性。尽管知识创造的过程反映了历史，包含着复杂的情境因素等，但是纯粹的知识资源的被复制、模仿和学习是相对简单的。因而在知识协同过程中的知识流动和共享具有高风险，而信息不对称和契约的不完备又使这种风险对知识输出方而言具有不可控性。

另外，知识资源的独占性是任何一个企业获取竞争优势的来源，对供应链合作伙伴而言，独占知识资源是为了在供应链中获取有利的地位和更大的收益。所以，无论从信息不对称、契约不完备还是利益冲突的角度，知识协同对知识输出方而言都首先意味着极大的风险而非收益。尽管从投资学的角度，风险与收益总是相对应的，但是过高的风险，尤其是超出知识输出方控制范围、可能的损失难以准确计量的风险将会使协同方望而却步，协同难以发生。

与供应链风险管理热点研究相比，目前对供应链知识共享、流动、交易、转移及获取等的风险及其风险管理的研究较少，基本处于研究起步的状态，且多数研究停留在概念探讨、定性分析的阶段，在风险类型识别、风险评估和风险消除等方面都存在明显的不足。

Ou 等（2011）将智力资产风险列为供应链风险类型之一，风险消除策略包括增加供应链的可视性以及信息共享等。[①] 国内朱庆等（2005）最早对供应链知识协同风险展开了研究，研究认为供应链知识共享存在较大的风险，风险来源于供应链网络结构，由于节点企业可以是某个供应链的成员，同时也可以是另一个供应链的成员，存在竞争关系的两条或多条供应链在知识需求种类和内容上十分相似，共享知识的企业难保这些处在交叉点的企业不在利益驱动下把知识，特别是易于编码和传播的显性知识共享给竞争对手。[②] 作为理性个体的企业组织出于风险规避的考虑会有意识地控制知识共享行为，因此为消除风险，应培养和维护供应链企业间知识共享的信用。王丽梅等（2013）对基于知识共享的协同创新进行了研究，研究认为知识共享风险是影响知识共享与创新的至关重要的因素，当知识

---

① Ou Tang and Nurmaya Musa, "Identifying risk issues and research advancements in supply chain risk management", *Int. J. Production Economics*, Vol. 133, No. 4, April 2011, p. 25.

② 朱庆等：《供应链企业间的知识共享机制研究》，《科技管理研究》2005 年第 10 期。

共享风险较大时，企业的协同行为将难以发生；反之，企业才会考虑协同。[①] 许国军（2012）基于知识共享强弱联系的视角，认为无论是强联系还是弱联系，双方知识共享的风险越小、知识源的风险规避态度越淡化，知识源的知识共享动力越足，从而越有利于知识的有效转移。[②]

安小风等（2007）对供应链知识共享风险因素的重要性、风险来源和风险控制进行研究，强调风险因素导致供应链知识共享成为供应链管理的一个难点，而风险来源一是独立法人企业之间的关系，也就是供应链的结构；二是我国法治环境，企业信用体系没有建立起来，知识的共享与保密是供应链知识共享中首先要面临的问题。[③] 针对这一问题，研究者提出在宏观层面建立企业信用体系，知识产权保护制度等措施，微观层面建立惩罚机制来限制机会主义行为，减少其道德风险行为的发生。研究还强调在供应链中形成知识共享的文化是供应链中知识共享与知识交易得以进行的前提和基础，但该研究依然停留在一个定性探讨的层面。

翁莉等（2008）针对供应链知识共享动力匮乏的现象，对供应链企业知识共享行为进行了研究，提出了知识共享成本、共享风险以及知识吸收转化能力对知识共享行为的影响理论体系[④]，建立了供应链知识共享Stackelberg博弈模型，并在模型中加入了风险系数，研究还初步提出了降低组织间知识共享的风险、制定合理的风险共担、利润共享的分配机制是促进知识共享的策略。该研究尽管考虑了风险因素，但并未进一步探讨存在何种风险以及更为具体的风险消除策略。

冯长剑等（2012）的研究同样强调了降低共享成本与风险、提升知识吸收能力与合作效应、加大知识投入量以及建立良好的激励机制能促进供应链成员企业知识共享，但对具体的知识共享风险也没有涉及。[⑤]

刘丽贤等（2012）对供应链协同知识创新风险进行了系统的研究，在风险识别方面将供应链协同知识创新风险分为供应链外部风险（政策与市场风险）和供应链内部风险（合同风险、文化风险、人才风险、关

---

① 王丽梅等：《供应链企业间协同创新研究——基于知识共享的视角》，《现代情报》2013年第10期。

② 许国军：《供应链企业间知识共享的激励研究》，《图书馆理论与实践》2012年第10期。

③ 安小风等：《供应链知识共享存在的问题及对策研究》，《科技进步与对策》2007年第1期。

④ 翁莉等：《供应链知识共享行为的博弈分析》，《统计与决策》2008年第3期。

⑤ 冯长剑等：《供应链成员间知识共享行为演化博弈模型》，《情报杂志》2012年第3期。

系风险、知识风险）；在风险评估方面，基于外部环境与内部因素构建了风险评估指标体系，建立了多因素模糊综合评价模型，对供应链协同知识创新的风险进行了量化评价。① 李炳秀（2011）分析了供应链企业间知识转移风险产生的原因和风险特征，对风险识别、风险分析与评估及风险防控展开了研究，通过问卷调查和统计分析的方法，得出了 6 个关键风险，即转移主体风险、知识特性风险、供应链结构风险、协作风险、转移环境风险和转移方式风险等 20 个风险因素变量。进而根据研究问题建立了基于灰色模糊关系的供应链企业间知识转移风险灰色模糊综合评估模型。②

供应链知识协同中的道德风险被许多学者作为研究的方向。张旭梅等（2011）从道德风险的角度出发，认为制造商与零售商在知识协同过程中存在对方不能直接观测的动机和行为，由此引发了道德风险，双边道德风险问题在企业间的协同合作过程中尤为突出，如制造商（或供应商）与零售商（或销售商）之间往往会存在双边败德行为。并通过设计了协同契约机制，激励了双方合作、降低双边道德风险。③ 在此基础上，马轶德（2012）对供应链知识交易的双边道德风险进行了进一步的研究，并运用委托—代理理论设计了双边道德风险下供应链企业间知识交易的正式契约及关系契约激励机制，以消除信息不对称下的道德风险。④ 陈伟（2011）针对供应链企业间知识共享过程可能出现的道德风险，在核心企业和成员企业之间构建了知识共享基本激励模型和考虑监控信号的激励模型，研究表明引入监控信号，不仅可以增加知识共享过程中对成员企业激励的合理性，还可以降低成员企业的道德风险。⑤ 唐淑兰（2012）研究强调共享风险控制及共享平台的建设是影响供应链企业间知识共享的主要因素，并且

① 刘丽贤等：《供应链成员协同知识创新风险研究》，《技术经济与管理研究》2012 年第 6 期。

② 李炳秀：《供应链企业间知识转移风险的识别评估及防控研究》，博士学位论文，中南大学，2011 年。

③ 张旭梅等：《供应链环境下考虑双边道德风险的客户知识协同获取契约设计》，《预测》2011 年第 4 期。

④ 马轶德：《考虑道德风险的供应链企业间知识共享激励机制研究》，硕士学位论文，重庆大学，2012 年。

⑤ 陈伟：《供应链企业间知识交易的创新效应与契约机制研究》，博士学位论文，重庆大学，2011 年。

针对这些制约因素给出了一些能使供应链企业间顺利共享知识的策略。[①]

刘介明（2011）在对供应链企业及供应链企业知识产权冲突进行了研究，供应链企业知识产权冲突则指供应链企业在知识产权的价值和文化，战略和目标，创造、运用、保护和管理，收益和风险等方面存在的不同程度的不相容或互相排斥，而产生的心理或行为上的矛盾，进而导致回避、抵触、争执或攻击等事件的行为。供应链企业知识产权冲突往往表现为在专利、商标、商业秘密等无形资产方面的冲突，提出了建立协调机制等具体措施，该研究主要针对供应链知识协同中的知识产权风险。[②] 柴雪（2009）发现在协作开发中，相互间的知识共享是企业迅速获取能力提升的有效方式，研究机会主义行为和知识产权风险，包括对知识产权投入风险和知识产权流失风险进行了分析，建立了知识协同演化博弈模型，并提出了一些消除风险的策略。[③]

牛晓格（2013）分析了在供应链协同创新环境中企业间知识共享的主要影响因素，提出核心技术保密等四个重要影响因素，并建立了博弈模型机制。[④]

尤勇等（2014）提出协同作为企业之间的一种合作行为，会导致协同关系风险的产生，从而抑制企业之间的知识共享，这就是所谓的知识共享"边界悖论"。即企业一方面希望通过知识共享获取外部知识，同时又要防止因为合作伙伴的机会主义行为而导致的企业核心知识泄露、人员流失、敲竹杠及设备贬值等关系风险，这在一定程度上抑制了知识共享和技术创新。[⑤]

陈敏（2013）认为供应链知识共享会受到企业间关系和信任、知识共享的风险的影响，并建立了仅含有正向知识共享的开环系统和正向知识共享与逆向知识反哺并存的闭环系统下的最优激励契约。[⑥]

---

① 唐淑兰：《供应链企业间知识共享的影响因素及策略研究》，《信息系统工程》2012 年第 6 期。

② 刘介明：《供应链企业知识产权冲突问题研究》，《知识产权》2011 年第 3 期。

③ 柴雪：《基于新产品协作开发的供应链知识风险规避》，博士学位论文，天津大学，2009 年。

④ 牛晓格：《供应链协同创新环境下企业间的知识共享机制研究》，硕士学位论文，天津大学，2013 年。

⑤ 尤勇等：《供应链协同对企业创新的影响效应研究》，《科技进步与对策》2014 年第 2 期。

⑥ 陈敏：《供应链知识共享激励机制研究》，硕士学位论文，赣南师范学院，2013 年。

表 5－3　　供应链知识协同风险管理研究成果表

研究内容	主要观点	备注
对协同风险重要性的认识	• 知识共享风险是影响知识共享与创新的至关重要的因素； • 风险因素的存在导致供应链知识共享成为供应链管理的一个难点问题； • 知识共享风险等对知识共享行为产生显著影响； • 降低共享成本与风险是促进知识共享的有效途径； • 提出核心技术保密等四个知识协同重要影响因素； • 知识共享会受到企业间关系和信任、知识共享风险的影响	定量研究
风险来源	• 供应链交叉关系的存在； • 一是独立法人企业之间的关系，也就是供应链的结构；二是我国法治环境，企业信用体系没有建立起来； • 协同信息不对称及机会主义行为	
风险类型	• 道德风险、双边道德风险； • 供应链外部风险（政策与市场风险）和供应链内部风险（合同风险、文化风险、人才风险、关系风险、知识风险）； • 转移主体风险、知识特性风险、供应链结构风险、协作风险、转移环境风险和转移方式风险； • 知识产权风险； • 关系风险	
风险评估	• 多因素模糊综合评价模型； • 基于灰色模糊关系的供应链企业间知识转移风险灰色模糊综合评估模型	
风险消除方法和途径	• 培养和维护供应链企业间知识共享的信用； • 宏观层面建立企业信用体系，知识产权保护制度等措施，微观层面建立惩罚机制来限制机会主义行为，形成知识共享的文化； • 供应链知识共享 Stackelberg 博弈模型，并在模型中加入了风险系数； • 协同契约机制； • 考虑监控信号的激励模型； • 正向知识共享与逆向知识反哺并存的闭环系统下的最优激励契约	

从已有的研究成果来看，供应链知识协同对于参与协同的各方而言都意味着高的风险性。高风险性主要体现在知识资源形成的高投入、高难度和易流失性。知识的产生和发展是一个复杂的过程，越是高层次的知识其复杂性越高。但是知识的简单复制则容易得多，特别是核心知识的输出可能给企业带来巨大风险，这也是绝大多数企业严格控制知识流动的原因所

在。风险管理的难度首先是风险来源的多样性，有来自供应链系统内部的风险和由于不确定外部需求所带来的市场风险，且外部市场风险往往不可控。其次是风险评价的难度高，不仅现有知识资源的流动共享风险难以做出准确量化评价，而且供应链知识协同所创造的、新的知识资源由于其价值发现需要一个过程，因而其风险也难以预测。最后是参与要素的复杂性，利益驱动与惩罚机制并不能解决所有的风险控制问题，信任与关系要素往往起着不可或缺的重要作用。

总结现有的研究成果，可以看出：

第一，目前对供应链知识协同中的风险及其重要性有了初步的认识，但并未在学术界引起足够的重视，多数学者的关注点在供应链风险管理的领域，对无形资源协同的风险研究明显不足。

第二，多数研究并未对供应链知识协同风险的类型、风险来源及驱动因素进行深入探讨，只是笼统地将其归纳为知识风险或道德风险，因而也就无法在风险评估和风险消除方面提出针对风险类型和风险来源的富有价值的策略和途径。

第三，在研究体系上，风险识别、评估、监控和风险消除是成熟的供应链风险管理理论体系框架，在国内外学术界已经得到广泛的认同，部分研究将此研究体系应用到供应链知识协同风险管理之中。

第四，从研究方法上来看，在风险评估和风险消除方面的实证研究和量化研究相对较少，这是目前研究存在的短板。

第三节　供应链知识协同风险识别与分析

随着快速增长的全球化和外包趋势，在产品生命周期越来越短和消费者需求快速多变的环境下，供应链风险管理（Supply Chain Risk Management，SCRM）成为企业竞争优势的重要来源和减少供应脆弱性的有效管理方法[①]，吸引了企业界和学术界越来越多的关注，特别是针对全球供应链。有大量的证据表明，失败的供应链风险管理给企业带来了严重的消极

① Yong Lin and Li Zhou，“The impacts of product design changes on supply chain risk：a case study”，*IJPDLM*，Vol. 41，No. 2，2010，p. 162.

影响[1]，具体体现在财务损失、产品质量下降、信誉损失和其他方面的影响[2]，而有效的供应链风险管理能够给企业和利益相关者带来价值，恰当的风险管理政策和程序能够使企业减少或者规避危机处境。

一　风险识别与分类

关于供应链风险的类型，根据 Waters（2007）的观点，供应链风险可以被分为三类，即组织内部风险、供应链内部风险和供应链外部风险。组织内部风险来源于企业内部，与研究开发、计划、生产制造、信息管理和组织结构等管理决策密切相关，后两种风险都来自企业外部。[3] Deloach（2000）认为供应链风险有三个维度，即外部风险、内部风险和信息风险。[4] Hiles 等（2001）将供应链风险分为战略风险、财务风险、运作风险、商业风险和技术风险。[5] Christopher 等（2003）则将供应链风险分为过程风险、控制风险、需求风险、供应和环境风险。[6] Rao 和 Goldsby（2009）则在供应链风险源中增加了组织结构维度，他们将各种风险源进行了综合，构建了一个由外部环境、行业特性、组织结构、问题特征和决策制定等因素共同构成的风险模型。[7]

对知识协同中风险及风险管理的研究以国内研究为主。张旭梅等（2008）运用委托—代理理论和贝叶斯定理构建了在第三方监督下的供应链知识交易模型以降低知识交易的风险。[8] 朱庆等（2007）对供应链成员

---

① Mitchell, V. W., "Organizational risk perception and reduction: a literature review", *British Journal of Management*, Vol. 20, No. 6, June 2000, p. 115.

② Cousins, P. and Lamming, R. C. and Bowen, F., "The role of risk in environmental related initiatives", *International Journal of Operations & Productions Management*, Vol. 24, No. 6, June 2004, p. 554.

③ Waters, D., *Supply Chain Risk Management: Vulnerability and Resilience in Logistics*, London: Kogan Page, 2007, p. 110.

④ Deloach, J. W., *Enterprise – wide Risk Management: Strategies for linking risk and opportunity*, London: Financial Times/Prentice Hall, 2000, p. 24.

⑤ Hiles, A. and Barnes, *The Definitive Handbook of Business Continuity Management*, Chichester: Wiley & Sons, 2001, p. 56.

⑥ Christopher, M. and Peck, H., "Building the resilient supply chain", *International Journal of Logistics Management*, Vol. 15, No. 2, February 2003, p. 1.

⑦ Rao, S. and Goldsby, T. J., "Supply chain risks: a review and typology", *International Journal of Logistics Management*, Vol. 20, No. 1, January 2009, p. 97.

⑧ Zhang Xu – mei and Zhang Yu – rong, "Study on the knowledge market and the model of knowledge trading among enterprises in supply chain", *Journal of Industrial Engineering and Engineering Management*, Vol. 22, No. 3, March 2008, p. 79.

之间的知识共享行为进行了定性研究，他认为作为理性个体的企业组织出于风险规避的考虑会有意识地控制知识共享行为。[①] 张玉蓉等（2006）强调了加强供应链知识交易中的风险防范机制，如提高信息透明度和共享性、优化合同模式、建立监督机制等。[②] 刘介明（2009）探讨了供应链知识产权协同问题，提出了知识产权冲突的概念，该研究认为供应链企业在知识产权的价值与文化、战略与目标、开发、保护与利用、收益与风险等方面存在的不同程度的不相容或互相排斥，进而导致回避、抵触、争执或攻击等事件的行为，从而给供应链的协同带来危害。该研究提出了共赢、和谐与风险三大基本原理，探讨了供应链企业知识产权的全面冲突管理及实现供应链企业知识产权协同管理的具体措施。[③]

供应链知识协同中存在着巨大且难以准确衡量的风险，原因主要来自两个方面：一是供应链的结构属性，即供应链本质上是一个动态稳定链，由追求自身利益最大化的独立法人企业构成；二是知识属性。知识作为企业最为重要的无形资源，对任何的企业而言，知识协同都首先意味着风险。

从已有的供应链知识协同风险类型及其识别的成果来看，一些研究者笼统地将其称为知识风险或知识产权风险，部分学者把道德风险作为唯一的风险类型，另外一些研究者参照供应链风险的识别体系，将供应链知识协同的风险分为内部风险和外部风险，不同的研究角度会带来不同的研究成果。本书认为，风险伴随着供应链知识协同的全过程，缺乏对供应链知识协同过程的全面认识和知识协同机理的深刻理解，是导致目前供应链风险识别方面存在的主要问题。由于缺乏对知识协同过程的认识，管理者将无法发现真正的风险来源及其驱动因素，而风险识别则是整个供应链风险管理的基础，没有有效地识别风险就无法展开有针对性的、全面的分析和评估以及针对策略。

本书将供应链知识协同的过程作为研究对象，从审视协同的全过程入手，刻画在这一过程中的风险来源。

---

① Zhang Xu – mei and Zhuqing, "A Literature Review on Supply Chain Knowledge Management in Foreign Countries", *R & D Management*, Vol. 20, No. 2, February 2007, p. 34.

② 张玉蓉等：《供应链中核心企业与供应商知识共享的分析与启示》，《科技管理研究》2006年第4期。

③ 刘介明：《供应链知识产权协同研究》，博士学位论文，武汉理工大学，2009年。

结合以上国内外研究成果，本书选择以一个供应商与一个制造商所构成的、制造商主导的二元供应链为研究对象，选取供应链知识协同全过程及不同的协同阶段为风险观测点，将整个供应链知识协同过程分为四个阶段：

第一是协同目标确立阶段。本阶段的主要任务是选择知识协同合作伙伴，明确知识协同的目标和方式，确定协同研发的项目和参与各方在协同系统中的任务，对收益分享及风险分担达成一致。此阶段成功的重要标志是双方订立带有激励与惩罚条款的协同研发、知识流动与共享的合约，约定研发目标、知识分享、研发投入、双方权利与义务、风险控制以及研发成功后的利益分配等，此合约是研发顺利实现的保证。

第二是协同关系投资阶段。本阶段主要任务是双方共同进行资产专用性投资和智力资本投资。在一个由制造商主导的供应链知识协同体系中，资产专用性投资是指为实现协同研发，协作双方，主要是供应商针对制造商的产品或技术研发项目而进行的硬件投资、软件投资和人员投资等，如购买设备、购置不动产、人员招聘、人力资源开发等。智力资本投资主要是指双方进行相互的知识流动与共享，主动将与本协同研发项目有关的知识资源向对方进行输出。这类知识输出是以具体的项目为载体的、有目的和有意识的主动流动。此外，智力资本投资还表现为一方对另一方输入知识的主动学习，也可以理解为一种学习投资，只有高水平的学习才能将输入的知识资源融会贯通应用到协同研发项目之中，否则即使有知识的输入也无法起到应有协同效果。投资不仅巩固和强化了双方的合作、信任关系，而且为后续的协同研发奠定了技术基础。

第三是开展协同研发阶段。此阶段的核心任务是围绕双方约定的研发项目和研发目标各自开展研发工作，在此阶段也会存在相当水平的知识流动和共享。特别是在装备制造行业中，跨组织边界的协作和复杂系统创新等属性都会给双方带来巨大的管理难度，因此在这一阶段双方之间的沟通协调就显得尤为重要。为消除信息不对称所带来的不信任感，协作双方的信息共享与透明以及及时的互动对于项目的成功起着非常重要的作用。这种信息共享涉及多个方面，包括研发费用投入、研发进度情况、成本信息、知识流向及学习使用情况以及协同努力程度等方方面面。

第四是成果实现及后期运作阶段。如果双方投入积极、高效协作并实现了事先约定的协同研发项目，双方的协作就进入到一个新的阶段。在制造商主导的协同中，协同实现需要通过制造商产品的市场销售来首先实现，并通过采购供应关系等利益传导机制使供应商分享协同收益。因此，协同研发成功固然重要，但制造商后期的市场化运作是协同努力得以实现的必由之路。尽管众多研究表明，与供应链上合作伙伴之间的协作研发能够缩短研发周期、降低研发费用和提高市场的针对性和成功率，但这一阶段依然要面对市场不确定的外部风险。此外，还存在的一种情况是协同研发失败，协作双方中有任意一方没有实现预期的研发成果，导致协同不成功因而也就无法进入到市场化阶段。阶段划分及各阶段主要任务如图5－3所示。

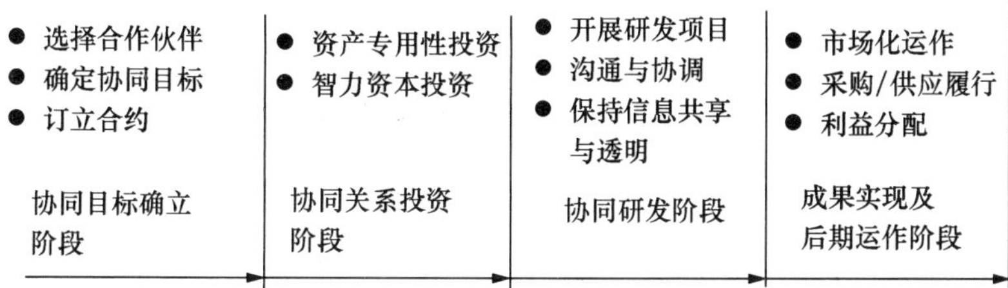

图5－3 知识协同阶段及各阶段的主要任务

根据以上知识协同的过程，采用案例企业研究的方法，选取河南省一家装备制造业高新技术企业与其供应商之间的知识协同进行了分析研究。该企业位于洛阳国家高新技术产业开发区，成立于2005年，是国家双高企业和软件生产企业，主要从事矿用、港口用、建筑用、电梯用的钢丝绳、钢缆无损检测设备及服务的生产与提供，企业主要创始人特别是技术创始人都来自中信重工矿山机械设计研究院，具有一定的技术研发与创新实力。

尽管拥有自主创新的钢丝绳检测核心技术，但是该公司的技术研发与产品开发实力与严酷的市场竞争环境和竞争对手相比还存在一定的差距，自身无法满足在钢丝绳检测这一复杂领域的持续技术研发和创新，因此寻求合作伙伴展开研发协作是最为可行的技术创新方式。在合作对象的选择上，公司与一家软件公司建立长期供货、技术研发关系，该软件公司是企业最为重要的钢丝绳检测数据处理软件、检测仪主板的核心供应商，双方开展了近十年的合作。在该协同创新体系中，制造商主导了以自身为核心的、供应链上的知识流动与共享，实现了知识资源在供应链上的重新配置和优化配置。为使供应商能够开展软件研发和主板的研发与生产，制造商向供应商提供了钢丝绳检测原理、方法等的技术细节直至最为核心的技术知识，同样供应商也将自身所拥有的关于数据处理技术知识与制造商共享。

通过案例企业的研究发现，由一个供应商和一个制造商构成的协同系统在知识协同的全过程中存在以下风险来源和风险类型（如表 5－4 所示）：

表 5－4　　知识协同风险来源及类型

风险来源	风险类型	说明
R1：协同目标风险	R11：合作伙伴选择风险 R12：研发项目风险	选择的协同研发对象不适合 所选择的方向错误
R2：协同投资风险	R21：资产专用性投资风险 R21：智力资本投资风险	投资并没有对知识协同产生应有的作用 知识流动和共享所带来的收益水平并没有达到或超过不协同时候的水平
R3：协同对象风险	R31：知识资源被协同方不当使用的风险 R32：知识资源扩散到第三方的风险 R33：前向一体化（后向一体化）风险	知识资源并没有真正使用到约定的协同项目中，而是应用到别的地方并单独获利 从流入方扩散到协同无关的第三方 双方都有可能利用所获得知识进行产业延伸与战略调整，侵害对方的利益
R4：协同过程风险	R41：道德风险和逆向选择风险 R42：协同研发延期风险 R43：研发费用超支风险 R44：协同研发失败风险 R45：退出协同风险	由于信息不对称，协同方并没有积极投入协同，无法观测到协同努力程度的风险 协同研发中一方并未如期完成相应的研发单元，造成整体延期 由于研发难度过大，研发投入超过约定的协同利益 协同任意一方研发不成功，或研发的成果达不到当初预期的水平，造成整体成果不能如期实现的风险 协同过程中一方由于各种原因退出协同的风险
R5：协同结果风险	R51：协同市场风险 R52：采购/供应违约风险 R53：知识产权风险	研发成功后，推向市场完全不成功或部分不成功 研发成功，但协同双方并未按照约定进行相应的采购和供应，如数量减少、期限缩短等，导致一方利益受损 产生知识产权纠纷

如果将一个供应商和一个制造商所构成的知识协同系统视为一个整体，那么上述风险可以划分为两大类：系统内风险和系统外风险。系统内风险来源于协同双方，如目标风险、投资风险、过程风险等。系统外风险则来自宏观环境的变化，如政治经济、社会文化、技术发展等方面，其中技术因素对高技术行业的影响尤为明显。系统外风险也可能来自特定市场上消费者偏好、消费趋势的改变，导致对协同研发成功的产品需求不确定。

知识协同中存在着大量种类繁多的风险因素，这些风险既增加协同成本又可能降低协同意愿和努力程度。跨越组织边界的知识流动与研发协作是风险产生的重要来源，厘清各类风险因素对于风险管控和协同实现至关重要。

通过将知识协同的过程划分为四个阶段并对各个阶段的风险来源和因素进行研究发现，存在五大类风险来源和 15 种主要的风险因素。其中协同目标风险和协同投资风险属于知识协同的战略风险，对协同的全局产生影响；协同对象风险和协同过程风险属于知识协同的操作层面风险，影响协同目标的最终达成；协同结果风险中的市场风险属于非系统性风险，由外部宏观环境或市场环境的不确定因素所导致。

可以说，风险存在于知识协同的全过程之中，协同各方都应给予高度重视。此外，系统性风险可以通过制度安排、流程机制的设计来有效地规避，但非系统性风险来源于协同系统外部因而企业无法控制。对供应链知识协同的主导企业而言，应更准确地做好预测与决策工作以使协同能够顺利实现。

二　知识协同风险评估

在风险识别的基础之上，设计调查问卷，针对 15 种风险要素展开广泛的企业调研。为开展研究，选取河南省制造业企业为重点调研对象，这其中有中国一拖、洛阳轴承集团、北玻集团、中信重工、郑州宇通重工、郑煤机等河南省重点装备制造业企业，也有一些中小型制造企业，共计调研 130 多家企业，每家企业发放问卷 1 份，共计回收有效问卷 123 份。之所以选取制造业作为研究对象，是根据前期的课题研究和企业走访，制造业具有相对比较完整的供应链，多数制造企业重视与供应商、客户之间的协作，特别是研发协作。而且对制造企业而言，近年来越来越多的制造企业关注产品技术研发与核心竞争优势的塑造，企业不仅认识到了研发的重要性，也深刻感受到了寻求外部研发资源、整合优势研发资源的协同研发的重要性，许多企业不仅与高校、研究机构建立了长期的产学研协作关系，而且也重视与供应链合作伙伴之间的知识与技术交流、协作，这就为课题的开展提供了积极有利的外部条件和基础。但是从调研的整体情况来看，课题组也发现，相当多的企业对供应链协同、对供应链知识协同还表现出了较为陌生的状态，需要课题组成员做大量的解释与说明的工作，这一方面反映了企业的认识层面，另一方面也反映了对该领域的研究依然处于一个相对较新的状况。

问卷采用李克特五级量表进行设计，首先调研了企业对供应链知识协同风险的相对重要性的认识，如表 5 – 5 所示：

表 5 – 5　　风险因素评级表

<table>
<tr><th colspan="2" rowspan="2">风险因素</th><th rowspan="2">编号</th><th colspan="5">评级</th></tr>
<tr><th>5</th><th>4</th><th>3</th><th>2</th><th>1</th></tr>
<tr><td rowspan="2">协同目标风险</td><td>选择了不合适的合作伙伴</td><td>Q1</td><td></td><td></td><td></td><td></td><td></td></tr>
<tr><td>研发方向选择有误</td><td>Q2</td><td></td><td></td><td></td><td></td><td></td></tr>
<tr><td rowspan="2">协同投资风险</td><td>专用性资产投资并没有起到应有的效果</td><td>Q3</td><td></td><td></td><td></td><td></td><td></td></tr>
<tr><td>知识共享不足</td><td>Q4</td><td></td><td></td><td></td><td></td><td></td></tr>
<tr><td rowspan="3">协同对象风险</td><td>对方将自己企业的技术知识据为己有</td><td>Q5</td><td></td><td></td><td></td><td></td><td></td></tr>
<tr><td>合作过程中一些知识泄露给第三方</td><td>Q6</td><td></td><td></td><td></td><td></td><td></td></tr>
<tr><td>任意一方利用所获得知识进入到与对方存在竞争关系的行业领域</td><td>Q7</td><td></td><td></td><td></td><td></td><td></td></tr>
<tr><td rowspan="5">协同过程风险</td><td>道德风险</td><td>Q8</td><td></td><td></td><td></td><td></td><td></td></tr>
<tr><td>研发周期过长</td><td>Q9</td><td></td><td></td><td></td><td></td><td></td></tr>
<tr><td>研发经费超支</td><td>Q10</td><td></td><td></td><td></td><td></td><td></td></tr>
<tr><td>研发失败</td><td>Q11</td><td></td><td></td><td></td><td></td><td></td></tr>
<tr><td>对方违约，终止研发协作</td><td>Q12</td><td></td><td></td><td></td><td></td><td></td></tr>
<tr><td rowspan="3">协同结果风险</td><td>市场对该产品的需求不确定</td><td>Q13</td><td></td><td></td><td></td><td></td><td></td></tr>
<tr><td>对方违约，研发成功后未按照事前的约定进行采购（供应）</td><td>Q14</td><td></td><td></td><td></td><td></td><td></td></tr>
<tr><td>双方对知识产权归属产生争议</td><td>Q15</td><td></td><td></td><td></td><td></td><td></td></tr>
</table>

其中 5 代表风险程度最高，1 代表风险程度最低。利用 SPSS 统计分析工具对数据进行处理。分析结果如下：

（一）统计分析结果

1. 问卷信度分析

信度用于评价一个问卷产生一致性结果的程度，对单个问卷而言，采用内部一致性程度来做评价指标。根据 SPSS19.0，信度检验结果如表 5－6 所示：

表 5－6　　问卷可靠性分析表

可靠性统计量		
Cronbach's Alpha	基于标准化项的 Cronbachs Alpha	项数
0.823	0.822	15

从可靠性统计量来看，α 值为 0.823，大于 0.8，表明问卷设计较好，信度可以接受。

2. 风险因素重要性分析见表 5－7。

风险因素重要性分析见表 5－7。

表 5－7　　风险因素重要性分析表

描述统计量						
	N	极小值	极大值	均值	标准差	方差
Q1	123	1	5	3.46	0.952	0.906
Q2	123	1	5	3.60	0.964	0.930
Q3	123	1	5	3.67	0.836	0.699
Q4	123	1	5	3.64	0.968	0.937
Q5	123	1	5	3.67	0.919	0.844
Q6	123	1	5	3.71	1.022	1.045
Q7	123	1	5	3.62	0.988	0.976
Q8	123	2	5	4.18	0.915	0.837
Q9	123	1	5	3.67	0.955	0.913
Q10	123	2	5	4.00	0.800	0.639
Q11	123	1	5	3.41	0.931	0.868
Q12	123	1	5	3.84	1.119	1.252
Q13	123	1	5	3.76	1.140	1.301
Q14	123	1	5	3.27	0.967	0.936
Q15	123	1	5	3.28	0.926	0.857

对风险因素重要性的认识上，研究设定标准均值为3.5，即超过3.5的风险类型被认为是重要风险，超过4.0及以上的风险类型是极其重要的风险，低于3.5但高于3.0的风险类型视为一般风险，低于3.0的风险类型视为可忽视风险，如表5－8所示：

表5－8　风险相对重要性表

风险均值	风险重要性评价
≥4.0	极其重要风险类型
≥3.5且<4.0	重要风险
≥3.0且<3.5	一般风险
<3.0	可忽视风险

根据以上规则将风险按照均值的大小进行排序，如表5－9所示：

表5－9　风险因素均值排序表

风险类型	均值	说明
Q8	4.18	极其重要风险
Q10	4	极其重要风险
Q12	3.84	重要风险
Q13	3.76	重要风险
Q6	3.71	重要风险
Q3	3.67	重要风险
Q5	3.67	重要风险
Q9	3.67	重要风险
Q4	3.64	重要风险
Q7	3.62	重要风险
Q2	3.6	重要风险
Q1	3.46	一般风险
Q11	3.41	一般风险
Q15	3.28	一般风险
Q14	3.27	一般风险

3. 均值 t 检验

假定总体均值 $\mu = \mu_0$；$\mu_0 = 3$，也就是假定所有的风险类型都不是重要风险。

从 t 检验的结果来看（如表 5－10 所示），上述所有风险类型均为不可忽视风险，也就是说风险均值都大于 3。

表 5－10　　风险因素单个样本 t 检验表

单个样本 t 检验							结论
	检验值 = 3						
	t	df	Sig.（双侧）	均值差值	差分的 95% 置信区间		
					下限	上限	
Q1	5. 305	122	0. 000	0. 455	0. 29	0. 63	拒绝原假设
Q2	6. 918	122	0. 000	0. 602	0. 43	0. 77	拒绝原假设
Q3	8. 841	122	0. 000	0. 667	0. 52	0. 82	拒绝原假设
Q4	7. 360	122	0. 000	0. 642	0. 47	0. 82	拒绝原假设
Q5	8. 145	122	0. 000	0. 675	0. 51	0. 84	拒绝原假设
Q6	7. 675	122	0. 000	0. 707	0. 52	0. 89	拒绝原假设
Q7	6. 937	122	0. 000	0. 618	0. 44	0. 79	拒绝原假设
Q8	14. 294	122	0. 000	1. 179	1. 02	1. 34	拒绝原假设
Q9	7. 740	122	0. 000	0. 667	0. 50	0. 84	拒绝原假设
Q10	13. 870	122	0. 000	1. 000	0. 86	1. 14	拒绝原假设
Q11	4. 937	122	0. 000	0. 415	0. 25	0. 58	拒绝原假设
Q12	8. 300	122	0. 000	0. 837	0. 64	1. 04	拒绝原假设
Q13	7. 353	122	0. 000	0. 756	0. 55	0. 96	拒绝原假设
Q14	3. 076	122	0. 003	0. 268	0. 10	0. 44	拒绝原假设
Q15	3. 311	122	0. 001	0. 276	0. 11	0. 44	拒绝原假设

表 5-11 风险性因素相关性分析表

		Q1	Q2	Q3	Q4	Q5	Q6	Q7	Q8	Q9	Q10	Q11	Q12	Q13	Q14	Q15
Q1	Pearson 相关性	1	0. 217	0. 203	0. 116	0. 161	0. 138	0. 126	0. 188	0. 258	0. 129	0. 322	0. 316	0. 239	0. 258	0. 312
	显著性（双侧）		0. 016	0. 025	0. 201	0. 075	0. 128	0. 166	0. 037	0. 004	0. 154	0	0	0. 008	0. 004	0
Q2	Pearson 相关性		1	0. 566	0. 241	0. 102	0. 163	0. 08	0. 239	0. 246	0. 149	0. 286	0. 258	0. 544	0. 221	0. 124
	显著性（双侧）			0	0. 007	0. 26	0. 071	0. 38	0. 008	0. 006	0. 1	0. 001	0. 004	0	0. 014	0. 171
Q3	Pearson 相关性			1	0. 358	0. 103	0. 297	0. 232	0. 282	0. 27	0. 086	0. 116	0. 187	0. 378	0. 223	0. 215
	显著性（双侧）				0	0. 256	0. 001	0. 01	0. 002	0. 003	0. 345	0. 202	0. 039	0	0. 013	0. 017
Q4	Pearson 相关性				1	0. 338	0. 548	0. 087	0. 23	0. 163	0. 244	0. 284	0. 271	0. 366	0. 226	0. 166
	显著性（双侧）					0	0	0. 337	0. 01	0. 072	0. 007	0. 001	0. 002	0	0. 012	0. 066
Q5	Pearson 相关性					1	0. 491	0. 223	0. 177	0. 193	0. 324	0. 283	0. 419	0. 182	0. 247	0. 232
	显著性（双侧）						0	0. 013	0. 05	0. 032	0	0. 001	0	0. 044	0. 006	0. 01
Q6	Pearson 相关性						1	0. 237	0. 188	0. 168	0. 12	0. 172	0. 352	0. 339	0. 204	0. 242
	显著性（双侧）							0. 008	0. 037	0. 063	0. 185	0. 058	0	0	0. 023	0. 007
Q7	Pearson 相关性							1	0. 103	0. 263	-0. 062	0. 129	0. 181	0. 077	0. 142	0. 215
	显著性（双侧）								0. 255	0. 003	0. 494	0. 155	0. 046	0. 399	0. 116	0. 017

续表

		Q1	Q2	Q3	Q4	Q5	Q6	Q7	Q8	Q9	Q10	Q11	Q12	Q13	Q14	Q15
Q8	Pearson 相关性								1	0. 378	0. 403	0. 259	0. 341	0. 262	0. 047	0. 193
	显著性（双侧）									0	0	0. 004	0	0. 003	0. 604	0. 033
Q9	Pearson 相关性									1	0. 172	0. 267	0. 325	0. 301	0. 16	0. 355
	显著性（双侧）										0. 058	0. 003	0	0. 001	0. 078	0
Q10	Pearson 相关性										1	0. 275	0. 311	0. 306	0. 053	0. 21
	显著性（双侧）											0. 002	0	0. 001	0. 561	0. 02
Q11	Pearson 相关性											1	0. 364	0. 435	0. 13	0. 094
	显著性（双侧）												0	0	0. 151	0. 301
Q12	Pearson 相关性												1	0. 193	0. 328	0. 281
	显著性（双侧）													0. 032	0	0. 002
Q13	Pearson 相关性													1	0. 208	0. 095
	显著性（双侧）														0. 021	0. 294
Q14	Pearson 相关性														1	0. 264
	显著性（双侧）															0. 003
Q15	Pearson 相关性															1
	显著性（双侧）															

4. 风险因素相关性分析

根据相关性的程度，相关系数在 0.4—0.7 为显著性相关，超过 0.7 则为高度性相关。从统计结果来看，各个风险因素之间没有高度性相关的，课题只对显著性相关的风险因素进行分析。

表 5－12　　显著相关性表

		Q3	Q6	Q10	Q12	Q13	Q14
Q2	Pearson 相关性	0. 566				0. 544	
Q4	Pearson 相关性		0. 548				
Q5	Pearson 相关性		0. 491		0. 419		
Q8	Pearson 相关性			0. 403			0. 047
Q11	Pearson 相关性					0. 435	

5. 聚类分析

表 5－13　　聚类分析表

群集成员			
案例	5 群集	4 群集	3 群集
Q1	1	1	1
Q2	2	2	1
Q3	2	2	1
Q4	2	2	1
Q5	2	2	1
Q6	2	2	1
Q7	3	3	2
Q8	4	4	3
Q9	1	1	1
Q10	4	4	3
Q11	1	1	1
Q12	4	4	3
Q13	2	2	1
Q14	5	1	1
Q15	1	1	1

根据聚类分析结果，将上述15种风险类型分为4大类，具体如表5－14所示：

表5－14　　　　群集成员表

群集成员			
第一类	第二类	第三类	第四类
Q1、Q9、Q11、Q14、Q15	Q2、Q3、Q4、Q5、Q6、Q13	Q7	Q8、Q10、Q12

（二）结果讨论

1. 风险类型重要性讨论

表5－15　　　　风险因素重要性表

风险类型	均值	重要程度
Q8 道德风险	4.18	极其重要风险
Q10 研发经费超支	4	极其重要风险
Q12 对方违约，终止研发协作	3.84	重要风险
Q13 市场对该产品的需求不确定	3.76	重要风险
Q6 合作过程中一些知识泄露给第三方	3.71	重要风险
Q3 专用性资产投资并没有起到应有的效果	3.67	重要风险
Q5 对方将自己企业的技术知识据为己有	3.67	重要风险
Q9 研发周期过长	3.67	重要风险
Q4 知识共享不足	3.64	重要风险
Q7 任意一方利用所获得知识进入到与对方存在竞争关系的行业领域	3.62	重要风险
Q2 研发方向选择有误	3.6	重要风险
Q1 选择了不合适的合作伙伴	3.46	一般风险
Q11 研发失败	3.41	一般风险
Q15 双方对知识产权归属产生争议	3.28	一般风险
Q14 对方违约，研发成功后未按照事前的约定进行采购（供应）	3.27	一般风险

从表5－15可以看出，选择了不合适的合作伙伴、研发失败、知识产权归属产生争议和违约没有按照约定进行采购和供应被视为一般风险，反映了企业对上述风险的重视程度。从企业调研中发现，相当比例的企业认为知识产权争议风险和违约供应或采购风险发生的可能性较低，企业一般在协作前就会约定产权的归属，在协作研发成功后履约采购或供应的可能性高。此外，多数企业在合作伙伴的选择上有足够的自信，因而也降低对

此类风险重要性的评价。

多数企业高度重视合作过程中的道德风险、经费风险、知识流失风险和市场风险。研究发现，这些风险往往具有不可控性，风险主体在企业掌控之外，因而具有较高的不确定性，企业感知更加敏感。

2. 风险聚类的讨论

表 5 - 16　　群集成员分类表

群集成员			
第一类	第二类	第三类	第四类
• 选择了不合适的合作伙伴； • 研发周期过长； • 研发失败； • 双方对知识产权归属产生争议； • 对方违约，研发成功后未按照事前的约定进行采购（供应）	• 研发方向选择有误； • 专用性资产投资并没有起到应有的效果； • 知识共享不足； • 对方将自己企业的技术知识据为己有； • 合作过程中一些知识泄露给第三方； • 市场对该产品的需求不确定	• 任意一方利用所获得知识进入到与对方存在竞争关系的行业领域	• 道德风险； • 研发经费超支； • 对方违约，终止研发协作

根据风险发生的可能性和发生后的影响力两个方面的指标，将上述四种类别的风险因素划分到四个象限，如图 5 - 4 所示：

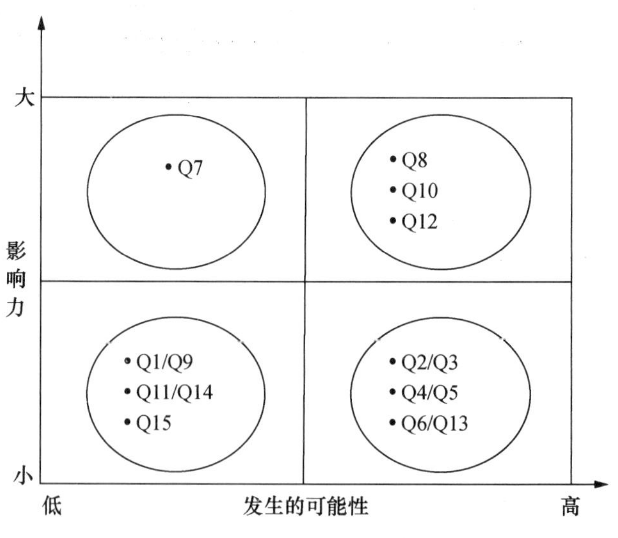

图 5 - 4　风险聚类图

按照发生的可能性和发生后的影响力，分别将风险因素进行归类，如表5－17所示：

表5－17　　风险因素群集成员归类表

群集成员			
第一类 发生的可能性小 且影响力低	第二类 发生的可能大 但影响力小	第三类 发生的可能性小 但影响力大	第四类 发生的可能性高 且影响力大
●选择了不合适的合作伙伴； ●研发周期过长； ●研发失败； ●双方对知识产权归属产生争议； ●对方违约，研发成功后未按照事前的约定进行采购（供应）	●研发方向选择有误； ●专用性资产投资并没有起到应有的效果； ●知识共享不足； ●对方将自己企业的技术知识据为己有； ●合作过程中一些知识泄露给第三方； ●市场对该产品的需求不确定	●任意一方利用所获得知识进入到与对方存在竞争关系的行业领域	●道德风险； ●研发经费超支； ●对方违约，终止研发协作

本章小结

本章首先对国内外供应链风险管理、供应链知识协同风险管理研究现状进行了回顾综述，从中可以看出供应链知识协同是企业无形资源的协同，涉及作为企业核心资源的知识输出与输入，存在着独特的智力资产风险，且风险程度更高，企业更加敏感和重视。研究选取河南省内130多家代表性企业进行实地走访调研，主要集中在装备制造业企业，并以此调研数据作为研究基础。在风险识别方面，以供应链知识协同的过程为研究对象，将风险分为协同目标风险、协同投资风险、协同对象风险、协同过程风险和协同结果风险五大类15种风险因素。在风险评估方面，采用SPSS19.0软件对风险因素的重要性进行分析评估、相关性分析和聚类分析。

第六章　供应链知识协同实现机制

在第四章中，探讨了影响供应链知识协同实现的各种因素，并将其归纳为与利益有关、与风险有关和与关系有关的三大类。本章在前面研究的基础上，对三大类影响因素的相互作用机理进行分析探讨，即供应链知识协同实现机制的问题。

供应链知识协同机制是知识协同内在驱动因素之间的相互作用关系，是驱动知识资源突破知识边界，在整个供应链系统上实现重新配置和优化配置，促使成员企业展开相互协作、进行知识创造的动力所在。参照供应链协同的定义，知识协同是将知识资源作为“协同对象”的供应链协同的方式之一。当“知识”成为供应链协同的对象时，供应链协同的机制也就转变为供应链知识协同的机制，只是知识资源的属性使得知识协同有其独特的表现。

第一节　协同机制的概念

既然协同能够产生“1 +1 >2”的效果，创造单个企业难以达到的价值，那么如何实现这样一种协同也就成为至关重要的问题，在此就归结为协同机制的问题。机制（Mechanism）是事物的内在作用机理，正如市场经济的运行依靠“看不见的手”——市场机制，市场机制起作用主要依靠价格机制和供求关系的相互作用，协同机制具有类似的特征和属性。

首先，协同机制是产生协同行为的内在驱动力。在前文中已经提及，供应链协同是一个蕴含收益与风险，需要成员企业共同投入各种资源去实现一个共同目标的行为，对独立法人经济利益体而言，缺乏一种有效的驱动机制将无法使协同行为发生。

其次，协同机制能够自发地调节各参与企业的行为。如同价格机制能够调节供需一样，协同机制同样能够激励或抑制、促进或消除参与企业产生预期的行为。协同机制是双向的——既带有激励机制，同样也带有惩罚（约束）机制。

最后，实现供应链协同的关键是机制设计。跨企业边界、涉及众多利益主体的供应链协同管理成功的关键是构建一种机制，这种机制能够统一供应链合作伙伴的目标，协调他们的决策和运营活动以使系统和整体的绩效最优化。

但是，要真正实现跨企业边界和多个利益主体的协同，不论对供应链上的核心企业还是成员企业而言都是一个巨大的挑战。主要的原因有：一是不同利益主体的目标和利益诉求存在显著差异，在缺乏有效的系统协调机制和利益驱动因素的情况下，各个独立企业总是自动地将自身利益最大化放在优先考虑的位置，其结果往往是局部最优而非全局最优，从而导致了供应链合作充满了机会主义倾向和不稳定性；二是涉及多个组织领域、技术环境和多种资源类型的协同是一个系统工程。要实现供应链决策的一体化和同步运行，需要进行系统化、深层次的组织结构和业务流程的持续优化、资源的重新配置和整合、信息技术的改进和完善，乃至价值观和企业文化的对接等。要实现供应链的协同是一个充满困难和挑战的过程。

根据研究，国内许多企业的所谓供应链战略合作伙伴关系在大多数情况下名不副实，还只是基于一定信任程度的相对稳定的交易关系，节点企业不仅缺乏真正的风险共担、利益共享的机制和理念，更缺乏协同的实际行动。一些提出打造“黄金供应链”的著名企业却因缺乏诚信、恶意拖欠供应商货款而使自身品牌形象贬值，在供应链系统中号召力微弱。企业调研也表明，国内众多行业和企业经营困难，产品利润微薄，抵御外部风险和持续研发的能力脆弱，在采购与供应领域表现为突出的“病态供应链”现象：供应链核心企业（制造商）失去品牌信誉，无法与少数优秀供应商建立长期合作伙伴关系实现采购的规模效益，只能将采购范围不断扩大、采购对象快速更换，甚至出现了影响恶劣的“骗货”现象；而供应商也经常性地将客户的有关产品技术信息、新产品动向、市场营销行动泄露给与客户存在竞争关系但同时也是供应商客户的第三方以获取利益，而且这种现象发生在供应链的多个采购—供应节点，造成供应链整体运行效率和效益的低下。

因此，在供应链管理纷繁复杂的体系中需要寻找到一条清晰的主线，将各个成员企业和参与主体的利益与风险串联，驱动成员企业形成共同一致的目标和利益导向，约束各个参与者的行为，激励成员企业追求系统利益最大化，惩罚机会主义行为和游戏规则的破坏者，这样的主线就是供应链的协同机制。要实现协同，必须建立一种有效的机制。

综合本书的研究观点，供应链知识协同本质上属于供应链协同的范畴，具有供应链协同的一切属性以及自身的独特个性，因此，有必要首先研讨供应链协同机制的问题。

第二节　供应链协同机制的研究维度

供应链本身的复杂性和协同涉及多个企业、多种资源等因素导致实现协同是一项复杂而困难的任务。尽管一个完全整合在一起的解决方案使系统绩效最优，但是，这样一种解决方案并不总是符合所有成员企业的最佳利益。事实上有许多因素影响着成员企业达到协同，比如人员、技术、战略、关系、回报、知识共享、利益共享、联合目标、文化等。大量学者提出了实现供应链协同的模型，以及如何实现协同的机制，典型的协同机制有运营方案（Operational Plan）、合约模型（Contract）、信息共享和联合决策制定等。

Li 等（2007）进一步对供应链协同机制进行了综述性的研究，研究认为不存在适合于所有供应链决策结构和需求属性的机制[①]，如表 6 - 1 所示。他们认为协同机制实际上由两个维度的因素共同决定：一个维度是供应链决策结构，可以分为两种，即集中型和分散型决策结构。集中型供应链决策结构类似于“纵向一体化”，供应链系统的各种决策由核心企业主导或由核心企业做出，将供应链系统视为一个“整体”寻求系统最优绩效；分散型供应链是供应链成员企业独立采取行动、独立做出决策以使各自绩效最优化。当供应链围绕一个核心企业构建，核心企业控制所有的决策，并且协同的利益能够公平地在所有成员企业之间分配，这样的系统

① Xiuhui Li and Qinan Wang, “Coordination mechanisms of supply chain systems”, *European Journal of Operational Research*, Vol. 179, No. 1, January 2007, p. 1.

表 6 - 1　　供应链协同机制

决策结构	需求属性	
	确定性需求	随机性需求
集中型决策结构	1. 典型的多级库存管理问题 2. “二力”协同策略问题 3. 典型的联合补货问题	1. 组配策略（Installation Policies） 2. 层级库存策略 3. 信息共享
分散型决策结构	1. 从量折扣机制 2. 利益分享机制	供应链博弈模型

就是一个集中化的结构。然而，实际上没有一个供应商或采购者能够被一条供应链所全部控制。当供应链合作伙伴是相互独立的经济体时，他们将独立决策并使自身利益最大化，这样的系统就是分散型的供应链系统。另外一个维度是外部需求属性，也分为两种，即确定性需求（Deterministic Demand）和随机性需求（Stochastic Demand）。显然，在大多数情况下，企业所面临的外部需求都是随机的而非确定不变的。在集中型供应链决策结构下，由于决策由“核心”企业集中做出，当面对确定性需求属性时（Deterministic Systems），协同机制表现为一系列运营方案，如产能和库存策略以使系统成本最低；当面对随机需求属性时，特别需要一种信息共享的机制，以使“牛鞭效应”降到最低。与此相对应的，在分散型决策结构中，当面对确定性需求时，利益分享就成为重要的协同机制。Dolan（1987）采用从量折扣的机制来引导购买者以系统成本最小的某一数量来采购。[①] Goyal（1976）提出了根据各自的成本，供应商和销售商分享协同收益的机制[②]；对分散型供应链决策结构下随机需求的协同机制研究较少，Porteus 和 Whang（1991）描述了制造商和市场部分（经销商）之间在产能决策方面的冲突，研究显示这些冲突能够通过建立内部“愿景市场”的方式被消除。[③] 正因为这种冲突，许多研究者提出了博弈机制模型。Cachon 和 Zipkin（1999）探讨了不同最优解决方案的纳什均衡模型，

① Dolan, R. J., “Quantity discounts: Managerial issues and research opportunities”, *Marketing Science*, Vol. 6, No. 1, January 1987, p. 1.

② Goyal, S. K, “An integrated inventory model for a single supplier - single customer problem”, *International Journal of Production Research*, Vol. 15, No. 1, January 1976, p. 107.

③ Porteus, E. and Whang, S., “On manufacturing/marketing Incentives”, *Management Science*, Vol. 37, No. 9, September 1991, p. 1166.

通过运用线性转移支付，纳什均衡能够实现最优收益[①]；Axsater（2001）提出了斯塔尔伯格博弈模型等。[②] 此外，在分散型供应链中，协同机制至少应包括以下三个方面：①运营方案来协同供应链成员企业的决策和活动；②一个共享信息的结构；③一个激励计划在供应链合作伙伴之间分配协同利益。

第三节 供应链知识协同机制的内涵

目前，从国内外的研究方向来看，对于供应链知识协同的产生机制主要有两种截然不同的观点：一种秉承了 Nonaka（1995）提出的知识共同体（Knowledge Community）理论，强调知识共享是一种自觉进行和慷慨付出的过程，共享动力来自责任和自我胜任感；另一种是达文波特（Davenport，1998）提出的“知识市场”的理论，强调知识运行很大程度上是在市场的作用下进行的。众多学者认为在供应链中同样存在着知识供给与需求的“市场”，因此，市场机制是知识流动、共享乃至协同的主要机制。从国内外文献来看，多数学者是在“知识市场”理论的基础上展开对供应链协同机制的研究。

与协同的理念相比，协同实现的难度更大。因此，供应链协同机制设计的问题是整个供应链协同的中心问题。从供应链协同与供应链知识协同的国内研究情况来分析，本书认为供应链协同机制与供应链知识协同机制本质上属于同一个问题，只是研究对象的差异。根据上一章影响因素研究的结论，并总结国内外对协同机制的研究成果，可以得出：

第一，协同的产生本质上是由利益驱动，利益—风险机制是最为重要的协同推动力。不论是从运营计划、信息共享、联合决策制定、合约，还是基于收益分享、激励计划，其背后的、内在诉求是利益。供应链由独立经济利益体构成，之所以产生相互协作的行为，在于供应链整体利益与每一个成员企业的“个体”利益密切相关，协同机制的作用在于确保整体

---

① Cachon，G. P. and Zipkin P. H.，“Competitive and cooperative inventory policies in a two - stage supply chain”，*Management Science*，Vol. 45，No. 7，July 1999，p. 936.

② Axsater，S.，“A framework for decentralized multi - echelon inventory control”，*IIE Transactions*，Vol. 33，No. 1，January 2001，p. 91.

利益实现的同时局部利益也能得到恰当的体现，即使是博弈机制也是针对各个企业利益最大化的角逐。

第二，协同机制是一个复杂的问题。从供应链决策结构来看，集中型供应链决策结构实际上相当于在一个企业内部的决策，一个具有绝对权威的核心企业能够主导整个供应链的决策，并代替其他企业做出决策，而其他成员企业能够接受这样的决策并切实执行。所以，在这样一种结构中，运营计划等简单的协同机制能够得到贯彻执行，原因在于核心企业通过集中型决策能够保证利益的“供应链内部分配”不至于出现冲突。但是现实情况是大多数供应链决策结构属于分散型决策，成员企业从自身利益出发独立做出是否参与协同的决策。

第三，单一的协同机制并不能达到实现协同的目的，大部分情况下是需要多种机制共同作用才能实现协同的目标。一般情况下，信息共享、利益分享和联合决策制定机制都具有普遍性，即这些因素对协同的产生必不可少。因此，研究在某一种主导机制下多种机制的共同作用，或者多种机制的综合作用是可行方向。

第四，供应链成员企业之间的相互信任具有基础性作用。知识共同体理论虽然与知识市场理论截然不同，但是却反映了一个重要的问题即协同参与方之间的关系。缺乏相互信任的合作方无法实现真正的利益共享和风险共担，特别是对知识资源这一重要的甚至是核心资源的协同而言，相互信任的关系就更显得重要。

从目前国内外的研究来看，多数研究者关注利益或市场机制对协同产生的影响，而对信任等因素的研究较少，即使涉及也是一般性和定性的研究。对企业的调研发现，不同文化背景和市场环境下，协同的动力来源并不完全相同，理念的转变、信任与关系的建立对协同产生重要的作用。

第四节 模型的建立基础

为研究方便，本书要建立的是一个简化了的两级供应链知识协同模型，模型中包含一个供应商和一个制造商，模型来自装备制造业企业的供应链知识协同实践。

一　模型的基本结构

模型由M公司和S公司构成，M公司为制造商，S公司为供应商，双方联合进行某一市场急需的新产品的研发。为实现协同研发，M公司和S公司相互之间进行知识共享，知识流动是双向的。为进行深度合作，这种知识输出甚至包括核心知识，知识输出和共享的目的在于使供应商S公司掌握M公司的技术原理和方法，为其提供更加个性化的满足M公司产品开发的产品和服务；为回应M公司的知识共享，S公司也将自身所拥有的知识与制造商共享，双方共同设立联合技术开发小组，双方互派技术人员到对方企业开展工作，展开跨组织边界的研发“并行工程”，上述行为可以概括为M公司和S公司互相的智力资本投资。

（一）供应链决策结构

模型建立在分散型供应链决策结构之上，即模型中的供应链成员企业根据自身利益最大化的原则，经过对利益和风险的评估后，独立做出各种参与协同或不参与协同的决策。虽然在模型中，M公司处于供应链的核心和主导位置，但不能代替S公司做出相应的协同决策。

（二）外部需求属性

模型根据外部需求属性的不同，分为两个方向来探讨：确定性需求模型和随机性需求模型。其中，确定性需求下建立斯塔尔伯格博弈模型，随机性需求构建了利益机制和关系机制共同作用的契约模型。

二　机制的理论设计

（一）利益—风险机制

对M公司而言，与S公司知识协同联合研发成功所获利益是显而易见的，新产品投向市场成功后所获利益是可观的，因此，进行知识创造、协同研发的意愿和动力都是强烈的，因为协同所获得的市场利益首先体现在M公司，并由M公司进行协同利益的分配。M公司同样承担相应的风险，主要有：

第一，产品研发失败的风险。在模型中，风险是自身研发不成功和S公司研发不成功，二者的风险最终都反映在M公司的产品研发上，并给M公司带来相应的损失。新产品与新技术的开发本身具有高的风险，随时都可能面临失败，这是M公司无法回避的问题。

第二，市场风险。即使M公司产品研发成功，但由于各种原因市场不接受，或即使接受也与预期的市场需求有差距，可能使理想的财务收益难以实现甚至亏损，从而给 M 公司带来损失，这种损失也同时传导至供应商处。

第三，S 公司不合作的风险。利益—风险机制设计不合理或强度不够，会直接降低 S 公司的努力程度。同时，分散型决策结构下，供应商的努力程度难以有效观测，信息不对称带来一系列问题，也是风险因素之一。

第四，知识产权及其他风险。在上述的明显的风险之外，还存在知识产权纠纷、对方前向一体化等风险。如 S 公司可能将 M 公司输入的知识流出到与 M 公司存在竞争关系的第三方，或利用 M 公司输出的知识建立与 M 公司直接的竞争关系；此外，对研发成果而言，归属问题也存在一定的风险，都需要双方事先严密地约定。

对 S 公司而言，处于协同知识创造的位置，在模型中所获得主要利益有：

第一，优先采购或独占采购权。由于 S 公司在知识协同中的贡献，M 公司给予 S 公司在一定时期内优先采购，甚至是唯一采购同类产品的权利。

第二，采购价格优惠。M 公司给予 S 公司此类产品优惠的采购价格，该采购价格达到或超过 S 公司向其他公司或领域提供此类产品所获得利润率的平均值。

第三，采购期优惠。S 公司采购期内，拥有优先采购或独家采购权利。

S 公司在协同中同样面临风险，与 M 公司一样，同样承担研发失败的风险，同时也承担 M 公司产品市场运作不成功的连带风险。此外，最为重要的风险是 M 公司的违约风险，即 M 公司不按照双方在契约中约定的条款履行协同合作，没有给予或给予不足事先承诺的利益，从而给 S 公司带来实质性的损害。另外，S 公司也面临着 M 公司后向一体化的风险，从而破坏双方的协作关系。

（二）关系机制

双方的相互信任和依赖的关系是多年合作逐步加深的结果，但是实质性的关系建立需要通过投资，双方共同的资产专用性投资来形成。主要的投资形式有：

第一，智力资本投资。双方互相之间的知识输出和相互学习属于各自对对方进行智力资本的投资，此外，双方互派人员到对方公司开展协同研发工作也属于此范畴。

第二，协同研发所需的资产专用性投资。主要为S公司进行专门针对M公司的新产品开发，采购相应的产品试制、检验等硬件、软件设施，研发过程中的其他费用投入，以及主要针对M公司的人员招聘等人力资源投资。以上投资以硬件和软件费用、人员工资等形式表现。

第五节　协同模型的建立

一　确定性需求下的斯塔尔伯格博弈模型

（一）斯塔尔伯格博弈模型的原理

在确定性需求环境下，模型采用斯塔尔伯格博弈模型。博弈论也称对策论，是研究决策主体的行为发生直接相互作用时所进行的决策以及这种决策的均衡问题。根据博弈的信息特征，博弈可划分为完全信息博弈和不完全信息博弈。完全信息博弈是指每一个博弈人对所有其他博弈人的特征策略空间及支付函数都有准确的知识，否则就是不完全信息博弈。

根据博弈的时序特征，博弈又可划分为静态博弈和动态博弈。静态博弈是指博弈人在博弈中同时采取行动或虽非同时但后行动者并不知道先行动者采取了什么行动；动态博弈是指博弈人的行动有先后顺序，后行动者能够观察到先行动者所选择的行动。将以上两个角度的划分结合起来，就得到四种不同类型的博弈：完全信息静态博弈、完全信息动态博弈、不完全信息静态博弈和不完全信息动态博弈。

根据局中人是否合作，博弈可分为合作博弈和非合作博弈。合作博弈与非合作博弈之间的区别主要在于人们的行为相互作用时，当事人能否达成一个具有约束力的协议，能够达成协议就是合作博弈，否则就是非合作博弈。合作博弈强调的是集体理性，非合作博弈强调的是个人理性、个人最优决策，其结果可能是有效率的，也可能是无效率的。

斯塔尔伯格博弈是典型的主从动态博弈，可以看作是泽尔腾的子博弈精炼纳什均衡的早期版本，是一种完全信息博弈。在斯塔尔伯格博弈模型中，领导者（Leader）首先宣布他的决策，这一决策将影响跟随者（Follower）的决策问题的约束集与目标函数，进一步，领导者可以再调整他的决策变量，指导他的目标函数达到最优为止。

针对一个供应商和一个制造商组成的两级知识协同供应链系统，决策结构是分散型决策结构，即参与各方都是独立的决策者，其目标是各自利润的最大化。本模型是完全信息动态博弈。

（二）主要参数及模型构建

为简化起见，也为了使模型能够建立，首先有以下假设：

假设1：完全信息，即作为制造商的M公司与作为供应商的S公司双方都彼此清楚了解对方产品的成本构成、研发投入等费用，以及双方产品销售所获得的收入、利润等信息，双方之间不存在信息不对称。

假设2：S公司是M公司唯一的配件供应商，除S公司外，M公司不向任何第三方采购配件，M公司的采购成本的发生只与S公司有关。同样，S公司所生产的产品将全部销售给M公司。

除上述假设之外，为研究方便，还有下面的设定：

· 需求稳定，且需求具有价格弹性，需求量是价格的函数。换言之，在价格确定的情况下，需求量也是确定的。

· 从经济学的理性经济人假设出发，供应链知识协同成员都追求自身经济利益最大化，每个成员都有决策权，即分散型决策结构。

· 仅考虑单一产品的定价，特别是知识协同模型中供应链成员通过知识协同实现技术创新所生产的新产品，市场上同类产品相对较少，所以在模型中不考虑替代产品的价格。

· 供应商和制造商互为唯一采购—供应对象，不存在其他的采购供应行为。

· 不考虑库存和其他固定成本。

· 双方的任意一个研发投入组合（R_i，I_i）都能得到一个特定的研发成果，该研发成果能够转化成为技术和产品并被市场所接受。

1. 模型参数说明

Q_m——制造商产品的市场需求量或市场销售量；

Q_s——供应商产品的市场需求量或市场销售量；

P_m——制造商产品的市场销售价格；

P_s——供应商提供给制造商的转移价格；

C_m——制造商单位产品生产成本（不包括对供应商的采购成本部分）；

C_s——供应商单位产品生产成本；

R_m——制造商的研发费用；

R_s——供应商的研发费用；

I_m——为实现知识协同，制造商对供应商的智力资本投资量，包括知识流动、知识共享等；

I_s——为实现知识协同，供应商对制造商的智力资本投资量，包括知识流动、知识共享等；

F_m——制造商为实现协同发生的智力资本投资成本；

F_s——供应商为实现协同发生的智力资本投资成本；

L_m——知识协同风险系数，指制造商对供应商进行知识流动与共享的风险；

L_s——知识协同风险系数，指供应商对制造商进行知识流动与共享的风险。

2. 对参数的进一步的描述

（1）知识协同对研发费用的降低

令 $R_m = R_{m0} - K_m Q_m I_s$

其中，R_{m0}指在没有双方知识协同的情况下，制造商研发一新产品所需要的研发费用，正常情况下 R_{m0}为一确定值；

$K_m Q_m I_s$ 指通过双方的知识协同实现了研发周期缩短、研发成功率提高等效应，从而实现了制造商研发费用的节省量，其中 K_m 为知识吸收与转化系数。模型中设定研发费用的节省量与双方的协同积极性和投入有关，即当市场规模越大、供应商对制造商的智力资本投资越大，制造商的研发积极性越高，从而对研发费用的降低成效越大，反之亦然。

同理，令 $R_s = R_{s0} - K_s Q_s I_s$，其中参数的描述与制造商相同。

（2）销售量与采购量

令 $Q_m = Q_s = Q$

模型中设定制造商对供应商的采购量、制造商产品的市场销售量之间存在固定的比例关系，为简便起见，设定其比例为1∶1，即 $Q_m = Q_s = Q$。

（3）知识协同风险与成本

令 $F_m = L_m I_m$，即智力资本投资成本与风险和投资量正相关。

同理，令 $F_s = L_s I_s$

由此得出制造商、供应商的目标函数：

$$\prod_m = P_mQ - C_mQ - P_sQ - R_{m0} + K_mQI_s - L_mI_m$$

$$\prod_S = P_sQ - C_sQ - R_{s0} + K_sQI_m - L_sI_s$$

（三）博弈过程及分析

根据斯塔尔伯格主从博弈模型，制造商和供应商之间的博弈过程分为两步，供应链双方建立知识协同关系，协作研发某一款新产品，双方分别开展研发工作。制造商首先根据自身利益最大化的原则向供应商下达采购量 Q 和对供应商的智力资本投资 I_m；其次，供应商将采购量 Q 和 I_m 作为输入变量，依据自身利益最大化原则确定向制造商供货的供货价格 P_s 和智力资本投资 I_s。本博弈是一个完全信息动态博弈，双方博弈的参数是采购量、采购价格和相互的智力资本投资。

下面进行模型分析：

1. 供应商博弈过程

根据动态博弈的逆向归纳法，首先对供应商的目标函数进行分析，供应商在 Q 和 I_m 确定的情况下的最优决策。

$$\text{Max}\prod_S = P_sQ - C_sQ - R_{s0} + K_sQI_m - L_sI_s$$

限制条件：$P_s < P_m$

$R_{s0} > 0$；$K_s > 0$；$L_s > 0$

其中，$Q = a - bP_s \quad a > 0 \quad b > 0$，$a$、$b$ 均为常数。

$$\prod_S = P_sQ - C_sQ - R_{s0} + K_sQI_m - L_sI_s = Q(P_s - C_s + K_sI_m) - R_{s0} - L_sI_s =$$
$$(a - bP_s)(P_s - C_s + K_sI_m) - R_{s0} - L_sI_s \tag{6-1}$$

令：$\dfrac{\partial \prod_S}{\partial P_S} = 0$

得：
$$P_s^* = \frac{a + bC_s - bK_sI_m}{2b} \tag{6-2}$$

将（6－2）式代入（6－1）式，则：

$$\prod_S = \left(a - b\frac{a + bC_s - bK_sI_m}{2b}\right)\left(\frac{a + bC_s - bK_sI_m}{2b} - C_s + K_sI_m\right) - R_{s0} - L_sI_s$$

整理上式得：

$$\text{Max}\prod_S = \frac{(a - bC_s + bK_sI_m)^2}{4b} - R_{s0} - L_sI_s \tag{6-3}$$

对（6－3）式进行分析，对供应商而言：

· 其利润与制造商对供应商的智力资本投资量正相关，即 I_m 越大，则 $\prod_S$ 就越大。

· 当 C_S、I_m、R_{s0}确定不变的情况下，供应商的利润随 I_s 的增大而减小，可以理解为在博弈过程中，供应商通过尽可能少地对制造商的智力资本投资来获得最大利益。

· 为实现利润最大化，供应商选择当 $I_s=0$ 实现利润最大化。

2. 制造商博弈过程

在供应商确定自己的 P_s^* 和 $I_s=0$ 决策后，分析制造商的博弈决策。完全信息下，制造商完全了解供应商会选择 P_s^* 和 $I_s=0$ 来参与协同，因此制造商根据以上这些参数确定自身的最优化决策。

$$\prod_m = P_mQ - C_mQ - P_sQ - R_{m0} + K_mQI_s - L_mI_m$$

令：$P_m=A-BQ \quad A>0 \quad B>0 \quad A$、$B$ 均为常数。

将 P_s^* 和 $I_s=0$ 代入，求解：

$$\text{Max}\prod_m = P_mQ - C_mQ - P_sQ - R_{m0} + K_mQI_s - L_mI_m = Q(P_m - C_m - P_s^* + K_mI_s) - R_{m0} - L_mI_m$$

限制条件：$P_s<P_m$

$R_{m0}>0$；$K_m>0$；$L_m>0$

令：$\dfrac{\partial\prod_m}{\partial Q} = 0$

得出：$Q^*=\dfrac{A-C_m-P_s^*}{2B}$ (6-4)

当 $I_s=0$ 时，得出：

$$\prod_m = QP_m - QC_m - QP_s^* - R_{m0} - L_mI_m \tag{6-5}$$

将 $P_s^*=\dfrac{a+bC_s-bK_sI_m}{2b}$代入，得：

$$\prod_m = QP_m - QC_m - \frac{Q(a+bC_s)}{2b} - R_{m0} + I_m\left(\frac{K_sQ}{2} - L_m\right) \tag{6-6}$$

分析（6-6）式可以看出，当$\dfrac{K_sQ}{2}>L_m$ 时，$\prod_m$ 随 I_m 增大而增大，单调递增；反之，则为单调递减。

$\dfrac{K_sQ}{2}>L_m$ 的实际意义是：

对知识协同双方而言，K_sQ 代表协同一方对协同行动的努力程度，L_m 表示知识协同的风险或成本，只有当协同意愿大于协同引起的风险时，知识协同才有可能发生。因此，本模型设定 $K_sQ/2>L_m$，即$\prod_m$ 随 I_m 的增大而增大。

更进一步地探讨，$\left(\frac{K_sQ}{2}-L_m\right)$不仅代表了供应商协同意愿和风险判断，更反映了供应商对制造商的信任关系，是关系机制对利益—风险机制的弥补作用。

将 $P_m=A-BQ$ 代入（6－5）式，则有：

$$\prod{}_m = Q(A-BQ)-QC_m-QP_s^*-R_{m0}-L_mI_m$$

整理得：$\prod_m = Q(A-BQ-C_m-P_s^*)-R_{m0}-L_mI_m$

将（6－4）式代入上式，得：

$$\mathrm{Max}\prod{}_m = \frac{A-C_m-P_S^*}{2B}\left(\frac{A+P_S^*+C_m-2P_S^*-2}{2}\right)-R_{m0}-L_mI_m$$

整理上式得：

$$\mathrm{Max}\prod{}_m = \frac{(A-C_m-P_s^*)^2}{4B}-R_{m0}-L_mI_m \tag{6－7}$$

3. 合作博弈

可以得出，由于 $I_s=0$，意味着供应商对制造商的智力资本投资量为零，尽管对制造商而言处于供应链知识协同的主导位置，可以通过增大对供应商的智力资本投资而获利，但能够得出本博弈依然是一个非合作博弈的结果。

如果双方相互合作，主动协同，则：

$$\prod = \prod{}_m+\prod{}_s = P_mQ-C_mQ-P_sQ-R_{m0}+K_mQI_s-L_mI_m+P_sQ-C_sQ-R_{s0}+K_sQI_m-L_sI_s$$

再进一步做如下假设：

假设供应商和制造商都有相同程度的协同意愿，对风险的评估也相同，则有：

$K_m=K_s=K$，$L_m=L_s=L$

$$\begin{aligned}\mathrm{Max}\prod &= P_mQ-C_mQ-R_{m0}+K_mQI_s-L_mI_m-C_sQ-R_{s0}+K_sQI_m-L_sI_s\\ &= Q[P_m-C_m-C_s+K(I_s+I_m)]-R_{m0}-R_{s0}-L(I_m+I_s)\end{aligned}$$

令：$I = I_m + I_s$

对 $\partial \text{Max}\prod / \partial Q = 0$

得：$Q^* = \dfrac{A - C_m - C_s + KI}{2B}$

则：$\text{Max}\prod = \dfrac{(A - C_m - C_s + KI)^2}{4B} - R_{m0} - R_{s0} - LI$　　（6 - 8）

则：销售价格 $P_m = \dfrac{A + C_m + C_s - KI}{2}$

同理，在合作博弈的情况下，求得，当 $KQ > L$ 时，$\prod$ 随 I 的增大而增大；反之，则随 I 的增大而减小。

4. 算例检验

为验证在合作博弈的情况下，双方共同的收益大于非合作博弈时各自的收益之和，进行算例检验。

令：$A = 1000$，$B = 1$；其中 A、B 均为常数，理论上讲，由于：

$P_m = A - BQ$，即 M 公司产品的市场最大容量是 1000 台，也就是说 M 公司的市场需求量最多是 1000 台；

令：$a = 600$，$b = 2$；同理，a、b 也为常数，即 S 公司的产品具有价格弹性，由于 $Q = a - bPs$，因此，a、b 的理论意义是当 S 公司产品的供应价格大于 300 元/件时，M 公司对 S 公司的采购量为零；

令：$C_m = 100$，$C_s = 40$；分别为 M 公司和 S 公司的单位产品生产成本，即 100 元/台、40 元/件；

令：$K_m = 0.5$，$K_s = 0.5$，即 M 公司与 S 公司的知识吸收与转化系数均为 0.5；

令：$L_m = L_s = 1.5$；即双方的知识协同风险系数为 1.5；

令：$I_s = 200$，$I_m = 400$，即 M 公司对 S 公司的智力资本投资额为 400 元、S 公司对 M 公司的智力资本投资额为 200 元；

令：$R_{m0} = 40000$，$R_{s0} = 20000$，即 M 公司在没有协同的情况下独立研发的投入经费为 40000 元，而 S 公司在没有协同的情况下独立研发的投入经费为 20000 元。

计算得到以下数据（如表 6 - 2 所示）：

表6-2　博弈结果

各项指标	非合作博弈	合作博弈
销售量（采购量）Q	415（台/件）	580（台/件）
采购价格 P_s	70元	—
利润 Π_m	131625元	—
利润 Π_s	85800元	—
$\Pi_m+\Pi_s$	217425元	275500元

从表6-2数据可以看出，通过双方互相的智力资本投资，由于知识协同的积极作用，产品的销售量上升了39.8%，利润增加了26.7%，使系统业绩得到明显的提升和改善。

二　随机性需求下的契约模型

对制造商而言，当面对随机性外部需求时，意味着企业要承担更大的经营风险。本书假定外部需求符合均匀分布的特性，即如果随机变量 X 的概率密度函数为 $f(x)$，分布函数为 $F(x)$：

$$f(x)\text{满足：}f(x)=\begin{cases}\dfrac{1}{b-a} & a<x<b\\ 0 & \text{其他}\end{cases}$$

则随机变量服从均匀分布规律，其均值为 $\frac{a+b}{2}$，方差为 $\frac{(b-a)^2}{12}$。

此处的随机变量为制造商面临的外部市场需求，其中 $F(a)=0$，$F(b)=1$。Perakis 和 Roels 在分别假设需求分布中各个条件已知的情形下，用半定优化的方法得出最小后悔订货量，当分布函数有限定支持或分布匀称时，以此得出的最小后悔订货量和在市场需求满足均匀分布函数情形下的报童模型的传统最优订货量是相一致的，这为模型假设市场需求分布满足均匀分布函数提供了理论依据。在实际生产中，产品生命周期较短，可根据以往需求量推断大致需求区间的产品，符合均匀分布的假设。①

制造商面临随机性外部需求时，契约模型特别是奖励与惩罚等契约适合于此类情况。本模型也属于契约模型的范畴，模型依然由一个制造商 M

---

① 李凯等：《需求均匀分布条件下的供应链渠道协调——基于奖励与惩罚的双重契约》，《中国管理科学》2012年第6期。

和一个供应商 S 构成，双方共同面对随机性外部需求市场展开供应链知识协同。

模型围绕契约采购量构建。

（一）模型主要参数

Q——契约采购量，指为保证知识协同的实现，供应商要求制造商应保证一定的采购规模以分摊协同研发等费用，降低协同风险；

P_m——制造商产品的市场销售价格；

P_s——供应商提供给制造商的转移价格；

C_m——制造商单位产品生产成本（不包括对供应商的采购成本部分）；

C_s——供应商单位产品生产成本；

R_m——制造商的研发费用；

R_s——供应商的研发费用；

I_m——为实现知识协同，制造商对供应商的智力资本投资量，包括知识流动、知识共享等；

I_s——为实现知识协同，供应商对制造商的智力资本投资量，包括知识流动、知识共享等；

F_m——制造商为实现协同发生的智力资本投资成本；

F_s——供应商为实现协同发生的智力资本投资成本；

L_m——知识协同风险系数，指制造商对供应商进行知识流动与共享的风险；

L_s——知识协同风险系数，指供应商对制造商进行知识流动与共享的风险。

与确定性需求模型中的设定相同，有：

$F_m = L_m I_m$， $F_s = L_s I_s$

$R_m = R_{m0} - K_m Q_m I_s \qquad R_s = R_{s0} - K_s Q_s I_s$

（二）制造商分析

制造商 M 的目标利润函数为：

$$\prod_m = P_m Q - C_m Q - P_s Q - R_{m0} + K_m Q I_s - L_m I_m$$

制造商面临的外部需求服从均匀分布，即需求 Q 的范围为 $[u, v]$，记作 $Q \sim U(u, v)$。也就是说在可预测的范围内，市场需求的波动范围为 $[u, v]$，最小需求量 $Q_{\min} = u$，最大需求量 $Q_{\max} = v$。

进一步探讨，当市场需求小于契约采购量时，双方利益都受损，但在本模型中供应商处于被动和相对劣势，其本身是为了配合制造商的产品研发活动，因而其损失更大。为使协同能够进行，当出现以上情况时，应对供应商的利润损失予以补偿。

反之，当市场需求大于契约采购量时，双方都获益，但对供应商而言其产品销量、价格及成本是按照契约采购量进行最优决策，因而在此种情况下，供应商相对获利。为使协同能够进行，当出现以上情况时，供应商应和制造商分享收益。

基于以上设定，设随机市场需求量或销售量为 x，

当 $Q>x$ 时，修正制造商的目标利润为：

$$\prod_m = P_m x - C_m x - P_s x - R_{m0} + K_m Q I_s - L_m I_m - w(Q-x)P_s$$

其中，w 指协同关系系数，$0 \leqslant w \leqslant 1$，其实际含义是双方愿意在多大程度上进行风险共担和利润共享，即当制造商的比例为 w 时，供应商的比例为（$1-w$）。

当 $Q<x$ 时，则制造商的目标利润为：

$$\prod_m = P_m x - C_m x - P_s x - R_{m0} + K_m Q I_s - L_m I_m + s(x-Q)P_s$$

其中：s 指协同关系系数，$0 \leqslant s \leqslant 1$，其实际意义是双方愿意在多大程度上进行风险共担和利润共享，即当制造商的比例为 s 时，供应商的比例为（$l-s$）。$s \neq w$

则有，当随机需求量为 x 时，制造商的期望利润为：

$$E(\prod_m) = \int_u^Q x(P_m - C_m - P_s + wP_s)f(x)dx + \int_u^Q (K_m Q I_s - R_{m0} - L_m I_m - wP_s Q)f(x)dx + \int_Q^V x(P_m - C_m - P_s + sP_s)f(x)dx + \int_Q^V (K_m Q I_s - R_{m0} - L_m I_m - sP_s Q)f(x)dx \tag{6-9}$$

因为 $f(x) = \dfrac{1}{v-u}$，求解 $\partial E(\prod_m)/\partial Q$，令其等于零，得：

$$Q = \frac{P_s(sv - wu) - K_m I_s(v-u)}{P_s(s-w)} \tag{6-10}$$

又因为 $\prod_m$ 的二阶导数为：$\prod''_m = P_s(s-w)$

当 $s<w$ 时，二阶导数小于零，则 $\prod_m$ 在 Q 处取极大值，即对于制造商而言的最优契约采购量，记作 Q_m^*。

式中 $s < w$ 的实际含义在于，当 $Q < x$，即随机市场需求量大于契约采购量时，制造商分享的比例应该小于当 $Q > x$ 契约采购量大于随机市场需求量时制造商分担的损失比例。简言之，制造商应承担得更多而索取得更少，这也符合以制造商为主导的供应链知识协同实际情况。否则，知识协同难以实现。

（三）供应商分析

当随即需求量为 x 时，供应商的期望利润为：

$$E(\prod_s) = \int_u^Q x[P_s - C_s - (l - w)P_s]f(x)dx + \int_u^Q [K_sQI_m - R_{s0} - L_sI_s + (l - w)P_sQ]f(x)dx + \int_Q^V x[P_s - C_s - (l - s)P_s]f(x)dx + \int_Q^V [K_sQI_m - R_{s0} - L_sI_s + (l - s)P_sQ]f(x)dx$$

求解 $\partial E(\prod_s)/\partial Q$,令其等于零,得:

$$Q = \frac{P_s(sv - wu) - K_sI_m(v - u) - P_s(v - u)}{P_s(s - w)}$$

同样,在 $s < w$ 时,$\prod''_s = P_s(s - w) < 0$,则 $\prod_s$ 在 Q 处取极大值,记作 Q_s^*。

显然，供应商的最优契约采购量和制造商的契约最优采购量并不相同，这与现实情况相符，一般情况下，制造商为减少风险会尽量降低契约采购量，而供应商则期望制造商增大契约采购量以减少自身的风险水平。下面比较 Q_s^* 和 Q_m^*，令：

$K_s = K_m = K$，即双方都有相同的知识吸收转化能力和相同水平的协同意愿。

则：$Q_m^* - Q_s^* = \dfrac{K(v - u)(I_m - I_s) + P_s(v - u)}{P_s(s - w)}$

分析上式，因为 $s < w$，所以，当 $I_m > I_s$ 时，$Q_m^* < Q_s^*$。

在现实供应链系统中，供应链的核心企业往往承担更多的知识协同责任，为实现协同核心企业向协作企业输出更多的知识资源，也就是更大的智力投资，所以 $I_m > I_s$ 符合供应链知识协同的一般特征。

在此，$Q_m^* < Q_s^*$ 也与前面的分析结论相一致，即对制造商而言，为降低风险水平会倾向于降低契约采购量，而对供应商而言，为降低风险水平会要求更大的契约采购量。

（四）模型讨论

根据上述分析，市场随机需求量应满足：$u < Q_m^* < Q_s^* < v$。

当 $u < x < Q_m^*$ 时，制造商和供应商的利润最大化目标均未实现，当 $x = Q_m^*$ 时，制造商首先实现利润最大化目标；

当 $Q_m^* < x < Q_s^*$ 时，有利的局面向供应商倾斜，在 $x = Q_s^*$ 时，供应商实现利润最大化目标；

当 $x > Q_s^*$ 时，销量的上升反而带来双方利润的下降，但在实际企业营销中，为扩大市场占有率、封锁竞争对手，企业也可能采取此类决策。

现实中，制造商 M 和供应商 S 之间对契约采购量的确定是一个困难的过程，它取决于多个方面的因素：一是双方在供应链知识协同中所处地位，即哪一方更具有话语权和主导位置；二是双方的关系程度，即相互信任、相互分担与分享的内在关系；三是双方对知识协同的重视程度和利益期望。实际运作中，契约采购量的选取可能既不是供应商 S 最优也不是制造商 M 最优，而是一个相互妥协的过程，即 $Q_m^* < Q < Q_s^*$。

本章小结

本章主要建立了供应链知识协同实现机制的数学模型并进行了模型分析。具体从以下几个方面展开，首先，探讨了协同机制的概念，协同机制是协同的内在驱动要素，是实现协同的关键。第二部分和第三部分分别总结了供应链协同机制的研究维度，重点对供应链知识协同机制的内涵和作用进行了深入分析。第四部分和第五部分基于分散型决策结构，首先建立了确定性需求下的斯塔尔伯格完全信息动态博弈协同模型，模型显示合作博弈优于非合作博弈；其次建立了随机性需求下的契约协同模型，围绕供应商和制造商利润最大化目标分别确定了各自最优的契约采购量，并对模型结论进行了探讨。

第七章　供应链知识协同对企业技术创新的实证研究

——以河南省工业企业为例

第一节　河南省企业发展综合情况

一　资源条件

从产业发展基础条件来看，河南省拥有较好的资源条件，在我国已发现的127种矿类资源中，河南有8种资源处于全国首位，有19种资源处于全国前三位；从劳动力供给来看，2013年河南省总人口已达10601万人，其中从业人员6387万人，为各行业的发展提供了充足的人力资源供给，与东部地区的用工紧缺情况相比具有比较明显的区位优势。此外，河南省拥有较为完备的基础设施条件，经过新中国成立以来的长期建设，河南形成了以食品、能源、建材、轻工、纺织、建材、冶金为支柱的工业体系，高速公路、铁路等交通物流基础设施处于全国领先的地位。中原经济区规划上升为国家战略以及郑州航空港综合实验区的建设是河南省新的产业增长极，为河南省的经济发展注入了新的活力。

二　总体经济发展情况

从河南省总体经济发展状况来看，根据2014年河南省统计年鉴的数据，GDP连续多年位于全国第五位。除此之外，公共财政预算支出、社会消费品零售总额也位于全国第五的位置。但是从增长潜力来看，GDP增速长期排名全国第20位左右，处于全国中下水平。同样，规模以上工业增加值增速和进出口总额长期以来也处于全国中等水平，与GDP规模在全国的排名相比，总体经济增长潜力一般。

从横向经济数据比较来看，2013年河南省经济占全国的比重为

5.7%，其中第一产业占全国的比重为7.1%，仅次于山东的8.3%，居于全国第二；第二产业占全国的比重也为7.1%，居于全国第五；第三产业占全国的比重为3.9%，居于全国第八。从横向经济比较来看，经过新中国成立以来的长期艰苦建设，河南经济整体规模有了长足进步，除第三产业外，经济总量与经济大省地位相符。（如表7－1、表7－2所示）

表7－1　　河南省主要经济指标在全国的排名

指标	2000年	2005年	2009年	2010年	2012年	2013年
生产总值	5	5	5	5	5	5
生产总值增速	14	5	22	21	20	21
规模以上工业增加值增速	17	4	14	14	14	15
社会消费品零售总额	5	5	5	5	5	5
进出口总额	18	16	17	16	12	12

资料来源：2014年河南省统计年鉴。

表7－2　　河南省主要经济指标占全国的比重　　单位：%

指标	2000年	2010年	2012年	2013年
生产总值	5.1	5.3	5.7	5.7
第一产业	7.8	8.0	7.2	7.1
第二产业	5.0	6.0	7.1	7.1
第三产业	4.1	3.7	4.0	3.9
粮食产量	8.9	9.9	9.6	9.5
社会消费品零售总额	4.8	5.1	5.2	5.2
进出口总额	0.5	0.6	1.3	1.4

资料来源：2014年河南省统计年鉴。

三　产业发展现状

（一）产业规模

从规模上来看，河南省企业规模不断扩大。以工业企业为例，从2008年到2013年的规模以上工业企业数量与资产统计数据可以看出，2008年工业企业总体平均规模1.04亿元，2013年达到2.11亿元。其中轻工业平均规模由 0.55 亿元增加到 1.50 亿元，重工业由 1.37 亿元增加到 2.49 亿元。（如表 7－3 所示）

表 7－3　　2008—2013 年河南省工业企业规模统计

年度	总计			轻工业			重工业		
	单位数（个）	资产总计（亿元）	平均规模	单位数（个）	资产总计（亿元）	平均规模	单位数（个）	资产总计（亿元）	平均规模
2013	20583	43431.82	2.11	7899	11813.95	1.50	12684	31617.87	2.49
2012	19245	35174.81	1.83	7421	8570.27	1.15	11824	26604.54	2.25
2011	18336	29049.22	1.58	7147	6931.09	0.97	11189	22118.13	1.98
2010	19574	23467.42	1.20	7419	5058.31	0.68	12155	18409.10	1.51
2009	18592	19668.61	1.06	7255	4153.64	0.57	11337	15514.97	1.37
2008	15795	16421.08	1.04	6343	3459.72	0.55	9452	12961.36	1.37

资料来源：2014 年河南省统计年鉴。

尽管如此，与全国水平相比，2013 年全国规模以上工业企业平均规模为 2.41 亿元，河南省仅为全国平均水平的 87%。（如图 7－1 所示）

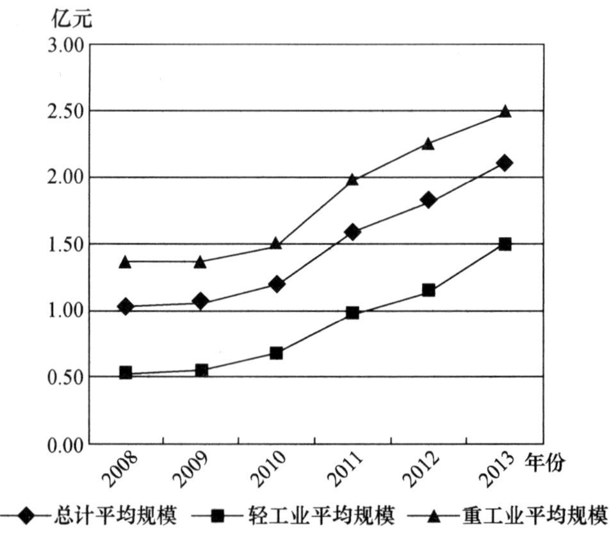

图 7－1　2008—2013 年河南省工业企业规模变化

（二）企业效益

同样以工业企业为例，2008 年以来河南省工业企业主营业务收入和利润持续稳定增加，主营业务收入 2013 年比 2008 年累计增长 2.37 倍，利润累计增长 2.08 倍。从工业企业利润率来看（如表 7－4 所示），工业企业总体利润率稳定在 8%左右，其中轻工业在 10%左右，重工业在 7%左右。

表 7－4　　河南省工业企业 2008—2013 年主要经营指标

年度	总计			轻工业			重工业		
	主营业务收入（亿元）	利润总额（亿元）	利润率（%）	主营业务收入（亿元）	利润总额（亿元）	利润率（%）	主营业务收入（亿元）	利润总额（亿元）	利润率（%）
2008	25292.02	2179.10	8.62	7283.16	732.42	10.06	18008.85	1446.68	8.03
2009	28246.65	2444.18	8.65	8234.69	876.37	10.64	20011.96	1567.80	7.83
2010	36163.12	3302.22	9.13	10777.59	1161.05	10.77	25385.53	2141.17	8.43
2011	47647.21	4131.59	8.67	14669.87	1496.13	10.20	32977.34	2635.47	7.99
2012	52276.38	4016.39	7.68	15829.89	1493.36	9.43	36446.49	2523.03	6.92
2013	59975.16	4543.07	7.57	18860.72	1726.45	9.15	41114.44	2816.62	6.85

资料来源：2014 年河南省统计年鉴。

从全国横向比较来看，2013 年河南省工业企业主营业务收入总额占全国的比重为 5.83%，利润总额比重为 7.23%，利润表现优于收入表现。从利润率指标来看，2013 年全国规模以上工业企业平均利润率为 6.11%，河南省高于全国 1.46 个百分点。就制造业而言，全国制造业 2013 年平均利润率为 5.62%，河南省企业指标也优于全国平均水平。从与中部 6 省的横向比较中我们发现，河南省规模以上工业企业在企业单位个数、资产总计、主营业务收入、利润总额、资产负债率（负债率最低）和工业成本费用利润率方面均位于中部地区第一位，在流动资产周转次数方面位于中部地区第三，排在江西和湖南之后。由此可见，河南省与中部地区其他兄弟省份相比，工业总体发展基础相对扎实，发展势头良好。（如表 7－5、表 7－6 所示）

表 7 - 5　　2013 年中部 6 省规模以上工业企业主要经营业绩指标分析

地区	企业单位数（个）	资产总计（亿元）	主营业务收入（亿元）	利润总额（亿元）	资产负债率（%）	流动资产周转次数（次/年）	工业成本费用利润率（%）
山 西	3946	28058.27	18404.65	547.91	71.32	1.65	3.09
安 徽	15114	25168.07	33079.46	1758.77	59.43	3.15	5.69
江 西	7601	13640.12	26700.22	1756.66	54.27	4.60	7.19
河 南	19773	42021.92	59454.79	4410.82	48.80	3.38	8.13
湖 北	13441	30131.82	37864.54	2080.66	56.31	3.03	5.91
湖 南	13323	19031.64	31616.57	1585.06	54.04	4.11	5.62

资料来源：2014 年中国统计年鉴。

表 7 - 6　　中部 6 省规模以上工业企业主要经营指标的排名

地区	企业单位数（个）	资产总计（亿元）	主营业务收入（亿元）	利润总额（亿元）	资产负债率（%）	流动资产周转次数（次/年）	工业成本费用利润率（%）
山 西	6	3	6	6	6	6	6
安 徽	2	4	3	3	5	4	4
江 西	5	6	5	4	3	1	2
河 南	1	1	1	1	1	3	1
湖 北	3	2	2	2	4	5	3
湖 南	4	5	4	5	2	2	5

资料来源：2014 年中国统计年鉴。

（三）高成长性产业结构情况

从 2013 年统计数据来看，就工业企业而言，高成长性制造业从单位数量上来看已经具有相当比重，达到 45.66%，占规模以上工业增加值比重达 42.3%。但是从数据中也可以看出，传统支柱产业在产业结构中依然占有相当大的比重，其中工业增加值比重接近 50%，特别是高载能、高污染行业，数量上仍然达到 31.55%，工业增加值比重为 37.4%。（如表7 - 7所示）由此可以看出，对传统产业，特别是高载能行业的依赖程度依然很高，产业结构存在比较突出的问题，在全省层面来看，调整产业结构、提升产业竞争力、提升经济增长质量任重而道远，还有很长的路要走。

表 7－7　　　2013 年河南省高成长性产业数量及效益指标

行　业	单位数（个）	占规模以上工业企业数量的比例（%）	工业增加值（亿元）	占规模以上工业增加值比重（%）
高成长性制造业	9399	45.66	5914.08	42.3
电子信息产业	202		403.22	2.9
装备制造业	3330		1982.83	14.2
汽车及零部件产业	520		454.34	3.2
食品产业	3108		2126.38	15.2
现代家居产业	1282		539.61	3.9
服装服饰	957		407.72	2.9
传统支柱产业	9032	43.88	6981.09	49.9
冶金工业	1183		1320.54	9.4
建材工业	3112		1741.29	12.4
化学工业	1408		1002.29	7.2
轻纺工业	2597		1357.24	9.7
能源工业	732		1559.73	11.2
六大高载能行业	6493	31.55	5229.41	37.4
煤炭开采和洗选业	493		902.12	6.5
化学原料及化学制品制造业	1220		691.35	4.9
非金属矿物制品业	3379		1809.59	12.9
黑色金属冶炼及压延加工业	660		767.11	5.5
有色金属冶炼及压延加工业	498		553.42	4.0
电力、热力的生产和供应业	243		505.82	3.6

资料来源：2014 年河南省统计年鉴。

第二节　河南省企业创新能力与竞争优势现状

一　总体状况

河南省产业过度依赖传统产业，科技创新能力严重不足。郭熙保等（2010）采用因子分析方法从规模影响竞争力、经济效益竞争力、科技创新竞争力和外部环境竞争力四个方面对河南省工业竞争力进行了综合分析，研究认为从总体水平上河南省工业已经超越中部省份其他地区，处于中部“领头羊”的角色，但在至关重要的科技创新竞争力比较中发现，河南工业的科技创新竞争力排名靠后，只强于云南、青海、内蒙古、海南等西部省（区），原因在于科研能力不足、高技术成果产业化能力严重滞后、科技人才相对匮乏。①

就国有大中型企业而言，王晖等（2011）对河南、安徽、山东等六省国有大中型工业企业技术创新能力进行了研究，认为河南省国有大中型工业企业申请专利数量所占比重较低，新产品销售收入占企业总销售收入比重均低于全国和中部地区平均水平，河南省国有（或国有控股）大中型工业企业技术创新产出能力较低，创新成果较少，创新成果转化为创收的能力较低。②

卢方元等（2012）研究了2004—2008年河南工业企业的自主创新能力，研究认为总体上河南省工业企业的自主创新能力不断增强。③ 李梅志（2012）从科技创新环境、科技创新活动投入和科技创新活动产出三个方面对2008—2009年河南省科技创新竞争力进行了评价，从科技创新产出水平上看，河南省高新技术产业产出水平得分排名分别为第28位和第27位，处于全国下游水平，制约了河南省创新竞争力的提高。④ 刘葳葳（2012）则强调河南省企业存在自主创新产出低下、形式单一、缺乏人才引进和培养机制以及自主创新成果利用较低等问题，其根本原因是自主创新投入不足、知识产权保护不力、产学研结合不够紧密等。⑤

自主创新与产业竞争力密切相关，许多学者对河南省产业竞争力进行了研究，探讨了科技创新与产业竞争力的关系。张书杰（2011）认为整体上河南省产业素质较低，集中表现在产业集中度低、技术密集型高新技

---

① 郭熙保等：《河南工业竞争力的比较分析》，《综合竞争力》2010年第6期。

② 王晖等：《河南企业技术创新能力评价分析与提升对策》，《河南理工大学学报》（社会科学版）2011年第10期。

③ 卢方元等：《河南省规模以上工业企业自主创新能力研究》，《科技统计》2012年第5期。

④ 李梅志：《河南省科技创新竞争力评价与分析》，《科技管理研究》2012年第17期。

⑤ 刘葳葳：《河南省企业自主创新的现状及政策优化研究》，《消费导刊》2012年第6期。

术产业发展缓慢、产业粗放型发展特征明显。①

王秋香（2011）对河南省食品加工、煤和石油化工、有色金属、装备制造、纺织服装、汽车及零部件这六大传统优势产业进行了定量研究，得出的结论是虽然河南省传统优势产业整体竞争力在全国处于上游水平，具有一定的竞争优势和突出特点，但跟东部发达地区相比却存在相当大的差距，提出的解决方案是通过用高新技术改造传统优势产业，并且通过推进信息化建设加强工业企业自主创新能力。② 朱文琪等（2012）采用因子分析法对河南省 38 个行业的竞争力进行了综合评价，结果表明河南省处于较快的工业化进程中，但河南省具有优势的产业仍集中于劳动密集型和资源密集型，支柱产业和重点发展产业的规模较小，产业集聚效应不明显，提出的策略是进行产业创新平台建设和关键技术研发。③

陈宏（2010）运用因子分析方法，对河南省各工业部门竞争力进行评价研究，研究发现科技创新能力不足、企业效率低下和产业基础薄弱等因素是制约河南省部分工业部门竞争力进一步提高的主要原因。④ 严秋菊（2011）采用 SSM 模型对河南省产业结构的效益和竞争力进行分析，研究认为河南省不论是三次产业结构还是工业内部结构均存在结构效益低下、竞争力不强的问题。⑤

杨云霞（2013）从中部 6 省的横向比较研究中得出河南省在中部 6 省产业（工业）的总体竞争力得分排名第二，居于第二梯队，但第二产业中资源型的传统工业所占比重仍然很高，高新技术产业比重小，大多数企业极度缺乏自主知识产权与创新产品，大多数优势制造业的附加值不高，导致河南第二产业的综合竞争不强，特别是战略性新兴产业，这些现象都阻碍着河南产业综合竞争力的提升，针对以上问题提出的对策是提高自主创新能力。⑥

① 张书杰：《河南省产业升级和优化的 SWOT 分析》，《河南财政税务专科学校学报》2011 年第 2 期。

② 王秋香：《河南省传统优势产业竞争力提升研究》，硕士学位论文，郑州大学，2011 年。

③ 朱文琪等：《河南省产业竞争力评价与分析》，《企业导报》2012 年第 11 期。

④ 陈宏：《河南省工业竞争力研究——基于因子分析方法》，《河南社会科学》2010 年第 3 期。

⑤ 严秋菊：《河南省产业结构效益与竞争力的 SSM 模型分析》，《洛阳师范学院学报》2011 年第 3 期。

⑥ 杨云霞：《河南省产业结构优化升级和产业竞争力构建研究》，硕士学位论文，郑州大学，2013 年。

还有学者从行业角度探讨了河南省产业竞争优势问题，张红玲（2012）采用国际市场占有率、出口依存度、净出口额、出口同比增长率等指标作为出口产业竞争力的评价指标分析了河南省出口产业的全国竞争力，研究认为从2004年到2010年河南省经济对外依存度不到10%，远远低于全国60%的水平，在中部6省中排名第六，企业规模偏小，整体产业竞争力与上海、江苏、北京等地区不在一个数量级上。①

此外，悦国宁（2012）认为纺织服装产业虽然是河南省六大优势产业之一，但也存在着如专业人才匮乏、创新能力弱，产业链不完整、品牌企业相对较少等问题。② 在第三产业，王建周（2014）运用主成分因子分析法和2012年的统计数据，对河南省服务业进行了综合评价，河南省处于全国第23位。③ 石国华（2013）则强调河南省高新技术出口产业整体上处于起步阶段，总体竞争力不高，在资金、人才和产品创新能力方面存在诸多短板。④

优化产业结构、提升增长质量的关键是企业真正成为创新的主体，通过技术创新塑造企业核心竞争优势，赢得良好的发展空间。从以上分析可以看出，尽管河南省经济总量处于全国第五，但是河南企业特别是工业企业在创新方面存在明显的薄弱之处，直接影响了河南省企业的竞争优势以及河南省在全国的经济地位，而改变这一现状的根本依然是切实提升河南省企业的技术创新特别是自主创新实力，用创新性产品、技术和服务引领产业升级。

二　自主创新及科技投入现状

从2013年河南省工业企业研发经费支出的统计情况来看，工业企业内部总经费支出只有295.34亿元，不到华为一家企业的研发投入，占销售收入的比重仅有0.49%。（如表7－8所示）而反观中国企业的代表华为2013年在研发方面的投入达到307亿元人民币，约合51亿美元，同比增长3.1%，占全年销售收入的12.8%，华为连续十年将研发投入的比例维持在不低于收入的10%的高位水平上。据悉，2004年到2013年，华为累计用于研发的投入达到1510亿元人民币。

---

① 张红玲：《河南出口产业竞争力现状分析》，《商丘职业技术学院学报》2012年第3期。

② 悦国宁：《河南纺织服装产业可持续竞争力的提升路径研究》，《轻纺工业与技术》2012年第4期。

③ 王建周：《河南省服务业竞争力影响因素研究》，《经营者》2014年第8期。

④ 石国华：《河南省高新技术出口产业竞争力分析》，《现代商业》2013年第25期。

表7－8　　2014年河南省工业企业研发经费内部支出

指标	（R&D）经费内部支出（万元）					占销售收入的比重（%）
	内部支出总计	政府资金	企业资金	境外资金	其他资金	
工业企业	2953410	98234	2833972	8065	13139	0.49
大中型工业企业	2653296	86351	2550361	7858	8726	
小型工业企业	291198	11581	274997	207	4413	
微型工业企业	8916	302	8614			

资料来源：2014年河南省统计年鉴。

即便从研究开发经费投入及投入强度的全国统计数据来看，河南省分别排名第9位和第18位，总体处于中等偏下水平。（如表7－9所示）

表7－9　　2009—2013年全国各地区研究开发经费投入情况

单位：万元、%

地区	2013年		2012年		2011年		2010年		2009年	
	R&D经费内部支出	R&D投入强度	R&D经费内部支出	R&D投入强度	R&D经费内部支出	R&D投入强度	R&D经费内部支出	R&D投入强度	R&D经费内部支出	R&D投入强度
北京	2130618	6.08	10633640	5.95	9366439	5.76	8218234	5.82	6686351	5.50
天津	3000377	2.98	3604866	2.80	2977580	2.63	2295644	2.49	1784661	2.37
河北	2327418	1.00	2457670	0.92	2013377	0.82	1554492	0.76	1348446	0.78
山西	1237698	1.23	1323458	1.09	1133926	1.01	898835	0.98	808563	1.10
内蒙古	1004406	0.70	1014468	0.64	851685	0.59	637205	0.55	520726	0.53
辽宁	3331303	1.65	3908680	1.57	3638348	1.64	2874703	1.56	2323687	1.53
吉林	698136	0.92	1098010	0.92	891337	0.84	758005	0.87	813602	1.12
黑龙江	950335	1.15	1459588	1.07	1287788	1.02	1230434	1.19	1091704	1.27
上海	4047800	3.60	6794636	3.37	5977131	3.11	4817031	2.81	4233774	2.81
江苏	12395745	2.51	12878616	2.38	10655109	2.17	8579491	2.07	7019529	2.04
浙江	6843562	2.18	7225867	2.08	5980824	1.85	4942349	1.78	3988367	1.73
安徽	2477246	1.85	2817953	1.64	2146439	1.40	1637219	1.32	1359535	1.35
福建	2791966	1.44	2709891	1.38	2215151	1.26	1708982	1.16	1353819	1.11
江西	1106443	0.94	1136552	0.88	967529	0.83	871527	0.92	758936	0.99

续表

地区	2013 年		2012 年		2011 年		2010 年		2009 年	
	R&D 经费内部支出	R&D 投入强度	R&D 经费内部支出	R&D 投入强度	R&D 经费内部支出	R&D 投入强度	R&D 经费内部支出	R&D 投入强度	R&D 经费内部支出	R&D 投入强度
山东	10528097	2.15	10203266	2.04	8443667	1.86	6720045	1.72	5195920	1.53
河南	2953410	1.11	3107802	1.05	2644923	0.98	2111675	0.91	1747599	0.90
湖北	3117987	1.81	3845239	1.73	3230129	1.65	2641180	1.65	2134490	1.65
湖南	2703987	1.33	2876780	1.30	2332181	1.19	1865584	1.16	1534995	1.18
广东	12374791	2.32	12361501	2.17	10454872	1.96	8087478	1.76	6529820	1.65
广西	817063	0.75	971539	0.75	810205	0.69	628696	0.66	472028	0.61
海南	93567	0.47	137244	0.48	103717	0.41	70204	0.34	57806	0.35
重庆	1388199	1.39	1597973	1.40	1283560	1.28	1002663	1.27	794599	1.22
四川	1688902	1.52	3508589	1.47	2941009	1.40	2642695	1.54	2144590	1.52
贵州	342541	0.59	417261	0.61	363089	0.64	299665	0.65	264134	0.68
云南	454278	0.68	687548	0.67	560797	0.63	441672	0.61	372304	0.60
西藏	4617	0.29	17839	0.25	11530	0.19	14599	0.29	14385	0.33
陕西	1401480	2.14	2872035	1.99	2493548	1.99	2175042	2.15	1895063	2.32
甘肃	400743	1.07	604762	1.07	485261	0.97	419385	1.02	372612	1.10
青海	89540	0.65	131228	0.69	125756	0.75	99438	0.74	75938	0.70
宁夏	167494	0.81	182304	0.78	153183	0.73	115101	0.68	104422	0.77
新疆	314257	0.54	397289	0.53	330031	0.50	266545	0.49	218043	0.51

从表 7－9 中的 2013 年的研发经费投入数据可以看出，江苏、广东和山东处于第一梯队，2013 年研究开发经费总投入在 1000 亿元以上；浙江、上海、辽宁、湖北和天津处于第二梯队，2013 年研究开发经费投入在 300 亿元以上；河南省处于第三梯队的第一名，2013 年研究开发经费投入 295 亿元。从投入强度排名来看，北京排名第一，北京、上海、天津、江苏、广东、浙江、山东和陕西处于第一梯队，投入强度在 2 以上；安徽、湖北、辽宁、四川、福建、重庆、湖南、山西、黑龙江、河南、甘肃和河北处于第二梯队，投入强度在 1 以上；其余属于第三梯队。从投入规模和投入强度来看，河南省在全国的排名都不高，总体处于中下水平，这对河南省企业的创新能力形成了很大的制约因素，投入不足是影响河南省企业竞争力提升的很重要的因素。

三　工业企业的研发投入及研发绩效

表7－10是2013年全国规模以上工业企业的研发基本情况。

表7－10　　2013年全国各地区规模以上工业企业研发基本情况

地　区	企业数（个）	有研发机构的企业数（个）	有R&D活动的企业数（个）	R&D经费内部支出（万元）	主营业务收入（万元）	R&D经费投入强度（%）	新产品销售收入（万元）	新产品贡献率（%）
全　国	369741	43055	54832	83184005	10372893469	0.80	1284606903	12.38
北　京	3641	498	1059	2130618	186886314	1.14	36727656	19.65
天　津	5499	775	1732	3000377	268033200	1.12	55696886	20.78
河　北	13968	777	853	2327418	463456529	0.50	29160256	6.29
山　西	3979	232	327	1237698	183933277	0.67	10272735	5.59
内蒙古	4404	168	258	1004406	201890205	0.50	6285040	3.11
辽　宁	17297	562	1100	3331303	515109153	0.65	40931774	7.95
吉　林	5376	177	252	698136	221849941	0.31	7031878	3.17
黑龙江	4398	228	331	950335	137010647	0.69	5825023	4.25
上　海	9796	725	1661	4047800	342736021	1.18	76883835	22.43
江　苏	48771	15775	12283	12395745	1334713239	0.93	197142112	14.77
浙　江	39552	7737	10824	6843562	613212009	1.12	148820993	24.27
安　徽	16184	2076	2369	2477246	338140768	0.73	43790809	12.95
福　建	16120	1270	2286	2791966	331263095	0.84	34400997	10.38
江　西	8126	606	954	1106443	270351063	0.41	16829309	6.22
山　东	40467	2757	3747	10528097	1321303408	0.80	142841782	10.81
河　南	20573	1201	1705	2953410	598139280	0.49	47914474	8.01
湖　北	14650	903	1714	3117987	382300345	0.82	46544784	12.17
湖　南	13599	1183	1914	2703987	318545492	0.85	57246324	17.97
广　东	41181	2692	5691	12374791	1063195177	1.16	180137410	16.94
广　西	5488	331	456	817063	170886134	0.48	15866038	9.28
海　南	388	30	63	93567	15644468	0.60	1601202	10.23
重　庆	5559	417	668	1388199	153051478	0.91	26961130	17.62
四　川	13001	700	819	1688902	357677780	0.47	24758761	6.92
贵　州	3590	124	179	342541	72914026	0.47	3683200	5.05
云　南	3537	279	394	454278	99809345	0.46	4433810	4.44
西　藏	76	6	9	4617	981000	0.47	23454	2.39
陕　西	4751	382	574	1401480	181519094	0.77	10154791	5.59

续表

地　区	企业数（个）	有研发机构的企业数（个）	有 R&D 活动的企业数（个）	R&D 经费内部支出（万元）	主营业务收入（万元）	R&D 经费投入强度（%）	新产品销售收入（万元）	新产品贡献率（%）
甘　肃	1981	182	291	400743	85801528	0.47	6185275	7.21
青　海	521	25	40	89540	20893558	0.43	125430	0.60
宁　夏	1044	113	127	167494	34457847	0.49	2796416	8.12
新　疆	2224	124	152	314257	87188048	0.36	3533318	4.05

从表 7－11 中可以看出，河南省企业研发投入规模持续增长，从年度统计数据来看，从 2009 年到 2013 年省内规模以上工业企业内部研发经费支出增长 1.2 倍，年平均增长率为 22.56%，远远超过 GDP 的增长速度。（如图 7－2 所示）

表 7－11　河南省规模以上工业企业 2009—2013 年研发经费内部支出情况

年度	R&D 经费内部支出（万元）	年增长率（%）
2009	1334943	—
2010	1485875	11.31
2011	2137236	43.84
2012	2489651	16.49
2013	2953410	18.63

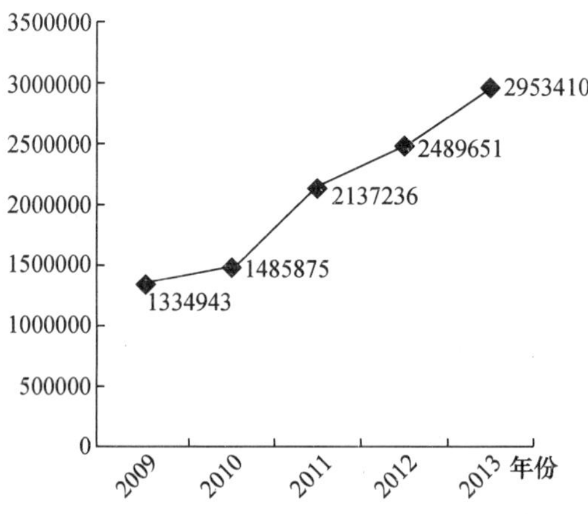

图 7－2　河南省规模以上工业企业 2009—2013 年研发经费内部支出情况

但是从横向来看，与全国其他地区相比，河南省工业企业在以下几个指标方面处于较低水平：

（一）研发活动强度

从表7-12中可以看出，2013年有研发机构的企业比例、有研发活动的企业比例全国平均水平分别为11.64%、14.83%，而河南的这两项指标仅为5.84%和8.29%，两项均排名全国第21位，不仅远远落后于江苏、北京、天津等东部发达地区，甚至落后于陕西、宁夏和甘肃等西部地区。与全国平均水平相比，仅为全国平均水平的50.2%和55.9%。

表7-12 2013年全国各地区规模以上工业企业研发活动强度

排名	地区	企业数（个）	有研发机构的企业数（个）	有研发机构的企业所占比例（%）	有R&D活动的企业数（个）	有R&D活动的企业所占比例（%）
1	江苏	48771	15775	32.35	12283	25.19
2	浙江	39552	7737	19.56	10824	27.37
3	天津	5499	775	14.09	1732	31.50
4	北京	3641	498	13.68	1059	29.09
5	安徽	16184	2076	12.83	2369	14.64
6	宁夏	1044	113	10.82	127	12.16
7	甘肃	1981	182	9.19	291	14.69
8	湖南	13599	1183	8.70	1914	14.07
9	陕西	4751	382	8.04	574	12.08
10	西藏	76	6	7.89	9	11.84
11	云南	3537	279	7.89	394	11.14
12	福建	16120	1270	7.88	2286	14.18
13	海南	388	30	7.73	63	16.24
14	重庆	5559	417	7.50	668	12.02
15	江西	8126	606	7.46	954	11.74
16	上海	9796	725	7.40	1661	16.96
17	山东	40467	2757	6.81	3747	9.26
18	广东	41181	2692	6.54	5691	13.82
19	湖北	14650	903	6.16	1714	11.70
20	广西	5488	331	6.03	456	8.31

续表

排　名	地　　区	企业数（个）	有研发机构的企业数（个）	有研发机构的企业所占比例（%）	有 R&D 活动的企业数（个）	有 R&D 活动的企业所占比例（%）
21	河　　南	20573	1201	5.84	1705	8.29
22	山　　西	3979	232	5.83	327	8.22
23	新　　疆	2224	124	5.58	152	6.83
24	河　　北	13968	777	5.56	853	6.11
25	四　　川	13001	700	5.38	819	6.30
26	黑 龙 江	4398	228	5.18	331	7.53
27	青　　海	521	25	4.80	40	7.68
28	内 蒙 古	4404	168	3.81	258	5.86
29	贵　　州	3590	124	3.45	179	4.99
30	吉　　林	5376	177	3.29	252	4.69
31	辽　　宁	17297	562	3.25	1100	6.36

（二）研发资金投入量及投入强度

研发资金投入量和投入强度以及新产品贡献率等方面处于较低水平。2013 年河南省规模以上工业企业研发经费内部投入量为 295.34 亿元，研发经费投入强度仅为 0.49%，排名全国第 20 位；从新产品贡献率来看，河南省工业企业新产品贡献率仅为 8.01%，排名全国第 16 位。

表 7－13　2013 年全国各地区规模以上工业企业新产品贡献率排名

排名	地区	R&D 经费内部支出（万元）	主营业务收入（万元）	R&D 经费投入强度（%）	新产品贡献率（%）
1	浙　　江	6843562	613212009	1.12	24.27
2	上　　海	4047800	342736021	1.18	22.43
3	天　　津	3000377	268033200	1.12	20.78
4	北　　京	2130618	186886314	1.14	19.65
5	湖　　南	2703987	318545492	0.85	17.97
6	重　　庆	1388199	153051478	0.91	17.62
7	广　　东	12374791	1063195177	1.16	16.94
8	江　　苏	12395745	1334713239	0.93	14.77

续表

排名	地区	R&D 经费内部支出（万元）	主营业务收入（万元）	R&D 经费投入强度（%）	新产品贡献率（%）
9	安　徽	2477246	338140768	0.73	12.95
10	湖　北	3117987	382300345	0.82	12.17
11	山　东	10528097	1321303408	0.80	10.81
12	福　建	2791966	331263095	0.84	10.38
13	海　南	93567	15644468	0.60	10.23
14	广　西	817063	170886134	0.48	9.28
15	宁　夏	167494	34457847	0.49	8.12
16	河　南	2953410	598139280	0.49	8.01
17	辽　宁	3331303	515109153	0.65	7.95
18	甘　肃	400743	85801528	0.47	7.21
19	四　川	1688902	357677780	0.47	6.92
20	河　北	2327418	463456529	0.50	6.29
21	江　西	1106443	270351063	0.41	6.22
22	陕　西	1401480	181519094	0.77	5.59
23	山　西	1237698	183933277	0.67	5.59
24	贵　州	342541	72914026	0.47	5.05
25	云　南	454278	99809345	0.46	4.44
26	黑龙江	950335	137010647	0.69	4.25
27	新　疆	314257	87188048	0.36	4.05
28	吉　林	698136	221849941	0.31	3.17
29	内蒙古	1004406	201890205	0.50	3.11
30	西　藏	4617	981000	0.47	2.39
31	青　海	89540	20893558	0.43	0.60

（三）企业知识产权状况

表 7 – 14 是 2013 年全国各地区规模以上工业企业专利申请情况。

表 7 – 14　　2013 年全国各地区规模以上工业企业专利申请情况

排名	地　区	专利申请数（件）	发明专利数（件）
1	广　东	96646	47213
2	江　苏	93518	33090
3	浙　江	77067	15036

续表

排名	地　区	专利申请数（件）	发明专利数（件）
4	山　东	40030	15254
5	安　徽	32909	10866
6	上　海	25738	11377
7	北　京	19210	9240
8	福　建	18896	5475
9	湖　南	17424	6880
10	湖　北	16321	6119
11	天　津	16302	6446
12	四　川	15713	5666
13	河　南	14400	4182
14	重　庆	12221	2509
15	辽　宁	11628	5226
16	河　北	9171	3054
17	陕　西	7258	3161
18	山　西	5083	1807
19	江　西	4893	1669
20	广　西	4468	2234
21	黑龙江	4282	1683
22	贵　州	3446	1516
23	云　南	2793	1167
24	吉　林	2520	971
25	甘　肃	2440	638
26	新　疆	2256	550
27	内蒙古	2062	981
28	宁　夏	1132	607
29	海　南	748	389
30	青　海	334	132
31	西　藏	9	8

河南省规模以上工业企业专利申请数量居于全国第 13 位，为中游水平，但与广东、浙江、江苏和山东等省份相比，还有较大的差距；在关键

的发明专利数量上，河南省排名全国第14位，不到广东省的1/10，存在巨大的差距，也落后于同属中部地区的安徽省、湖北省和湖南省。

（四）高新技术企业生产经营情况

河南省高新技术企业数量2013年为933家，主营业务收入4284.4亿元，居于全国第6位。其中第一梯队是广东、江苏、浙江、山东和上海，高新技术企业数量在1000家以上；河南省位于第二梯队首位，也排在中部地区首位，在主营业务收入上同样处于全国第6位，这与河南省在全国的经济地位和发展地位相匹配。

表7－15　　2013年全国各地区高新技术企业经营情况

排名	地　区	企业数（家）	主营业务收入（亿元）	利润（亿元）
1	广　东	5802	27871.1	1388.6
2	江　苏	4865	24854.0	1521.5
3	浙　江	2391	4360.1	419.2
4	山　东	2015	8946.5	700.3
5	上　海	1024	6823.4	235.7
6	河　南	933	4284.4	274.1
7	湖　南	881	2564.9	188.1
8	安　徽	841	1831.4	157.8
9	四　川	841	5160.5	370.0
10	湖　北	830	2445.3	148.4
11	北　京	782	3826.1	292.4
12	福　建	742	3545.0	176.9
13	辽　宁	735	2362.4	173.1
14	江　西	696	2289.6	156.0
15	天　津	585	4243.5	297.9
16	河　北	504	1381.0	107.8
17	陕　西	402	1374.0	86.2
18	吉　林	394	1431.3	115.3
19	重　庆	383	2624.2	73.6
20	广　西	301	1126.2	124.2
21	黑龙江	183	610.8	48.8
22	贵　州	149	372.0	27.8

续表

排名	地　　区	企业数（家）	主营业务收入（亿元）	利润（亿元）
23	山　　西	138	707.8	25.1
24	云　　南	136	291.1	42.2
25	甘　　肃	107	140.9	19.1
26	内 蒙 古	100	344.8	33.9
27	海　　南	51	121.4	17.0
28	青　　海	28	50.7	7.8
29	新　　疆	28	20.7	1.9
30	宁　　夏	19	31.8	-0.1
31	西　　藏	8	11.8	3.3

高新技术产业研发活动如表7－16所示，从表7－16中可以看出，河南省高新技术产业研发机构数量位于全国第9位，研发经费内部支出仅为24.95亿元，位于全国第15位。从研发机构的数量上看，尽管位于第二梯队，但绝对数量不到江苏省的1/10、山东的1/2；从研发经费内部支出额度来看，同样不到江苏省的1/10、陕西省的1/2。高新技术产业研发活动投入严重不足，是制约自主创新能力提升的关键因素之一。

表7－16　　2013年全国各地区高新技术产业研发活动情况

地　　区	R&D机构数（个）	R&D人员（人）	R&D经费内部支出（万元）
江　　苏	3019	100729	2798080
浙　　江	1136	55109	1304677
广　　东	1103	208174	6612820
山　　东	584	46887	1562172
安　　徽	324	11100	301380
福　　建	265	29186	705357
北　　京	250	23707	1065430
湖　　南	247	9211	433737
河　　南	237	15947	249531
上　　海	207	26865	1061501
湖　　北	192	24479	732174
四　　川	178	19814	618378
陕　　西	151	21120	583150

续表

地　区	R&D 机构数（个）	R&D 人员（人）	R&D 经费内部支出（万元）
江　西	131	9553	214956
天　津	124	13242	451315
辽　宁	123	9717	533576
河　北	122	8960	216687
重　庆	116	5392	166156
吉　林	78	3706	72387
黑龙江	75	7216	210882
广　西	75	1989	63038
贵　州	52	9100	155535
云　南	49	1885	61105
山　西	39	3076	58480
海　南	29	1617	39039
甘　肃	24	1035	30488
内蒙古	16	625	15532
宁　夏	11	473	14822
新　疆	8	103	3448
西　藏	4	11	1454
青　海	3	199	6093

从技术获取途径来看，全国的情况如表 7－17 所示。

表 7－17　2013 年全国各地区规模以上工业企业技术获取和技术改造

地　区	引进技术经费支出（万元）	消化吸收经费支出（万元）	技术改造经费支出（万元）	技术引进、消化吸收和技术改造三项总支出（万元）	技术引进支出强度（%）	消化吸收支出强度（%）	技术改造支出强度（%）
北　京	378534	56993	563558	999085	37.89	5.70	56.41
天　津	90122	54967	699838	844927	10.67	6.51	82.83
河　北	37942	23244	1506605	1567791	2.42	1.48	96.10
山　西	52934	26172	1373318	1452424	3.64	1.80	94.55
内蒙古	175464	60796	569529	805789	21.78	7.54	70.68

续表

地　　区	引进技术经费支出（万元）	消化吸收经费支出（万元）	技术改造经费支出（万元）	技术引进、消化吸收和技术改造三项总支出（万元）	技术引进支出强度（%）	消化吸收支出强度（%）	技术改造支出强度（%）
辽　宁	56958	59725	1572619	1689302	3.37	3.54	93.09
吉　林	8154	9141	491323	508618	1.60	1.80	96.60
黑龙江	19691	5400	524368	549459	3.58	0.98	95.43
上　海	715265	221155	1225008	2161427	33.09	10.23	56.68
江　苏	524639	204395	6421401	7150436	7.34	2.86	89.80
浙　江	110385	52623	2575455	2738463	4.03	1.92	94.05
安　徽	94508	62378	1567789	1724674	5.48	3.62	90.90
福　建	228367	35244	1279726	1543337	14.80	2.28	82.92
江　西	21542	28800	801555	851897	2.53	3.38	94.09
山　东	237143	215035	3383764	3835942	6.18	5.61	88.21
河　南	73915	37338	1484443	1595696	4.63	2.34	93.03
湖　北	132124	47855	955260	1135239	11.64	4.22	84.15
湖　南	29703	59418	3956427	4045548	0.73	1.47	97.80
广　东	548865	76239	2557263	3182366	17.25	2.40	80.36
广　西	3599	3605	1223981	1231184	0.29	0.29	99.41
海　南	1362	1026	159339	161727	0.84	0.63	98.52
重　庆	257159	35997	1011701	1304857	19.71	2.76	77.53
四　川	33892	23292	1668756	1725940	1.96	1.35	96.69
贵　州	1857	4729	972508	979094	0.19	0.48	99.33
云　南	14043	9933	406320	430296	3.26	2.31	94.43
陕　西	22045	18969	575814	616827	3.57	3.08	93.35
甘　肃	39569	60150	854909	954628	4.14	6.30	89.55
青　海	437	35	14953	15425	2.83	0.23	96.94
宁　夏	3160	2199	233120	238478	1.32	0.92	97.75
新　疆	26080	8924	90522	125526	20.78	7.11	72.11

从技术获取途径来看，全国工业企业的绝大部分经费支出主要用于技术改造，全国平均水平为 88.21%，河南省水平为 93.03%。在技术引进支出强度方面，河南省为 4.63%，排名全国第 13 位；从消化吸收支出强度看，河南省为 2.34%，河南省排名第 17 位。

从技术获取的途径来看，全国除少数省份以外，多数地区强度并不高，这也反映了最近一段时期以来国内企业对技术创新来源的认识发生了重大的转变，从一定程度上反映了企业已经逐步转向于立足于自身获取创新来源。但是消化吸收强度不高则说明了长期以来制约中国企业的技术创新路径依然没有发生质的改变，企业在引进消化吸收上的投入远远没有达到理想的状态，反映了企业依然存在重视外部引进、轻视引进基础上的再创新这一重大的研发导向问题。从全国水平来看，消化吸收强度与技术引进的强度之比为 1∶2.6，河南省的比例为 1∶2。

企业是国民经济运行的微观单位，但却构成国民经济的主体。从发展历程来看，企业伴随着市场经济的出现而出现，与市场经济的兴衰成败相伴相生，是国民经济的“晴雨表”。可以说，企业强盛既是市场经济强盛的表现也是国民经济强盛的表现，我们找不到市场不发达而企业发达的例子，反之亦然。企业的竞争力和市场表现，特别是在全球化市场的表现往往代表了国家竞争力。发达国家通过以全球化运营的跨国公司的全球化市场拓展，来实现其政治企图、经济诉求和文化传播的使命，从而在国际分工中占据有利位置，维持其在全球产业链高端的话语权，可以形象地表述为国家利益的收割机。

经过新中国成立 60 多年以来的建设，河南省社会经济的各个方面都发生了翻天覆地的变化，这块古老的中原大地见证了前所未有的历史进步。河南省企业同样取得了巨大的成就，这些分布在一、二、三产业的企业从根本上改变了河南省人民生活与社会面貌的方方面面，为数以亿计的消费群体提供了各类产品，推动了精神文明和物质文明的建设。截至 2012 年年底（注：最新的 2014 年统计年鉴的数据只到 2012 年）全省共有各类企业法人 284152 个。全国 2012 年的数据是企业单位数 8286654 家，从数量上来看，排名全国第十位。

科技进步对经济增长的贡献率十分显著，从统计数据来看，科技进步对 GDP 增长的贡献率逐年提高，2005—2010 年超过 50%，而在 2007—2012 年达到 52.2%。

表 7－18 全国科技进步贡献率

项目＼年份	1998—2003	1999—2004	2000—2005	2001—2006	2002—2007	2003—2008	2004—2009	2005—2010	2006—2011	2007—2012
GDP 年均增速（%）	8.7	9.2	9.6	10.0	10.4	10.8	10.6	10.3	11.1	9.3
科技进步贡献率（%）	39.7	42.2	43.2	44.3	46.0	48.8	48.4	50.9	51.7	52.2

提升经济实力的关键是科技创新，特别是企业的自主创新，这已经在学术界和产业界达成共识。从河南省企业技术创新的实际情况来看，制约河南省企业自主创新能力提升的关键因素并未得到有效改善，表现在以下几个方面：

第一，自主创新投入严重不足。从调研的情况来看，多数企业已经意识到自主创新的重要性和迫切性，但是由于多数行业处于产能过剩、过度竞争的不良状态，企业利润微薄，积累不足，无法拿出规模化的研发资金用于新产品、新技术的开发，这是各个行业普遍存在的现象。

第二，自主创新的难度增大。以制造业为例，在产品超大超重、超精细等极端化发展趋势之下，制造业的创新呈现复杂系统创新的特点，具体表现为系统性和集成性创新，单个企业难以完成突破性创新成果。

第三，自主创新能力不足。从企业研发活动强度、研发机构数量和质量等指标上可以看出，与东部发达地区相比河南省企业明显落后。

第四，自主创新效果欠佳。从新产品贡献率、企业专利数等指标反映出河南省企业自主创新绩效在全国排名中等，缺乏显著的竞争优势。

综上所述，实现自主创新模式的实质性突破依然是河南省企业面临的重要问题。

第三节 供应链知识协同的必要性和可行性研究

一 企业创新需求

今天，随着全球化的进程的不断加深，企业的生存环境和原有的竞争方式受到严峻的挑战。产品生命周期缩短以及客户需求快速多变使得任何一个企业想要建立持久的竞争优势都将变得十分困难，企业一方面需要更加快速和持续地进行产品和技术创新；另一方面又面临创新资源与能力不足的窘境。许多企业从战略层面改变了创新运作的模式，将目光投向了企业之外，努力在超越自身企业边界甚至全球范围内建立开放式创新平台和途径。在众多的开放式创新模式中，供应链知识协同创新成为企业关注的重点。

国内知名企业海尔通过整合内外部供应链资源，大幅减少供应商的数量，由原来的2336家减至840家，国际化供应商的比例达到74%。在此基础上，海尔集团通过实施供应商早期参与计划使得一大批优秀的国际供应链合作伙伴在产品规划与设计的早期就参与到海尔产品的协作研发之中，实际效果是大大缩短新产品开发周期、技术含量提升和更好的产品市场成功率，并以此确立了竞争对手难以模仿的竞争优势。

广汽集团与玉柴机器在多年良好合作的基础之上，就共同建立优势互补、资源共享、长期稳定、合作共赢的战略合作伙伴关系签订战略合作框架协议。根据协议，双方将在汽车动力总成及零部件领域展开全面合作，特别是在客车用动力、混合动力和燃气等新能源动力上进行自主技术创新合作，对新产品进行联合规划、共同研发，实现成果共享及渠道共建、网络共享、信息共用的目标。

浙江传化股份有限公司从全球层面实现外部产品资源和技术资源“瓶颈”突破，加强与科研单位、下游及终端客户的战略合作，构建全方位、立体式的技术创新平台，完善技术创新体系及运行机制，引进和培育大产品品类或核心技术，实现竞争对手难以模仿的新突破。[①] 此外，宝钢集团作为供应商积极参与下游制造业客户的技术创新、沃尔玛和宝洁的渠道创新合作、腾讯与戴尔联合开发定制服务器等也是成功的供应链协同创新的案例。

在激烈的全球竞争格局之下，越来越多的企业寻求与供应商和客户建立技术创新的联盟关系，以新产品新工艺开发为主要的合作形式，已经获得了可观的收益。调查显示，在新产品开发中采用供应链合作开发的项目

① 蔡宁东等：《供应链协同管理平台建设提升企业的核心竞争力》，《轻工标准与质量》2013年第2期。

占总项目20%—40%的企业达28%，40%—60%的为25%，60%—80%的为20%，80%以上的也有9%。实施供应链合作技术创新管理的企业与未实施该策略的企业相比，其新产品开发在成本、质量速度和性能等一些方面均取得很大改善，如物料采购成本下降15%、新产品开发成本降低15%、新产品开发时间缩短20%，新产品制造成本减少10%。[①] 克莱斯勒采用了日本丰田的“常驻工程师”制度，即让供应商的工程师到克莱斯勒，同克莱斯勒的员工一起工作。克莱斯勒还借鉴了通用的电子邮件系统和由14家最大供应商的经理组成的咨询委员会。这一协同知识创造技术研发项目就是著名的“SCORE”工程，该工程取得了惊人的成功，克莱斯勒共采纳了5300条建议，单为公司节约的成本就达17亿美元。[②]

在河南省内的装备制造企业中信重工机械股份有限公司积极融入全球供应链，着力实施以稀缺的制造资源为支撑的高端装备制造产业发展战略，并与美卓矿机、西门子公司、福勒等全球知名企业建立战略合作关系和技术创新联盟，特别是西门子公司在中信重工设立专门的实验室共同研发服务于全球矿山的装备，其结果是在创新与学习方面取得了突出的成绩，2003—2011年新产品综合贡献率超过70%，直接客户满意度超过75%，与供应链合作伙伴协作研发重大项目超过13项，实际研发周期缩短率超过50%。[③] 以上突出业绩的取得得益于战略联盟的知识协同。

二 企业创新环境变革

创新的概念首先是由奥地利学者熊彼特于1912年在《经济发展理论》中提出的，他认为创新是指建立“一种新的生产函数”，按照熊彼特的理论，创新是生产要素的重新整合，包括五个方面：引入新的产品（含产品的新质量），采用新的技术（含生产方法、工艺流程），开拓原材料的新供应源，开辟新的市场，采用新的组织管理方式方法。按照熊彼特的观点，创新是要素重新组合的结果，且创新的方式多种多样，技术创新仅仅是其中之一。

从创新发展历程来看，管理创新与技术创新往往相伴相生，要素组合

---

① 贾孝魁等：《制造商和供应商技术创新合作投资的两阶段动态博弈模型》，《中外企业家》2011年第6期。

② 杨锡怀等：《企业战略管理》，高等教育出版社2004年版，第216页。

③ 杨利军：《供应链知识协同及其对装备制造业技术创新的作用研究》，博士学位论文，武汉理工大学，2014年。

方式的创新可以理解为管理创新的范畴，因此管理创新和技术创新相互促进也相互制约。一方面管理创新为技术创新提供了要素组合的土壤和平台，正是由于管理创新为技术创新注入了活力，也为创新要素之间的相互激发与互动提供了基础和条件；另一方面技术创新反过来又会对创新管理提出更高的要求，技术进步导致生产力与生产关系的矛盾与不适应，进而推动管理创新。

从供应链知识协同的本质来看，知识协同之所以能够促进知识资源的优化配置并最终产生协同创新效应，首先得益于供应链管理模式的创新，为供应链合作伙伴之间的知识资源互动与激发提供了平台，因此供应链知识协同创新是管理创新与技术创新的结合。

第一，产品生命周期缩短趋势显著。

有研究表明，过去50年中化妆品、玩具、食品、工具、药品行业的新产品生命周期缩短了2/3。为应对产品生命周期缩短的市场现状，企业以速度为获取竞争优势的基础，以更快的产品开发、更快的推向市场、频率更快的技术与产品创新来赢得有利的市场地位和发展态势。麦肯锡的研究表明，在超竞争的环境下，超过开发预算而及时将新产品导入市场的项目要比未超过预算而延迟进入市场的产品获得更多的利益，德国西门子公司预测新产品每提前一天上市利润能够增加0.3%，每提前5天利润能够增加1.4%，提前10天将使利润增加2.5%。[①]

第二，制造业服务化趋势。

在当前全球范围内，制造业服务化、产品服务化早已成为主流的发展趋势，IBM早在20世纪90年代就提出了著名的“IBM就是服务”的战略理念，从生产单一产品向提供综合性解决方案转型，并使IBM成功摆脱衰退困扰进入全新的发展平台。在制造业服务化的背景之下，产品服务化是一个发展的趋势和方向，产品服务化延伸了供应商的责任和产品链，对供应商和制造商而言都是一种新的变化和挑战。对供应商而言要重新规划产品链条，对制造商而言要重新设计企业内部的流程和组织结构重新调整自身定位。

制造业服务化的另一个表述是服务型制造，服务型制造是制造业和服

① 桂彬旺：《基于模块化的复杂产品系统创新因素与作用路径研究》，博士学位论文，浙江大学，2006年。

务业相互渗透、相互融合的产物，反映了世界制造业的发展趋势，那就是从单纯的产品提供商向综合性的“一揽子”解决方案的提供商的深刻转变，是对市场客户需求变化的响应。服务型制造既可以是制造业企业价值链的延伸与拓展，也可以是服务业企业的价值链延伸与拓展，其目的在于打破制造业与服务业之间的产业边界，提供给客户更具有竞争力的产品。

服务型制造的实质是供应链管理的延伸，就服务型制造的优势而言，一是成本优势，而成本优势的来源在于顾客的参与，前端的顾客成为服务型制造链上的一员，顾客的全程参与一方面降低了市场需求的不确定性；另一方面显著减少了交易费用，这些优势的获取来源于供应链管理；二是差异化优势，服务型制造本身就是在创造差异，从单纯的制造、单纯的服务向价值链融合的方向发展，其实质是供应链上异质资源的有效整合；三是竞争优势，主要体现在成本优势和差异化优势，竞争优势是前两项优势的集中体现。服务型制造能够提供更低的成本、更快的客户响应，更好地满足客户需求。在具体的运作层面，客户的前端参与让产品更具有针对性，服务的全程化又能够更好地解决客户的问题，集中表现为提供系统解决方案而非产品的理念。

第三，竞争同质化。

目前在国内，产能过剩是众多行业存在的普遍现象，一方面国内企业使用宝贵的不可再生的资源生产低附加值产品的同时面临着巨大的环境压力；另一方面过剩的产能导致企业过度竞争而利润微薄，企业积累严重不足，导致创新成为无米之炊。而竞争的同质化是导致这一现象的主要原因之一。以汽车行业为例，汽车行业近十年来利润率持续下降，也将进入微利的时代。目前，汽车行业竞争加剧，在新的市场和行业发展趋势下，整车企业和零部件供应商需要重新思考如何建立更为全面和紧密的供应商协同模式。

在竞争的方式上，众多企业把竞争对手当作唯一的标杆针锋相对，盯准竞争对手的结果是模仿，企业在产品和价格等方面展开激烈的竞争，这就导致产品在市场上除了品牌有差异之外，消费者的感知差异并不明显，企业越来越难以给消费者留下深刻的印象，从而在竞争中脱颖而出。此外，在互联网和信息技术革命飞速发展的时代，产品信息传递的渠道空前宽广，消费者接受的信息泛滥，在如此多的信息流中做出购买决策的难度加大。全球竞争与产品生命周期日益缩短更加剧了同质化的竞争格局，技术扩散的速度也使企业很难建立起长久的竞争优势，差异化优势被竞争对手模仿并超越的周期严重缩短。企业一方面必须以更快的速度向市场推出新的产品以维持市场份额获取盈利，持续性的创新成为多数企业面临的极大挑战；另一方面巨大的创新需求使企业自身所拥有的技术资源、知识储备相形见绌，企业独立完成产品技术创新的难度显著加大，超越企业边界从更大范围内寻求创新来源成为越来越多企业的选择。

第四，客户需求个性化趋势。

个性化的客户需求不仅体现在高科技产品领域，在传统的制造领域同样如此。消费者要求产品更加符合自身的使用环境与使用方式，而不是千篇一律的同质化。个性化需求主要体现在以下几个方面：

首先，在产品的品种、式样、功能和结构方面呈现多样化个性化的需求特征，并且这种需求带有很高的不确定性。

其次，客户对产品质量的满意以自身的标准为判别标准，而不同的客户就产生了多个判别标准，这就带来了对企业所提供产品满意与否标准的多样化和不确定性。

客户并不准备为个性化的要求额外支付费用，追求个性化的客户期望产品的价格仍要像大批量生产那样低廉。

在诸多行业，客户需求已经发生了本质的变化，比个性化更具有挑战性的是这种个性化的需求的高度不确定性，这也使得企业取悦客户的难度增大。此外，客户个性化需求要求企业提供多个差异化方案供客户选择，这无疑增加了企业成本，也对企业的创新能力提出了更高的要求。企业面临着既要提供差异化的产品与服务，同时又要保持具有竞争力的产品价格和成本控制，这对多数企业而言都是一个严峻而又必须面对的挑战。

与客户个性化需求相对应的是客户化供应链的发展趋势。客户化供应链是将客户需求和客户满意置于供应链管理的最高目标，通过现代化的信息手段和集成一体化运作达到对客户需求的快速响应，实现客户价值的实现和客户需求的满足，并以此建立起竞争优势的供应链管理模式，它以客户需求作为制造企业乃至整个供应链运行的起点，客户需求的满足和客户价值的最大化为终点。

为了实现上述的目标，客户和供应商之间清楚的采购供应交易关系变得模糊起来，表现为相互渗透、相互交织，相互进入到对方的组织、流程和管理体系之中。从战略的高度来看，客户和供应商之间的定位发生了本质的变化，个性化的、更高的客户要求迫使供应商更进一步把握客户的需求特点，更深入地了解客户；另一方面多元化和富于变化的客户需求也要求供应商和客户之间保持密切和频繁的互动，客户不仅成为创新的需求方，同时客户知识又成为创新必不可少的组成要素，二者缺一不可。

第五，开放式创新趋势。

21 世纪以来，高科技新兴企业的快速崛起改变了旧有的市场格局和竞争模式，苹果、小米等在创造一个又一个营销奇迹的同时也吸引了学术界和产业界的高度关注。研究也发现，这些企业往往并不具备全方位的在各个领域的技术创新资源和能力，多数企业只在某一个或某几个方面具有技术研发、产品设计等方面的突出优势，其核心竞争优势往往聚焦于少数几个方面。这些企业持续的技术创新和产业引领在于其开放式创新模式，是对外部优势资源，特别是供应链上合作伙伴知识资源的整合和有效利用。这些企业通过协同开发或者技术引进的方式，实现了快速推出新产品并获得巨大的超额利润，这种创新称之为开放式创新。而开放式创新也成为新兴产业之所以能够快速成功的关键所在。

2003 年哈佛商学院学者 Henry Chesbrough 首次提出了开放式创新概念，根据 Henry Chesbrough 的定义，开放式创新是指：有价值的创意可以从公司的外部和内部同时获得，其商业化的路径可以从公司内部进行，也可以从公司外部进行。外部的创意、市场化渠道与内部的创意、市场化渠道有着同等重要的地位。

我国学者在此基础上又提出了开放式自主创新的概念。首先，自主创新并不排斥开放式创新，开放式自主创新依然是充分发挥企业创新主体的作用，是企业主动创新的体现；其次，开放式创新要求创新主体充分利用企业内外的知识资源、创新资源，学会与企业、研究机构、其他利益相关者展开相互协作的创新；最后，开放式自主创新是为了更好地实现自主创新，弥补企业自身创新资源匮乏和创新能力低下的缺陷。

从以上分析可以看出，开放式创新具有协同创新的诸多属性。我们认为，协同创新一定是开放式创新，但开放式创新不一定是协同创新。

第六，复杂系统创新趋势。

黄燕兴（2013）认为随着市场环境不确定性的不断加剧以及竞争压力的增大，几乎没有一个企业具备研发突破性技术创新的各种资产。而良好的供应链合作伙伴关系，不仅可以使企业适应当下的竞争态势，更是可以克服单个企业无法开展突破性创新研发的困境。[①] 这里强调了一个重要的概念：渐进性创新和突破性创新，企业不仅要寻求渐进性创新，而且要寻求突破性创新，但企业调研也发现，单个企业无法具备实现突破式创新的资源条件。

之所以存在这样的问题，在于今天科技发展的阶段已经导致多数企业的产品具有复杂系统产品的特点，创新更多地体现为复杂系统创新、集成创新和系统创新的属性，单个企业力不从心。复杂产品系统的概念在20世纪90年代提出，比如飞机、高铁、大型装备机械等，是关系到国计民生的大型产品和系统。研究指出，我国复杂系统创新失败的原因中，创新过程管理存在的问题占45.97%，合伙伙伴关系不融洽的占29.68%[②]，可以看出对于创新的管理和协作问题是导致创新失败最主要的原因所在。复杂产品系统之所以存在创新的高难度，在于复杂产品系统中技术来源的多样性、复杂性，知识体系之间的相互关系的多样性和复杂性，因而要完成这些多元化的知识体系之间的相互匹配和系统性成为一个有机整体具有高难度。

复杂系统创新还体现为系统创新和集成创新的特点。这种系统性和集成性不仅涉及从基础研究到应用研究的各个方面，也关联到原材料技术创新、配套件技术创新和全系统集成创新。从目前装备制造业的产品发展趋势来看，一方面是极端化趋势十分明显，产品更加趋向于超大超精；另一方面则表现为高度智能化、自动化，是电气、自动化、机械、计算机等技术的高度集成。因此，有学者认为那些领先的创新者正在向以系统集成和网络化为特征的第五代协同创新过程转变。

三　供应链知识协同战略与传统战略的对比

从上面的分析可以看出，协同不仅是创新的有效方式，也是企业战略管理的需要。从宏观环境来看，竞争的全球化是协同创新最主要的外在推动力量，原因在于竞争的全球化导致创新要素在全球范围内快速地流动和快速地组合，导致在超竞争的格局下竞争优势的确立和消失变得很快；从微观来看，客户需求发生着本质的变化，不仅是快速多变而且充满了个性

① 黄燕兴：《基于突破性技术创新的供应链合作伙伴选择模型构建》，《决策与信息》2013年第10期。

② 桂彬旺：《基于模块化的复杂产品系统创新因素与作用路径研究》，博士学位论文，浙江大学，2006年。

化和不确定因素；从技术因素分析，信息技术、互联网技术使得跨企业边界的管理成为可能，借助于技术的革命，企业可以打破固有的边界和信息不对称的壁垒，使多个企业走到一起结成创新的合作组织成为可能，竞争与合作成为新的主流取代竞争对抗的企业关系。

从供应链管理的角度分析，企业要更好、更快地满足市场需求，只有通过供应链协同，特别是供应链知识协同战略，将供应商和客户研发资源整合到平台之上，充分利用外部知识资源共同进行产品开发，形成供应链的竞争优势。重视供应链联盟、重视协同研发成为企业获取竞争优势的重要途径之一，表 7 – 19 是协同战略与传统战略之间的区别与联系。

表 7 – 19　　协同战略与传统战略的区别与联系

	传统战略	协同战略
创新方式	企业自主，独立创新	开放式协同创新，供应链合作伙伴创新为主
创新来源	模仿、自主开发知识创新	供应链合作伙伴的知识共享、互动，协同研发
协作方式	主要是产学研方式	多种方式协作，供应链协同方式是重要方式之一
战略模式	1. 在已有的产业边界内竞争； 2. 接受现有的游戏规则； 3. 基于自身的资源和能力； 4. 核心竞争力理论； 5. 以竞争对手为参照系； 6. 成本领先或差异化竞争战略	1. 重建市场边界，打破游戏规则； 2. 供应链整体观念，客户、供应商一体化运作； 3. 以客户需求与满意度为最高指导原则； 4. 价值创新战略
客户	通过细分市场和目标客户群来确定企业自身的定位	客户成为合作伙伴，客户知识不可或缺
竞争主体	企业的单打独斗	充分发挥供应链合作伙伴之间协同的力量

四　供应链知识协同对企业创新的作用

（一）供应链协同创新的定义

关于供应链协同创新，目前还没有统一的广为接受的定义，许多学者从供应链技术创新、技术创新协同、供应链协同创新的角度给出了不同的定义。

陆克斌等（2012）认为供应链协同创新是为了提升系统自身对所处环境的适应性和整体性能，由核心企业主导使供应链各子系统协同客户知识创造与应用，从而产生技术创新整体涌现效应的企业运作机理与经营方式。[①] 楼高翔等（2012）对基于供应链的技术创新协同进行了研究，提出所谓供应链技术创新协同是指供应链上的多个企业以创造和满足外部市场需求为创新目标，以企业的科技能力为创新动力，协调企业行为，充分利用和整合供应链上的创新资源，从而实现从资源投入、研究和开发、制造和生产、营销直至市场实现的集成创新的全过程。[②]

叶文莲（2010）将供应链协同创新看作以提高供应链的整体绩效为目标，以快速准确地满足客户需求为中心，贯穿产品的设计开发生产销售等各个环节，从而实现信息共享、降低库存成本、缩短产品开发周期、提高供应链各节点企业的效益，并达到"1+1>2"的效果的持续改进过程。[③] 杨丽伟（2011）认为供应链企业协同创新是供应链企业发展核心竞争力，提高创新成功率，做强做大的需要，能够满足用户个性化需求，也能更好地提升整条供应链的竞争力。[④] 以上定义尽管各有侧重，但都反映了供应链协同创新是跨越企业边界、整合合作伙伴资源的创新行为，其目的在于提升整个供应链的绩效和竞争优势。与产学研创新方式相比，供应链协同创新尽管也属于协同创新的范畴，但协同的主体是在产业价值链上具有显著相关性的上下游节点企业，因而在知识资源的来源广泛、高度相关、资源异质以及匹配程度高等方面具有十分突出的比较优势。

（二）供应链合作伙伴之间的知识协同创新效应

关于供应链知识协同对于企业技术创新、企业绩效的作用，国内外许多学者从供应链的结构属性出发进行了卓有成效的研究。

供应链知识协同对技术创新、企业竞争力和供应链绩效具有积极的影响。曹永辉（2013）认为，供应链协同意味着所有企业共同努力以达成共同的目标，其过程包括共享信息、知识、风险和利益。[⑤] 吉敏等

---

① 陆克斌等：《供应链技术创新与客户知识管理的协同机理探讨》，《北京工业大学学报》（社会科学版）2012年第2期。

② 楼高翔等：《基于供应链的技术创新协同伙伴选择与评价》，《科技进步与对策》2012年第12期。

③ 叶文莲：《供应链协同创新机制研究》，硕士学位论文，中山大学，2010年。

④ 杨丽伟：《供应链企业协同创新的内部影响因素研究》，《中国市场》2011年第15期。

⑤ 曹永辉：《供应链协同对运营绩效的影响》，《中国流通经济》2013年第3期。

(2013) 认为供应链知识共享与创新的理论及实践是学术界一直关注的重点，供应链企业通过相互合作能够实现知识的共享和创新并提升企业的核心竞争力。[①] 王丽梅等 (2013) 强调了当前经济环境中，供应链企业间进行协同创新对于提升企业竞争力乃至整个供应链的市场竞争力都具有十分重要的意义，并且供应链企业进行充分的知识共享是其进行有效的协同创新的必要条件。[②] 陆杉 (2012) 研究了供应链知识协同与企业核心竞争力之间的关系，提出通过供应链成员企业间的互动学习与知识创新来实现知识协同，并通过彼此"知识碰撞"达到供应链协同知识创新，对提高供应链系统的整体运行效率具有重要意义。[③]

尤勇等 (2014) 充分肯定了知识协同的重要作用，认为供应链作为外部知识获取的重要渠道，对促进企业技术创新、保持企业持续竞争优势的重要战略意义，且基于知识共享的供应链协同能够促进企业的渐进式创新和突破性创新。[④] 潘红春 (2013) 实证研究表明，供应链协同对企业的技术创新有显著的影响，且对渐进创新的影响效果更显著；同时供应链协同也促进了企业之间的知识共享，知识共享程度越高，则企业的技术创新效果更显著。[⑤] 许锦锦 (2012) 认为供应协同知识创新在企业竞争中处于核心地位，它不仅是创造新价值的根本途径，也是产生和维持供应链竞争优势的有效战略。[⑥] 于珍 (2010) 则认为产业供应链的上下游关系应该是分析厂商技术创新的逻辑起点，上下游之间的企业行为是制约企业技术创新活动的主要因素。[⑦] 潘瑞玉 (2013) 基于浙江省集群企业的问卷调查数据，表明供应链知识协同对集群企业创新绩效有显著正向影响，组织学习能力在供应链知识协同与集群企业创新绩效的关系中发挥完全中介作用。以上观点主要说明供应链企业之间既有协同知识创新的基础条件，也有协

① 吉敏等:《集群供应链知识共享与创新机制研究综述》，《经济问题探索》2013 年第 2 期。

② 王丽梅等:《供应链企业间协同创新研究》，《现代情报》2013 年第 10 期。

③ 陆杉:《基于关系资本和知识学习的供应链协同度评价研究》，《科学学与科学技术管理》2012 年第 8 期。

④ 尤勇等:《供应链协同对企业创新的影响效应研究》，《科技进步与对策》2014 年第 2 期。

⑤ 潘红春:《基于知识共享的供应链协同对企业创新影响的实证研究》，博士学位论文，重庆大学，2013 年。

⑥ 许锦锦:《供应链协同知识创新研究综述》，《硅谷》2012 年第 5 期。

⑦ 于珍:《供应链中企业技术创新博弈行为分析》，《科学与管理》2010 年第 2 期。

同知识创新的意愿。①

蔡立新（2013）对供应链模式下的产业主体协同创新进行了研究，研究认为产业主体协同创新可以将主体间的资源和要素进行有效汇聚，充分释放彼此间人才资本、信息技术等创新要素的活力而实现深度合作，使得整条供应链能够实现更快的响应速度，更具有前向的预见性和更好的共同抵御各种风险的能力。② 洪肯堂（2010）强调供应链协同创新更应该是一种价值创新，而不仅仅是供应链成员间技术创新上的合作，创新不只是科技上的发明，也可能是已有科技的应用，供应链成员间的合作也可以是以价值创新为纽带的。③ 这种观点反映了供应链知识协同创新具有多重属性，其中较低层面的创新是供应链成员企业之间的知识流动和共享，特别是核心企业将自身的知识与合作伙伴共享从而实现供应链系统的知识相容和知识一体化，更好地促进供应链协调运作，这实际上也属于价值创新的范畴；较高层面的创新是供应链上各种高度相关的异质资源的协作。

关于供应链知识协同的具体创新效应，在客户主导的市场中，客户知识是供应链技术创新的关键要素，而供应链协同创新已成为供应链产品开发成功的关键。朱晓宁等（2014）的研究证实了供应商技术能力确实对供应链协同产品设计与开发的成本产生较大影响，供应商技术能力越强，在整个供应链协同产品设计与开发阶段所需要的交流次数就越少，成本也越低。客户化供应链产品开发技术创新系统研究则强调新产品开发尤其需要将各类知识整合以产生协同效应。④

关于供应链知识协同创新效应的评价，李刚（2011）从创新能力、协同性、收益性和客户满意度 4 个方面建立了供应链协同创新绩效评价指标体系。⑤ 供应链协同创新能够有效降低 R&D 成本、有利于获取/学习新技术、弥补自身创新资源的不足、减少技术、产品开发周期和提高整个供应链的反应速度和竞争力。周文璐（2013）认为服务型制造企业之间最

---

① 潘瑞玉：《供应链知识协同与集群企业创新绩效关系的实证研究》，《商业经济与管理》2013 年第 4 期。

② 蔡立新：《供应链管理模式下产业主体协同创新机制研究》，《科技进步与对策》2013 年第 11 期。

③ 洪肯堂：《供应链合作价值创新：供应链管理的新模式》，《物流技术》2010 年第 1 期。

④ 朱晓宁等：《供应链协同产品设计开发模型及策略》，《统计与决策》2014 年第 10 期。

⑤ 李刚：《供应链协同创新的绩效测评及其应用研究》，《中国科技资源导刊》2011 年第 3 期。

重要的合作网络之一就是供应链，供应链成员间的知识共享水平和知识共享程度对于企业的知识创新能力至关重要。[①] 何扬（2013）强调服务型制造业具有整合属性、增值属性和创新属性，其中创新属性体现为通过服务型制造相关企业间知识资源的整合实现创新，从而提高了服务型制造的竞争优势。[②]

当前，企业创新特别是制造业的创新更多地体现出复杂系统创新、系统创新和集成创新的特征。对复杂系统创新的研究表明，开发商可以通过加强与复杂产品系统用户、模块分包商的关系管理来提高自己的资源整合能力，从而提高复杂产品系统创新绩效。随着产品技术复杂性的增加，技术创新在组织之间形成相互依赖的关系。当代企业几乎没有单独进行创新的，创新倾向于在经济网络中通过较高的前向和后向的经济与技术的联系形成依赖关系，而供应链是一个创新网络，有利于企业进行技术创新。在创新模式上，吕璞等（2014）基于开放式创新理论的研究发现，新兴企业能够成功的关键因素之一，就是在企业努力提高自主创新能力的同时积极与其他组织合作，通过技术引进、合作研发等一系列方式实现企业创新目的。[③]

（三）供应链知识协同创新在产业界的研究

部分学者结合具体的行业和不同产业特点对供应链协同创新进行了实证研究。齐旭高等（2013）对174家制造业供应链数据进行了实证研究，得出企业间合作关系、产品技术知识壁垒、机理机制完善程度对供应链产品创新协同效应具有显著影响。[④] 以汽车行业为例，在汽车行业技术创新联盟的构建与供应链管理存在严重不足，阻碍了技术创新机制的深入性优化。技术创新联盟的构建是我国汽车企业在未来的一段时间内实施技术创新的必由之路，但目前国内汽车企业对技术创新联盟重要性的认识还存在

① 周文璐：《基于DEA的服务型制造企业供应链知识创新绩效评价研究》，《科技管理研究》2013年第2期。

② 何扬：《服务型制造供应链知识创新模式研究》，硕士学位论文，哈尔滨工程大学，2013年。

③ 吕璞等：《基于开放式创新的供应链企业协同创新模型研究》，《科技管理研究》2014年第1期。

④ 齐旭高等：《制造业供应链协同产品创新影响因素的实证研究》，《中国科技论坛》2013年第6期。

不足，合作动机不强，合作力度不大，导致竞争大于合作。①

吉敏等（2013）研究了战略性新兴产业的集群供应链创新的意义和创新过程及其路径，作者不仅探讨了供应链内的协同创新，更进一步提出了供应链间，即供应链与供应链之间的知识协同问题，这是一个更为复杂的系统创新的问题，目前还仅仅是在理论层面的探讨。②

张文斌等（2014）通过研究中广核工程有限公司案例，提出一种以企业架构能力引领的复杂产品系统产业链协同创新模式，研究表明企业与产业链相关主体展开协同创新显著提升了整个产业创新能力和竞争力，研究对国内其他基础薄弱、产业配套能力和创新能力差的复杂产品系统行业具有借鉴意义。③

此外，在产业界，众多的企业日益认识到通过供应链协同实施技术创新和产业升级的重要性，可以说企业既有协同的强烈意愿，也有协同的实质性举措，加强产业链协同创新已成了越来越多行业企业的共识，建立一个开放性的产业链协同创新平台对于产业整体转型、升级意义重大。

总结以上国内外研究成果，可以看到：

首先，供应链协同创新、供应链知识协同创新是新的开放式协同创新模式，能够有效改善企业创新资源与创新能力的不足，提升企业技术创新效果，对企业核心竞争优势和供应链整体绩效的提升意义重大。

其次，具体而言，供应链知识协同创新对于降低新产品研发费用、降低研发风险、缩短研发周期、提升新产品开发成功率等具有显著的作用，是切实改善企业自主创新能力的有效途径，这一点已经在企业实践和实证研究中得到了验证与肯定。

再次，供应链协同创新其实质是知识资源的协同创新。相比于物流协同、库存协同、采购协同和运营协同，知识资源属于无形资源协同的范畴，但知识协同对供应链以及供应链上的企业技术创新更具有根本性和决定性作用。知识协同是新的协同创新的有效模式，相比于产学研协同更具

① 张海林等：《我国汽车企业技术创新机制实证研究》，《山东商业职业技术学院学报》2013 年第 12 期。

② 吉敏等：《基于双 S 模型的战略性新兴产业集群供应链知识创新过程与路径研究》，《科技进步与对策》2013 年第 6 期。

③ 张文彬等：《架构能力引领的复杂产品系统产业链协同创新模式研究》，《科技进步与对策》2014 年第 3 期。

有实际的可操作性。供应链上的知识资源具有内在的相关性和相互匹配性，知识协同创新充分利用了供应链合作伙伴的技术资源和知识资源，这是供应链知识协同创新相比于产学研创新的独有优势。

最后，供应链知识协同创新不仅成为学术界的研究热点，也成为产业界关注的焦点问题，一些企业已经有了相当成功的经验。但是，从实际情况来看，尽管多数企业拥有强烈的协同创新的愿望，但是促使协同发生的内外条件和机制还远未健全起来，关系、风险与利益激励是影响知识协同成功的关键因素。

第四节　供应链知识协同提升企业创新能力的结构方程模型

一　当前企业自主创新的发展趋势

在全球化的大背景之下，以及产品生命周期显著缩短、消费者需求个性化和不确定性增强的共同作用之下，技术创新的难度急剧提高，企业通过技术创新或产品创新以建立差异化竞争优势的战略受到了极大的挑战。在许多领域，企业除了品牌差异之外，产品与技术的辨识度在逐步消失。在客户端，消费者在要求个性化的产品或服务同时并不打算为此额外付出，要求享有与大规模生产同样的价格，这就使得企业追求客户满意的难度不断加大，战略竞争优势的建立和瓦解的节奏显著加快。这些内外环境的变化，都对企业的创新，特别是技术创新提出了新的要求。

第一，创新呈现复杂性、系统性和集成性特征，这一变化在各个行业都得到了体现。就制造业而言，产品的结构链延长，构成产品的技术来源更加多元化和复杂化，网络化、智能化的趋势明显。此外，技术创新不仅仅是不同来源技术和知识的简单组合，而是要系统性解决多元化知识之间的相容、匹配性和适应性问题，这就造成单个企业在实现创新方面，特别是突破性创新方面力不从心，面临资源与能力严重不足的窘境。

第二，开放式、协同式创新成为主流。GE 提出工业互联网的概念，在全球范围内征集创新方案，利用全球的资源进行产品与技术的创意与创新，对富有价值的方案给予财务支持。这种创新模式已经打破了企业边界、空间与时间界限，将企业的人力资源无限延伸，是对全球资源的有效整合。开放式和协同式创新都是对企业自身创新资源不足的应对之策，要求企业跨越组织边界结成利益共同体，充分利用关联性知识资源展开研发活动，如产学研协同研发，是基础研究与应用研究的互动，有效弥补了企业基础研究的不足与研究机构技术创新的出路问题；企业联盟创新，最典型的是供应链合作伙伴之间的协同创新。开放式协同创新不仅仅是对企业原有技术创新的补充和完善，更是新的重要的创新模式。

第三，低成本创新依然是中国企业的首选。对任何企业而言，技术创新都是一个高投入、高风险、高不确定性的投资，对突破性自主创新尤其如此。华为作为中国企业技术创新的典型，其持续性的高研发投入是维持其国际竞争优势的根本保障，但并非所有的中国企业都能效仿华为的模式。多数企业面临积累不足、研发资金严重短缺的创新困境，不是不想创新而是没有能力创新。此外，创新要素不仅仅是一个资金投入的问题，创新人才、知识资源、平台资源等都是制约创新的重要方面，这些资源的获取、聚集对创新至关重要。因此，低成本不仅仅是创新投入的低成本，而且是创新要素聚集的低成本。实现低成本的途径有很多，科学合理的创新成本分摊与风险共担是有效的方式，如供应链合作伙伴之间的协同创新、产学研协作创新等。

第四，快速创新。对自主创新而言，技术生命周期缩短了创新产品的寿命，也加快了创新的节奏和速度，要求企业更快地推陈出新。

综上所述，企业面临创新难度增大，既要实现低成本，同时又要快速创新的难题，选择开放式协同创新是途径之一。表7－20是供应链协同创新与传统自主创新的差异。

表7－20　　供应链知识协同创新与传统自主创新的区别与联系

对比项	传统创新	供应链协同创新
创新方式	企业自主，独立创新	开放式协同创新，供应链合作伙伴创新为主
创新来源	模仿、自主开发知识创新	供应链合作伙伴的知识共享、互动，协同研发
创新成本	企业自主负担	供应链合作伙伴共担风险； 创新资源的低成本聚集

续表

对比项	传统创新	供应链协同创新
创新模式	封闭式创新，利用企业自身知识资源的创新	开放式创新，是知识资源的协同
创新参与者	企业自身	供应商、客户的广泛参与
优势	独享创新成果，无知识产权纠纷	弥补企业自身知识资源不足的短板；实现较低成本、较快的创新
缺点	创新资源受限，风险独自承担	存在知识产权纠纷

二　供应链协同创新的影响因素研究

关于供应链协同创新的影响因素，一些学者认为可细分为协同主体间关系因素（信任、协同性、通信交流/信息共享、信赖与相互依赖、承诺）、协同创新策略因素（创新目标、创新定位、协同创新模式、协同创新管理技能、组织结构）和协同创新技术实施因素（应用电子商务能力、软件系统、信息传输能力、数据转换能力和商务智能）三大类因素。

付启敏（2011）则强调了合作创新的风险性因素，认为协同创新是一个高风险性投资，所谓风险是由于外部环境的不确定性、技术创新项目本身的难度与复杂性、创新者自身能力与实力的有限性，而导致合作创新活动中止、撤销、失败或达不到投资预期技术经济目标的可能性及后果。① 但研究并未对这种利益分担进行进一步研究和提出具体的策略。

马姗姗等（2014）以供应链关系资本为研究对象，研究发现基于信任的供应链关系资本有利于企业及时获取和掌握市场信息和技术知识，从而促进企业的创新绩效。② 该研究肯定了关系对于企业创新的作用，并将关系定义为企业的一种无形资产，是供应链企业通过历史交往所形成的相互信任和互惠关系。从企业实际运作来看，关系尽管无形但协同关系往往是通过专用性资产投资所形成，也并非所有的信任和互惠关系都能产生协同创新。创新发生的可能性强烈地依赖于企业间、产业间以及企业与供应

① 付启敏：《供应链企业间合作创新的联合投资决策》，《管理工程学报》2011 年第 3 期。

② 马姗姗等：《供应链关系资本对企业创新绩效的影响研究》，《河北工业科技》2014 年第 1 期。

商和用户关系的数量和种类，而良好的供应链合作伙伴关系，不仅可以使企业适应当下的竞争态势，更是可以克服单个企业无法开展突破性创新研发的困境。

许锦锦（2012）指出如果想要实现全面的供应链协同知识创新，必须具备以下条件：协同的主体之间要有相似性、协同创新任务要进行模块化分工。① 这两个条件都表明，供应链协同知识创新的系统中，使供应链协同知识创新产生增值价值的关键路径是通过知识互补性实现协同效应。

也有研究者认为供应链协同创新成功最关键的因素是合作方有共同的目标，其次是高层领导的密切接洽、合作双方成为战略合作伙伴、实现信息共享、形成合理的利益分配机制和评价机制。从协同创新影响因素（机制）的角度来看，决策（集中型决策比分散型决策更有效）、信任、信息共享、创新激励和收益分配能够有效地促进协同创新。

综合上述国内外研究成果，总结国内外对协同机制的研究成果及其存在的问题主要有：

第一，知识协同的产生本质上是由利益驱动，利益与风险因素是最为重要的协同推动力。供应链成员企业之所以能够积极参与协同目的是为了获取比不协同更大和更长久的利益，因此协同收益分享、激励计划其背后的、内在诉求是利益。供应链由独立法人的经济利益体构成，从全局来看，供应链整体利益与每一个成员企业的“个体”利益密切相关。但是，由于知识资源作为企业核心资源的重要属性，以及知识协同过程的高风险性，多数企业会将风险因素置于与利益因素同等，甚至更为重要的位置。因此，实现利益与风险之间的平衡是协同必须追求的目标。

第二，供应链成员企业之间的相互信任与承诺具有基础性作用。供应链合作伙伴之间介于“完全市场”和“企业内部”的特殊关系使得信任与承诺对于协同的实现必不可少。缺乏相互信任的合作方无法实现真正的利益共享和风险共担，特别是对知识资源这一重要的甚至是核心资源的协同而言，相互信任的关系就更显得重要了。

第三，单一的因素并不能达到实现协同的目的，大部分情况下是需要多种机制共同作用才能实现协同的目标。一般情况下，信息共享、利益分享与风险共担以及相互信任与承诺具有普遍性，即这些因素对协同的产生

---

① 许锦锦：《供应链协同知识创新研究综述》，《硅谷》2012 年第 5 期。

必不可少。

三 模型理论框架

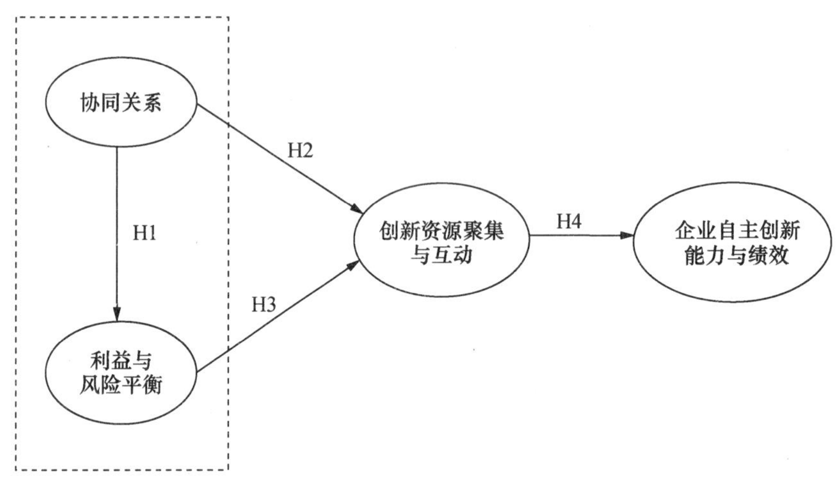

图 7－3 模型研究框架

（一）供应链知识协同

强有力的关系因素、利益—风险因素是驱动供应链知识协同的内在机制，而供应链上知识资源的流动、共享是协同产生的基础，本书认为供应链知识协同应从以下两个方面进行度量：

第一是协同关系，强有力的知识协同关系是知识协同产生的必要条件。一般情况下，围绕某一核心企业，与供应商、客户结成战略合作伙伴关系对知识协同的发生至关重要。由于涉及企业最为核心的知识资源的流动和共享，因而知识协同对于任何企业而言都首先意味着风险而非收益，在缺乏足够强度的信任和承诺的情况下协同不可能发生，因此，良好的协同关系既是协同的必要条件，也是知识协同的结果。

第二是利益与风险平衡。利益是永恒的主题，也是驱动供应链成员参与协同最为本质的驱动力，而风险与知识协同的过程相伴相生，在利益与风险之间的平衡是协同的理想状态。对协同参与方而言，协同的利益来自采购便利、优惠政策以及更加长期稳定的供货关系，也可以来自自身需求的更好满足；协同的风险则来自协同方之间的信息不对称、道德风险和逆向选择，以及难以控制的外部市场风险，其中最为重要的是知识资源本身的风险暴露水平。因此，达到利益与风险的平衡是各方追求的目标。

（二）创新资源的聚集与互动

供应链知识协同创新是开放式协同创新的典型之一，之所以能够推动企业自主创新的根本原因在于实现了创新资源的低成本聚集和互动，这些创新资源不仅包括知识资源，还包括资金、人才、硬件设备、信息资源和软件环境等多方面的因素。在没有知识协同之前，这些创新资源存在于供应链节点企业处，其整合效应和聚集价值没有得到体现。通过供应链知识协同，以具体的项目为载体，这些创新资源聚集到一个平台之上，通过资源之间的深层次互动，实现了自主创新。

（三）企业自主创新能力与创新绩效

企业自主创新能力的提升表现在创新的效率和效果上。就效率而言，知识协同实现更快、更低成本的新技术新产品开发；就效果而言，体现在核心企业产品的市场表现，以客户满意度为主要表征。

四　研究假设

H1：协同关系对供应链合作伙伴之间的利益与风险平衡有积极的正向影响；

H2：协同关系对创新资源聚集与互动有积极的正向影响；

H3：利益与风险平衡对创新资源聚集与互动有积极的正向影响；

H4：创新资源聚集与互动对企业自主创新能力与绩效有积极的正向影响。

表 7 – 21　　研究变量与观测变量表

<table>
<tr><th colspan="2">研究变量</th><th>观测变量</th><th>测量条款</th></tr>
<tr><td rowspan="6">知识协同</td><td rowspan="3">协同关系</td><td>CR1 信任</td><td>我们与主要供应商和客户保护长期合作关系</td></tr>
<tr><td>CR2 关系导向</td><td>我们选择供应商和客户时，价格并不是最重要的条件</td></tr>
<tr><td>CR3 相互承诺</td><td>客户和供应商在重大决策时会考虑本企业的利益</td></tr>
<tr><td rowspan="3">利益与风险平衡</td><td>PR1 契约保障</td><td>我们和供应商或客户总是通过正式的协议来保证各自利益</td></tr>
<tr><td>PR2 利益与风险评价</td><td>我们认为协作利益和风险大体上是相当的</td></tr>
<tr><td>PR3 风险来源</td><td>风险总是来源于外部市场而不是合作者之间</td></tr>
</table>

续表

研究变量	观测变量	测量条款
创新要素集成	IEI1 要素完整性 IEI2 要素价值 IEI3 要素互动	与供应商和客户的合作有效弥补了本企业人才和技术资源的不足； 客户和供应商的知识对本企业创新很重要； 公司定期或不定期地召开由客户和供应商参加的新产品开发会议
自主创新能力与绩效	SI1 创新效率	与供应商和客户合作，本企业能更快地推出新产品
	SI2 创新成本	相比于同行，我们的开发成本更低
	SI3 客户满意	相比于竞争对手，我们的产品更易被客户接受

五　调研总结

本书参考了成熟的供应链协同关系以及自主创新能力方面的研究成果，并在此基础上进行了一定的创新，在创新要素聚集与互动以及创新能力的测量方面进行了新的设计和考虑，并根据以上理论框架设计了调研问卷，对河南省内的100多家企业，主要是制造类企业进行了实地走访和问卷调研，问卷采用里克特7级量表。调研对象既包括中国一拖、洛阳轴承、中信重工、洛阳北玻、郑煤机、宇通重、平高电气等大型装备制造业类企业，也包括隆华传热、普莱柯等中小型企业，获取了第一手的数据资料。调研共发放问卷250余份，回收有效问卷209份。

（一）问卷信度检验

信度检验是对数据质量的评价，本书采用SPSS 20.0进行数据信度检验。因为克朗巴哈α系数是最为常用的一致性检验指标，研究对克朗巴哈α系数、克朗巴哈半分α系数都进行了检验。检验结果是标准化后的克朗巴哈α系数为0.887，克朗巴哈半分α系数分别为0.813、0.809，全部都在0.8以上，说明了问卷统计数据具有良好的一致性，可以进行下一步的研究。

表7－22　　问卷信度克朗巴哈检验

可靠性统计量		
Cronbach's Alpha	基于标准化项的Cronbach's Alpha	项数
0.885	0.887	12

表 7－23　　　　　　　　　　问卷信度克朗巴哈半分检验

可靠性统计量			
Cronbach's Alpha	部分 1	值	0.813
		项数	6[a]
	部分 2	值	0.809
		项数	6[b]
	总项数		12

a. 这些项为：CR1、CR2、CR3、PR1、PR2、PR3

b. 这些项为：IEI1、IEI2、IEI3、SI1、SI2、SI3

（二）相关性检验

表 7－24　　　　　　　　　　观测变量相关性矩阵

	SI3	SI2	SI1	IEI3	IEI2	IEI1	PR1	PR2	PR3	CR3	CR2	CR1
SI3	1											
SI2	0.468	1										
SI1	0.4	0.351	1									
IEI3	0.379	0.376	0.336	1								
IEI2	0.435	0.43	0.342	0.47	1							
IEI1	0.436	0.431	0.385	0.45	0.552	1						
PR1	0.33	0.356	0.374	0.367	0.471	0.481	1					
PR2	0.275	0.306	0.2	0.313	0.35	0.421	0.569	1				
PR3	0.386	0.448	0.353	0.398	0.52	0.484	0.546	0.536	1			
CR3	0.354	0.417	0.32	0.376	0.346	0.339	0.293	0.284	0.415	1		
CR2	0.315	0.465	0.241	0.373	0.384	0.372	0.277	0.299	0.451	0.502	1	
CR1	0.356	0.392	0.286	0.359	0.431	0.414	0.418	0.43	0.402	0.511	0.476	1

采用 AMOS 20.0 进行样本数据相关性分析，得出表 7－24 所示的相关性矩阵。从分析结果可以看出，变量之间的相关系数绝大多数都在 0.3—0.6，既表明数据之间具有较好的相关性，同时也体现了变量之间良好的区分度，同时也没有任何异常数据。

（三）测量模型的整体陪适度分析

采用 AMOS 20.0 作为结构方程的分析工具，进行模型陪适度检验，检验采用最大似然法进行估计，从而得到模型的整体陪适度指标：χ^2 = 57.657，df = 50，χ^2/df = 1.153 < 3，$RMSEA$ = 0.027 < 0.08；此外，GFI = 0.954，$AGFI$ = 0.928，NFI = 0.939，三个陪适度指标均大于0.9，说明模型具有良好的质量。

（四）假设检验结果

表7-25　　假设检验结果

			未标准化回归系数	标准差	C. R.	P值	标准化回归系数	结果
利益与风险平衡←协同关系			0.643	0.09	7.136	***	0.708	显著
创新要素聚集	←	利益与风险平衡	0.502	0.11	4.539	***	0.528	显著
创新要素聚集	←	协同关系	0.365	0.1	3.653	***	0.424	显著
创新能力与绩效	←	创新要素聚集	0.74	0.108	6.842	***	0.899	显著
CR1	←	协同关系	1				0.729	
CR2	←	协同关系	0.955	0.113	8.448	***	0.686	显著
CR3	←	协同关系	1.005	0.118	8.541	***	0.696	显著
PR3	←	利益与风险平衡	1				0.784	
PR2	←	利益与风险平衡	0.843	0.09	9.378	***	0.69	显著
PR1	←	利益与风险平衡	1	0.1	10.031	***	0.74	显著
IEI1	←	创新要素聚集	1				0.729	
IEI2	←	创新要素聚集	1.148	0.119	9.664	***	0.729	显著
IEI3	←	创新要素聚集	0.881	0.105	8.351	***	0.627	显著
SI1	←	创新能力与绩效	1				0.56	
SI2	←	创新能力与绩效	1.304	0.191	6.84	***	0.687	显著
SI3	←	创新能力与绩效	1.314	0.195	6.753	***	0.671	显著

表7-26　　变量复相关平方 R^2

	R^2
利益与风险平衡	0.501
创新要素聚集	0.774
创新能力与绩效	0.807
SI3	0.45
SI2	0.472
SI1	0.313

续表

	R^2
利益与风险平衡	0.501
IEI3	0.393
IEI2	0.531
IEI1	0.531
PR1	0.548
PR2	0.476
PR3	0.615
CR3	0.484
CR2	0.471
CR1	0.532

大部分变量的复相关平方 R^2 也在 0.5 以上，说明了潜在变量具有较好的收敛效度。

模型拟合度良好，理论模型中的假设检验得到了验证，各潜在变量都通过了显著性检验，模型拟合度超过 0.9 达到了良好的状态。通过显著性检验，则意味着拒绝零假设；不通过显著性检验则意味着接受零假设。本模型的四个假设均得到了支持，假设检验及路径系数结果如表 7－27 所示。

表 7－27　　　　模型假设检验结果表

假设				未标准化回归系数	标准差	*C. R.*	*P* 值	标准化回归系数	结果
H1	利益与风险平衡	←	协同关系	0.643	0.09	7.136	* * *	0.708	支持
H2	创新要素聚集	←	协同关系	0.365	0.1	3.653	* * *	0.424	支持
H3	创新要素聚集	←	利益与风险平衡	0.502	0.11	4.539	* * *	0.528	支持
H4	创新能力与绩效	←	创新要素聚集	0.74	0.108	6.842	* * *	0.899	支持

六　研究结果讨论

第一，协同关系对利益与风险平衡、创新要素聚集有积极的影响。

分析结果支持了协同关系的重要作用。对于知识协同而言，供应链成员之间的相互信任、支持与承诺是必不可少的重要因素，企业应高度重视

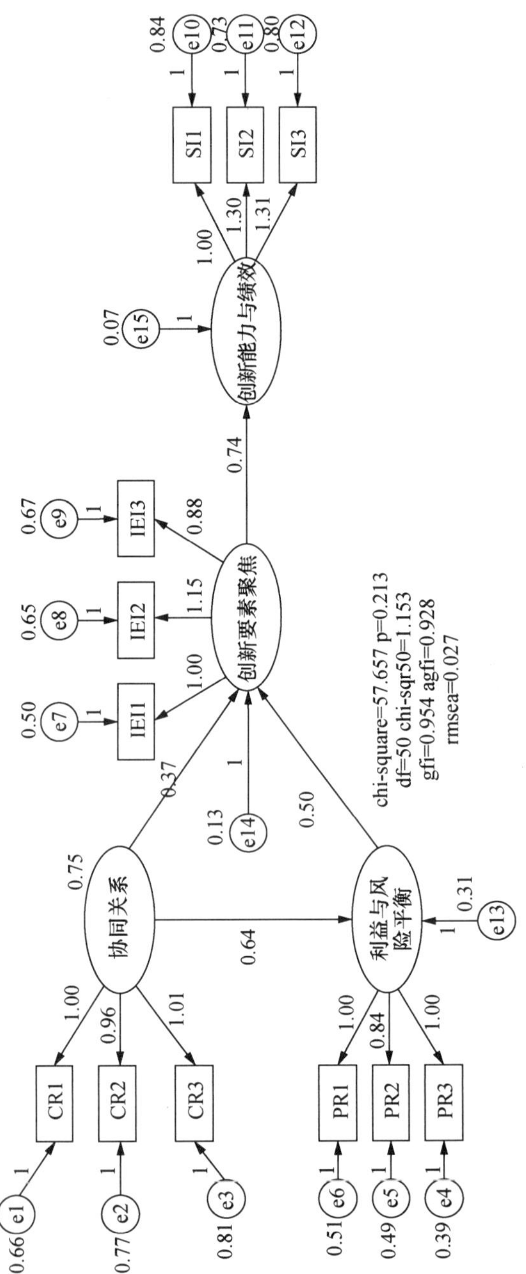

图 7-4 AMOS 运行结果

"关系"的建立与维护。关系尽管无形，但是协同关系的产生必须经由投资形成，这种投资称为"智力资产专用性投资"，其核心方式是合作伙伴之间的知识流动、共享和深层次的互动，当然也包括有形的实物资产投资，但前者更具有决定意义。从企业调研的情况来看，企业知识协同一般都以具体的协同研发、技术创新项目为载体，这与日本企业和美国企业之间的知识协同形式有较大的差异。协同关系有助于合作伙伴形成积极的合作利益预期和风险判断，降低合作交易费用，是推动协同发生的重要力量。

第二，创新要素聚集对创新能力与绩效具有积极的影响。

这是本书研究得出的最为重要的结论。协同创新的本质是创新要素的聚集与互动，与产学研要素聚集与互动不同的是供应链协同创新要素之间具有知识上下游相关、高度匹配、利益关联、低成本等特征，是更为紧密联系的要素聚集，与集成创新和系统创新的产业需求相一致，也是低成本的要素聚集。这些要素包括知识资源、人力资源等硬件与软件的聚集，有针对性地解决了当前河南省内企业创新投入不足、创新资金短缺、创新人才不足的问题，是有效的创新方式。

第三，利益与风险平衡对创新要素聚集有积极的影响。

合作伙伴参与协同的根本目的在于追求比"单打独斗"更大和更为持久的利益，对独立经济利益体而言，没有企业会主动贡献知识资源使无关企业获益而自身没有实质性回报。因此，实现利益与风险之间的平衡是协同产生的根本性推动力量。具体而言，供应商参与协同的目的在于追求获取采购与供应的便利，成为首选甚至唯一的采购对象；客户参与协同的目的在于满足个性化需求、获得产品优势以及采购供应便利，使自身价值得到实现。协同创新的风险主要来源于知识资源产权风险、创新研发风险和协同违约风险等，任何一种风险的发生都会导致协同体系崩溃、协作关系解体。保证协同各方利益的实现的同时有效规避协同风险才能实现创新要素的低成本聚集与互动，从而使创新得以发生。

对企业而言，供应链协同创新与产学研协同创新都属于开放式协同创新的范畴，但各有非常鲜明的优缺点和适用条件。相对于产学研协同创新，供应链知识协同具有低成本、直接面对市场、利益关联紧密等特征，企业首先应选择合适的协同伙伴，通过智力资产专用性投资建立强的协同关系；其次，通过设计科学合理的利益—风险和关系机制，促使企业知识资源走出企业边界和知识圈，通过利益与风险的平衡实现创新要素的有效聚集；最后，以具体的协同研发项目为载体整合供应链上的知识资源、人力资源等有形无形资源，通过资源之间的深度互动达到技术创新和产品创新的目的，从根本上提升企业的自主创新能力和创新绩效。寻求低成本自主创新的有效模式是转变发展方式、促使产业升级，主动适应经济新常态的途径之一。

本章小结

尽管河南省经济取得了长足的进步，但河南企业特别是工业企业对传统产业的依赖依然很强，创新能力不足的问题突出，导致河南省企业与国内发达地区企业，乃至与跨国公司竞争中的综合竞争优势不突出，影响河南省在全国的经济地位和形象。优化产业结构、提升增长质量的关键是企业真正成为自主创新的主体，通过技术创新塑造企业核心竞争优势，赢得良好的发展空间。供应链知识协同属于协同创新的范畴，通过合理设计的利益共享、风险共担机制和关系机制，能够将供应链上供应商、制造商和客户等的知识资源集成到一个平台之上。研究通过对河南省工业企业的深入调研和数据采集，采用结构方程方法以及 AMOS、SPSS 等分析软件探究了供应链知识协同对企业自主创新绩效提升的作用。实证研究表明：协同创新的本质是创新要素的聚集与互动，供应链知识协同创新具有知识上下游相关、高度匹配、利益关联、低成本等特征，是更为紧密联系的要素聚集，也是低成本的要素聚集。供应链知识协同创新有针对性地解决了当前河南省内企业创新投入不足、创新资金短缺、创新人才不足的问题，是有效的创新方式。

第八章　装备制造业实施供应链知识协同案例研究

第一节　装备制造业的概念

装备制造业又称装备工业，是为国民经济简单再生产和扩大再生产提供技术设备的产业。按照国民经济行业分类，其产品范围包括机械、电子和兵器工业中的投资类制成品，分属于金属制品业、通用装备制造业、专用设备装备制造业、交通运输设备装备制造业、电器装备及器材装备制造业、电子及通信设备装备制造业、仪器仪表及文化办公用装备制造业 7 个大类、185 个小类，是我国工业领域中最大的产业，也是国家对外经济贸易的第一大产业。

从产业特性上来看，装备制造业具有范围广、门类多、产业关联度高、产品链条长、带动能力强，以及高技术、高就业、高附加值等特点，是事关国家经济安全与综合国力的基础性、战略性产业。因此，装备制造业也被称为国民经济的脊梁、经济增长的动力、产业升级的手段和国家安全的保障，是国家科技水平和综合实力的重要标志，在经济成长和新型工业化过程中发挥着极为重要的作用。装备制造业不仅有助于优化各产业部门的生产要素、产业结构、技术结构和产品结构，有助于提高各产业部门的自身素质和技术装备水平，同时还可大幅度地提高生产效率，节约能源和资源，保护生态环境，提高经济运行质量，促进经济的可持续发展。工业与信息化部部长苗圩认为，整个国民经济的效率提高需要先进的装备制造业来引领，产业结构的调整与升级需要先进的装备制造业来支撑，企业的节能降耗需要先进的装备制造业来保障。可以说，中国特色的工业化能否实现，关键在于装备制造业的发展与振兴。① 朱国娟和钟昌标（2007）对我国 1981—2004 年装备制造业进出口增长与 GDP 增长之间关系进行了实证研究，发现中国装备制造业出口变动 1%，我国的经济增长就会变动 23%，这说明装备制造业与其他企业关联度大，带动性很强。②

装备制造业也是发达国家工业化进程中的关键性产业。当今世界的装备制造大国，如美国、日本和德国，都是工业大国和经济强国，它们的崛起和腾飞几乎都是凭借装备制造业所奠定的坚实基础。一些小国或新型工业化国家之所以能够跨入发达国家的行列，一个重要的方面就在于其某些装备制造业领域代表着世界领先水平，如瑞士的精密机床和仪器仪表制造、瑞典的轴承制造、韩国的船舶和电子设备制造等。装备制造业是世界各国争夺的战略制高点，在较长时期内仍是发达国家着力发展的核心产业。当前，世界装备制造业的基本格局没有发生根本变化，美国、日本、德国、法国、意大利和英国等主要发达国家的产值仍占 70%，在国民经济中占有突出地位。特别是高端产品仍被发达国家牢牢控制，关键核心技术优势明显，其他国家短时期内难以超越。2008 年，美国、日本、德国装备制造业总产值分别为 19800 亿美元、15600 亿美元和 13521 亿美元，位居全球第一、第三、第四位，分别占本国制造业总产值的 41.9%、43.6% 和 46.4%，在国民经济中占有突出地位。③

第二节　世界装备制造业的发展趋势

第一，从全球范围来看，由发达国家和跨国公司主导的世界装备制造业由于成本和市场等多方面因素的驱动，正在由已有的“梯度转移”向全球整合战略转变。在网络和信息技术的平台之上，大型跨国公司以打造全球供应链为战略重点，将优势资源聚焦于高价值业务，如研发中心、售后服务、销售网络等环节，在全球包括中国等发展中国家建立低成本生产

① 苗圩：《推动我国装备制造业迈上新台阶》，《制造技术与机床》2009 年第 6 期。

② 朱国娟等：《装备制造业进出口与经济增长的实证分析》，《世界经济情况》2007 年第 4 期。

③ 河南省人民政府：《河南省装备制造业调整振兴规划》（豫政〔2009〕70 号），www.henan.gov.cn，2009 年 9 月 9 日。

基地和“虚拟制造网络”。由于发展中国家生产要素价格较发达国家具有明显的比较优势，以目前年均10%以内的相对要素价格增长率计算，拉平这一差距还需要20—30年的时间，因此国际产业转移的根本动力仍然存在，但呈现出与以往完全不同的特征。今后较长时期内，经济全球化深入发展，国际产业结构深度调整，发达国家装备制造业中的制造加工、组装环节将加快向劳动力丰富、成本低、市场需求大的发展中国家“外包”转移，包括中国在内的发展中国家将成为世界装备制造业的高端组装和中低端加工基地。如波音747飞机的450万个零部件就来自近10个国家、1000多家大企业、15000多家小企业。

第二，服务在装备制造业价值链中所占的比重越来越大，增值化趋势越来越明显。随着全球经济和科学技术的发展，用户对制造方的要求日益呈现出多样性、个性化特点，从单机到成套，从成套到工程承包，从“交钥匙”工程到金融服务，现在已经扩展到工程咨询、维修外包等越来越广泛的领域，现代服务业与制造业的相互融合日趋紧密，在装备制造业价值链中服务所占的比重越来越大，服务的价值越来越高。目前，国外的许多大公司服务收入已占公司总收入的40%—70%。全球最大的航空发动机制造商罗尔斯罗伊斯公司服务收入占公司总收入的53.7%，通用电气更是达到70%。随着经济全球化趋势的深入发展，现代制造服务业已经成为生产要素流动和资源配置的重要方向，欧美等发达国家将通过转移传统制造业，保留高质量的制造业，大力发展高水平的现代制造服务业，在全球产业链分工中继续处于高端位置。

第三，更加重视产品高技术化和基础技术开发应用，装备制造业技术发展呈现绿色化、集成化、信息化和极端化特征。在绿色制造方面，面对日趋严重的环境资源约束，装备制造业正在向资源低耗及可回收、可重复利用转变，在系统集成方面，随着装备制造业向人型化、自动化和高效化发展，系统设计、设备成套、工程总承包成为装备制造业主要发展方向。在信息化融合方面，装备制造业更加注重运用机电一体化、智能化、数控加工、柔性制造单元等数字化设计制造技术。在功能极端化方面，超微超精和超大超重成为装备制造业发展的重要方向。

在微观层面，现代制造业企业运营管理理论和管理方法也发生了深刻的变革，尤以日本企业和美国企业为代表。主要表现为：

第一，以快速响应为核心的企业运作管理。在美国管理界和企业界，普遍认为全球化和日益激烈的竞争环境下，企业运营的中心是对需求的快速响应。“在全球经济的巨大变革中，制造业生产能力的重要性对于制造业来说已是第二位，而具有对迅速变化的环境（新的机会和约束条件）能做出综合反应（管理、产品开发与加工过程）的能力将是十分重要的。”一个现代制造企业要想成功，必须具备的属性是客户响应度、工厂和设备响应度、人力资源响应度、全球市场响应度、组织响应度和快速响应度的企业运作实践和文化。在企业战略和内部管理上，20 世纪 90 年代以来美国企业影响最大的两个方面，即供应链和知识管理。

第二，柔性化的生产模式。柔性是在多品种、多规格产品之间实现切换的能力，是企业满足客户个性化需求、确立自身竞争优势的关键所在。传统制造模式寻求生产系统的平稳和均衡运行，尽管实现了低成本和规模效益，但是以牺牲客户的个性化需求为代价。在网络和信息化技术条件下，个性化不再仅仅是一个概念而是客户努力追求的“核心价值”所在。

第三，集成化和网络化的制造企业管理。美国集成制造技术开发公司认为美国制造业要在 21 世纪获得成功必须实现以下六个基本目标：

（1）集成化和网络化的企业管理。

（2）柔性化和分散化的企业运作。

（3）完全集成的和经过优化的设计与制造。

（4）实现以科学为基础的制造。

（5）智能化和网络化的过程与设备。

（6）即插即用（包括软件和硬件）的可操作性和可集成性。

这一管理模式集中体现在美日制造企业的供应链战略之中。在全球整合的背景之下，装备制造业的系统性、集成性体现得更为显著。跨国公司集中优势资源于核心业务，而将制造、组装等低附加值环节寻求全球外包，以自身的品牌、核心技术、先进的管理体系以及创新性的企业文化为基础，在全世界范围内进行制造资源的重新配置和有效整合。在组织结构上，表现为既是网络分散又是一个有机整体，跨国公司不再以合资和并购为唯一重要的整合手段，而是将供应链作为新的行业控制方式。

第四，合作伙伴型的供应商—客户关系。在新的竞争环境下，合作逐渐成为主流，由竞争与对抗的供应商—客户关系转变为既竞争又合作的合作伙伴关系。日美企业尤其是日本企业的实践经验表明，相互协作的供应商—客户关系是实现快速响应、柔性和高品质制造的条件。美国波音公司、克莱斯勒汽车公司，日本的丰田、本田等汽车公司都是这种理念的实践者和受益者。

第三节　我国装备制造业发展现状及其存在问题

新中国成立后，特别是改革开放以来，我国装备制造业取得了长足的发展。2008 年，在不包括通信设备、计算机及其他电子设备制造业的情况下，机械装备工业完成工业总产值 92618.62 亿元，工业销售产值 90285.83 亿元，均居我国 12 大工业门类的首位。以装备制造业为主体的机电产品进出口额占全国外贸进出口总额的比重高达 40% 以上，装备制造业从业人员占工业全部从业人员的 20% 以上。2008 年，中国装备制造业实现总产值 13.64 万亿元，占世界总产值的 16%，超过德国、日本，仅次于美国，在世界装备制造业中占有重要地位，已跻身世界装备制造业大国行列。而根据中国机械工业信息研究院 2012 年数据显示，我国目前装备制造业总产值已经超过 14 万亿元人民币，约合 20167 亿美元，略高于美国（19800 亿美元），远超日本（15600 亿美元），产业规模居世界第一。

但是，与工业发达国家相比，我国装备制造业大而不强，在内在质量、综合竞争力方面仍有较大的差距。总体上看，美国、德国、日本、法国、意大利和韩国的装备制造业全员劳动生产率超过 20 万美元，均为中国的 5 倍以上；我国装备制造业工业增加值率仅为 26.38%，分别比日本、美国低 7.54 个和 21.83 个百分点，自主知识产权、自主设计的产品少，有不少产品类别在国内还处于空白状态。表现在：

第一，企业规模偏小，行业集中度低。

表 8－1 是 2008 年对我国装备制造业主要产业规模的统计分析。刘春芝（2006）根据 2005 年我国装备制造业的企业规模数据，对比了美国、日本的装备制造业规模数据发现，按市场份额计算的机械工业市场集中化程度，美国为 58.4%，日本为 53.4%，而我国仅为 7.5%，整个机械行业前 10 家的市场份额集中度不到美国和日本的 1/7 和 1/6。①

① 刘春芝、郭洪渊：《我国装备制造业创新管理模式的战略路径》，《商业研究》2006 年第 22 期。

表 8 -1　　装备制造业主要产业的平均规模比较　　单位：亿元、个

地区	装备制造业	金属制品业	通用设备制造业	专用设备制造业	交通运输设备制造业	电气机械及器材制造业	通信设备、计算机及其他电子设备制造业	仪器仪表及文化办公用机械制造业
全国	0.95	0.42	0.56	0.74	1.79	0.85	2.27	0.69
东北	1.13	0.40	0.61	0.82	3.89	0.78	1.68	0.39
东部	0.90	0.42	0.53	0.61	1.49	0.83	2.24	0.69
中部	0.97	0.36	0.54	0.92	2.10	0.92	1.37	0.75
西部	1.27	0.43	0.80	1.65	1.75	1.12	2.29	0.97

资料来源：刘春芝、郭洪渊：《我国装备制造业创新管理模式的战略路径》，《商业研究》2006 年第 22 期。

行业集中度低的直接表现，首先是企业规模偏小、企业综合实力弱、缺乏具有国际国内较强竞争优势的大型企业集团和行业领导企业；其次是大量中小型企业的存在造成低端、低附加值和低进入壁垒和门槛的产品和产能过剩，多数企业陷入以成本和价格竞争为特征的行业“过度竞争”的泥潭之中，造成整个行业的利润率较低，企业积累严重不足；企业积累不足又导致无法投入足够的资金进行技术研发和创新，更加剧了低端竞争的恶性循环，形成具有中国特色的制造业“悖论”。

第二，整体上产业处于全球产业价值链的低端和微笑曲线（如图 8 -1所示）的低附加值环节。

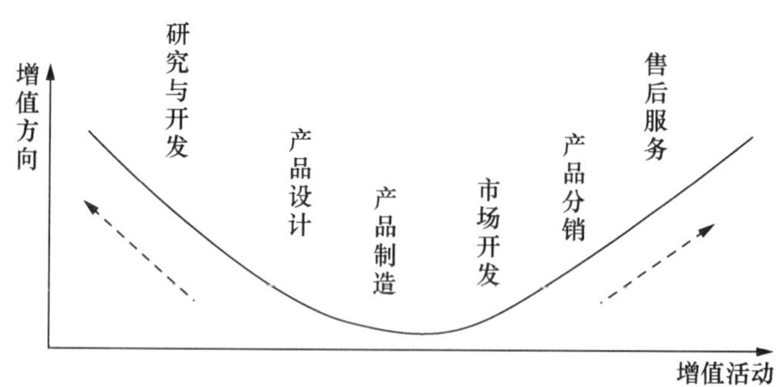

图 8 -1　微笑曲线

目前，我国工业总体装备水平比世界发达国家落后 20—30 年，大多

数装备工业企业的技术装备水平还处于发达国家20世纪六七十年代的水平。在国民经济各个领域，我国国产装备的国内市场满足率不到60%，在重大技术装备领域这一比率更低。目前，我国高档数控机床、自动化生产线等高端制造设备和技术大都依靠进口，特别是高新技术装备、微细加工设备几乎全部依靠进口，装备中技术含量高的相关配套产品也大量依靠国外供给，这已成为我国装备工业转型升级的主要“瓶颈”。

在制造技术方面，我国装备工业整体制造水平仍处于机械化为主的阶段，设计手段落后，工艺装备水平低。从产品结构看，长期存在中低档、一般性的趋同，产品水平低、高技术产品少。多数企业没有自己的专有技术，产品技术含量低，缺乏独特的竞争力。而技术要求高的重大成套设备和高技术产品又缺乏研究开发与制造能力，根本不能适应国民经济发展和重点工程建设的需要。表现在：

一是基础机械产品落后。机床、仪器仪表等基础机械产品，中低档产品居多，性能质量不高。高精度、超精密机床、数控机床与国外相比，在精度、可靠性、工艺结构等方面尚有一定差距，与数控机床配套的伺服系统、反馈元件方面成套性差。仪器仪表产品的成套率低，数字化、智能化产品总量供应不足，重点工程项目所需高精度、耐腐蚀等特殊要求的品种缺乏。重大技术装备配套的自动化控制系统、自动控制系统用传感器和科学测试仪器的品种满足率不高。

二是机械基础件技术水平低。机械基础件行业长期基础差、投入乏力，产品品种少，技术水平低、质量不稳定，早期故障率低，可靠性差。目前各类主要基础件的性能指标大体相当于国外20世纪七八十年代水平，严重影响着主机及配套系统的性能、可靠性。仪表元器件可靠性指标低，敏感元件的失效率远高于国外。

三是制造工艺及自动化技术水平低。装备工业的制造工艺普遍落后，优质高效节能节材工艺普及率极低。工业发达国家在大批量生产技术上非常成熟，正向定制化、智能化、集成化方向发展，而我国尚处于单机自动化、刚性自动化的阶段，自动化技术水平低、系统集成能力差。

四是重要产品和工艺技术主要依靠从国外引进并陷入“恶性循环”。由于我国装备工业50年来一直采用了技术引进型模仿创新的发展模式，必然造成重要产品和工艺技术来源主要依靠从国外引进的状况。20世纪90年代，我国装备工业虽然能够提供经济建设所需的一些重大装备和产品，但技术仍主要依靠从国外引进，机械制造业中57%的产品产业化是在引进技术基础上完成的。我国装备工业的整体素质和产业技术水平不高，集中体现于重大技术、成套装备严重满足不了国民经济重点工程建设的需要。许多重大技术装备，我国尚不具备研究开发与制造能力，不得不主要依靠进口。有数据表明：我国光纤制造装备的100%、集成电路芯片制造装备的85%、石油化工装备的80%，轿车制造、数控机床、纺织机械、胶印设备的70%被进口产品占领。① 而且越是重要、高档、技术附加值越高的装备，进口就越多，自给率就越低。

由于长期重硬件轻软件、重引进轻消化吸收，加之国内自主开发和创新能力弱，技术改造又往往强调技术装备的更新，而忽视引进技术的消化吸收、创新，片面追求技术的先进性和规模化。资金投入错位是造成“消化不良”的重要原因，我国目前引进技术和消化吸收费用的比例为1∶0.07—1∶0.08)，而韩国、日本的比例为1∶5—1∶8。②

发达国家的经验表明，制造环节在整个产业链条中所耗用的时间和附加值都是很有限的，与其相关的服务业，例如金融、研发、设计、技术服务、物流、营销和品牌等活动才是高附加值的环节。从图8-1的“微笑曲线”中可以清晰地看出这一趋势，在这一曲线中，产品制造处于价值增值的最底端。2004年，IBM的服务业收入占到其总收入的75%。因此装备制造业的发展绝不仅仅是制造环节的发展，也是制造环节以及与制造环节相关联的生产性服务业的共同发展，并且随着竞争力的提升，后者所占的比重不断加大，最终将占据主导地位。反观我国装备制造业，由于研发能力和核心技术的短板造成行业整体发展迅速，但行业净利润的增长率远低于产值的增长，2005年净利润仅增长7%左右，绝大部分利润为跨国公司所瓜分。张万强（2009）对我国老工业基地东北地区的装备制造业的研究很具有代表性。研究发现，目前东北装备制造行业中的部分重大技术装备及基础零部件仍严重依靠进口，且依存度仍在提高，这成为东北提升市场竞争力，建设世界级装备制造业基地的主要“瓶颈”。重大技术装备如汽车发动机、汽车变速箱、机床控制系统及部分轴承、液压件、密封件等，基础零部件如输变电设备制造中需要进口的部分开关、套管、纸板

① 王章豹等：《我国装备制造业自主创新之问题透视与路径选择》，《合肥工业大学学报》（社会科学版）2006年第10期。

② 同上。

等零部件，30%—70%的行业利润被进口部件吃掉，对东北装备制造业市场竞争力的提升影响很大。①

第三，以企业为核心的创新体系残缺，成为影响装备制造业持续发展的最为重要的“瓶颈”。

我国装备制造业的多数企业没有自己的技术研发中心，2000年以后这种情况虽然有所改善，但对于刚刚组建不久的企业技术中心、工程中心和实验室要真正发挥应有的作用还需假以时日。我国装备制造业技术创新能力十分薄弱，有自主知识产权的产品少，依附于国外企业的组装产品比重大。根据科技部的统计，有自主知识产权的产品工业增加值率仅为2.6%，这一数字远低于美国的49%、日本的38%和德国的48.5%。2005年，中国制造业企业500强的平均研究开发经费投入为1.90亿元（美国福特公司2004年投入的研发费用高达74亿美元），只占相关企业销售收入的1.88%，一般装备企业的这一比例则只有约1%，而发达国家装备制造业企业研发投入通常占销售收入的4%—10%。研发机构不健全、研发与管理人才匮乏成为影响装备企业创新能力提升的最为重要的因素。据统计，我国两万多家大中型企业中有研发机构的仅占25%。日本丰田公司在其国内6.8万名职工中，科研人员为1.2万人，占总人数的近1/5，而我国装备企业研发人员超过千人的则是凤毛麟角。由于研发能力不强，我国装备企业普遍存在工艺陈旧、设备老化、制造质量差、信息化水平低以及缺乏具有自主知识产权的品牌产品等问题。从产品的竞争力看，我国主要机械产品中，达到世界先进水平的还不到5%，主导产品达到20世纪八九十年代国际水平的仅占17.8%。此外，装备制造业所需要的系统集成创新和消化吸收再创新能力不强，形成了对国外进口设备及关键技术的高度依赖性，系统制造、集成创新是我国装备制造业自主创新的“软肋”。

第四，发展过程中的路径依赖问题。

从我国装备制造业的历史来分析，在行业发展上存在显著的路径依赖问题，表现在：中国装备制造业是从国外技术引进的基础上建立起来的，不仅如此，大多数中国装备制造业的技术升级、技术换代也同样是在引进国外相对先进的技术与设备基础上完成的。长期以来，推动中国装备制造

① 张万强：《提升东北装备制造业竞争力对策研究》，《金属加工》2009年第15期。

业发展的动力机制来自外部而不是内部，在这种思维模式的推动之下，中国装备制造业陷入了“引进—落后—再引进—再落后”的恶性循环之中。造成的直接后果是推动企业发展的战略性的、内在创新机制残缺，企业没有建立起适应现代竞争的自主创新体系，反映在创新模式上就是引进有余，消化吸收与再创新严重不足，以低层次、低水平的模仿创新为主。

在路径依赖和短期经营导向等体制性因素的共同作用之下，企业拥有的技术力量定位于生产服务，长期忽视价值链的技术研发等基础和辅助性活动，无法从根本上扭转在技术上严重依赖发达国家和跨国公司“亦步亦趋”的现实。如果说，改革开放30多年来，大多数企业已经逐渐走出计划体制的束缚成为市场竞争的主体，但是，就装备制造业而言，企业还远没有成为自主创新的主体，造成装备制造业突出的“产业空心化”问题，即一国的技术密集型产业没有核心技术，形成对跨国公司技术和资本的高度依赖。

此外，从更宏观的角度来看，国家创新体系也并没有给予装备制造业以足够的支持。基础研究薄弱造成了国际领先的原创性成果缺乏，大学、科研机构对基础研究定位上的失误更加剧了这一问题的严重性。20世纪80年代以后清华、北大、中科大等高校培养的大量高素质人才外流，成为美国等发达国家基础性研究人才的培养基地。而反观发达国家的经验，跨国公司对全球装备制造业的控制力和实力其实质是跨国公司背后的国家科技水平和综合国力的体现，而跨公司在整个国家的创新体系之中居于十分重要甚至是核心位置，微软、Intel、苹果、杜邦、拜耳、贝尔等公司或公司所拥有的实验室就是突出的代表。我们看到，在强大的基础研究之下，以企业为核心的基础应用研究和应用研究得到了充足的保证。另外，跨国公司的竞争优势不仅仅体现在技术创新领域，而是由技术研发、品牌、管理能力、人力资源和创新文化等共同构成的综合性产物。其竞争优势不仅表现为现有的技术和管理优势，更体现在其持续的技术创新和管理创新上。

国内企业技术发展路径的相似性在许多领域都表现突出，无论是国有企业还是民营企业、传统领域还是高新技术领域。国有企业技术发展路径一般都延续着技术引进—消化吸收—模仿创新的过程，而民营企业的技术发展则与国有企业之间有着千丝万缕的联系，其最初的技术获取几乎都具有“原罪”特征。由于在原创性技术获取方面没有支付或支付极低的成本，民营企业才获得了生存与发展的基础。

也正是由于在技术发展路径上的一脉相承，加之在引进消化吸收上的投入严重不足，模仿创新所获取的技术优势难以持久性发挥作用，导致行业内技术同源、水平相似，反映在产品上则表现为产品功能、形态、结构、技术性能等方面的相似性。行业内技术水平和技术含量尽管有差异但不显著，竞争对手之间的技术发展方向趋同，产业在同一平台和技术水平上展开激烈的竞争。许多企业把竞争对手当作标杆针锋相对，盯准竞争对手的最终结果依然是模仿，产品的性能和技术水平迅速趋同导致价格战消耗行业利润水平，其结果是除了品牌差异之外，消费者的感知差异并不明显，企业越来越难以给消费者留下深刻的印象，从而难在竞争中脱颖而出。

第五，在微观管理层面，还停留在传统制造业模式之上。

对大多数装备制造企业而言，尚未建立适应全球化竞争和快速多变的市场需求的生产运作管理体系，面对多变的市场需求，企业无所适从。重视硬件设施建设，忽视企业组织系统的改善和人员素质的提高。市场快速反应能力差，产品生命周期长，其主导产品平均周期为 10 年。在全球化竞争的今天，中国装备制造业的国际化之路才刚刚起步，网络制造和集成制造的现代制造模式也处于探索阶段。此外，困扰多年的各自为政、竞争对抗、缺乏诚信的国内供应商—制造商关系也极大地增加了国内企业之间的内耗，无法形成优势互补的供应链知识结构和创新结构，这也是需要解决的现实问题。

综合以上的分析我们发现，中国装备制造业的所有问题最终都归结为一个问题，即自主创新问题。新中国成立以来，装备制造业取得的成绩是巨大的，但教训也是触目惊心的。我国每年不仅要花费约 1000 亿美元进口设备，还要花 1000 亿美元进口零部件，每年进口设备的数额远远超过外商对华直接投资。①

作为战略资源的核心技术关乎每一个企业的核心竞争优势，而核心竞争优势往往无法通过外部交易来获取。以市场换技术、以市场换资本的做法会因贸易替代投资方式的出现而失效，而装备制造业恰是资金密集型和技术密集型的行业，因而很难在短期内形成具有国际竞争力的制造业中心。现实情况是，由于装备制造业是保障国家经济安全和军事安全的战略

① 王章豹等：《我国装备制造业自主创新之问题透视与路径选择》，《合肥工业大学学报》（社会科学版）2006 年第 10 期。

性产业，所以世界上一些发达国家要么以立法形式限制对我国的高技术设备出口，要么提出苛刻的附加条件，以保持其技术垄断地位，遏制我国的经济和技术发展。例如，数控机床是装备制造业的关键设备，也是关系国家安全的战略性物资。1999 年 5 月，美国政府公布的“考克斯报告”提出要控制对华出口精密机床；2000 年 10 月 12 日，美国参议院又通过了针对中国等国家的《控制高技术机床出口》的法案。至今，西方发达国家对我国航空航天、核电、国防军工急需的高级数控机床仍禁止出口。技术可以引进，但技术创新能力是无法引进的。

因此，从中国装备制造业面临的外部环境和内在需求来看，自主创新都是唯一可以选择的必由之路。

第四节　我国装备制造业面临的发展机遇

2009 年，国务院制定了《装备制造业调整和振兴规划》，随后，许多省份包括河南省都根据自身的实际情况分别制定了装备制造业的振兴规划，装备制造业在整个国民经济中的地位已上升到一个前所未有的高度，许多省份都将其列入重点发展的战略产业之中。自 2000 年起，重工业的增长速度开始超过轻工业，重工业在工业增加值中的比重从 2001 年的 60.6%逐步上升到 2004 年的 67.6%，比重工业优先发展时期的最高纪录（66.6%，1960 年）还多 1 个百分点。[①] 因此，许多专家认为，中国已进入重新重工业化阶段。而装备制造业是重工业的核心组成部分，是拉动经济增长和促进产业结构调整升级的一个主导力量。在“十二五”规划中，我国加大高铁、海洋石油、风力发电、水力发电、水利工程、环境保护、特高压等方面的投资力度，这就意味着随着政府以及大型央企投资力度的加大，这些行业也将面临旺盛的需求，尤其是海洋石油、高铁等产业，对高端装备制造业的拉动效应更为明显。

根据国家装备制造业振兴规划的观点，今后一个时期，在国内需求拉动与国际产业转移的双重动力带动下，我国装备制造业将进入加快升级转

① 胡耀辉：《产业技术创新链：我国企业从模仿到自主创新的路径突破——以高端装备制造企业为例》，《科技进步与对策》2013 年第 5 期。

型、保持快速稳定增长的黄金发展期。主要呈现以下发展特征：一是巨大的内需市场继续成为装备制造业快速增长的有力支撑。从主要行业看，输变电设备，“十二五”全国联网总容量将达到10亿千瓦以上，成为世界上最大的联合电网；智能电网将进入全国建设阶段，预计到2020年总投资超过2000亿元，超特高压输变电设备需求潜力巨大；农业机械，2012年，大中轮式拖拉机、收获机械国内需求分别为32万台和38万台，到2020年将达到40万台和60万台；工程机械，2015年国内工程机械市场需求将达到5800亿元；轨道交通设备，国家规划到2015年有超过30个城市建设85条城市轨道线路，需车辆20000辆，年均需求3000辆；环保设备、综合利用设备将在今后十多年继续保持高速发展势头，2010年总产值达到1400亿元，2015年将超过3000亿元。二是重大技术装备自主化步伐将明显加快。今后一段时期，我国增强自主创新能力、振兴装备制造业的一系列重大项目将继续实施，对于引导企业等社会各方面加大对装备制造业的研发投入，加快研究开发新产品、新工艺、新技术提供了广阔的空间，据2008年机械工业信息研究院预测，五年内我国装备制造企业研发投入占销售收入的比重将由1.4%左右提高到2%左右；发电设备、石化设备、冶金设备、机床、仪器仪表、煤炭机构、工程机械、农业机械、环保设备九大装备制造业重点领域，国内单位或个人在华发明专利授权总量、发明专利申请总量和实用新型专利总量的增长率都将达到30%以上；依托国家重大工程，百万千瓦压水堆核电关键设备、大型石油天然气长输管线成套装备、大型煤矿综合采掘及洗选成套装备、百万吨级大型乙烯成套设备、大型煤化成套设备、大型宽带薄板及宽厚钢板生产关键装备等一大批重大技术装备将逐步实现自行化。三是企业并购重组和战略合作趋势更加凸显。20世纪90年代中期以来，为增强装备企业的国际竞争力，保障国家经济安全，在国家政策的支持下，国有装备企业并购重组步伐逐步加快，中央企业相互兼并、中央企业并购地方企业成为产业整合的主流。大型国有装备企业的市场控制力日趋提升，2008年全国机械工业100强中，国有控投企业35家，销售收入占55%。未来几年，围绕培育大企业集团、提高国际竞争力，由行业龙头企业和中央大型国有装备企业为主导的产业整合步伐进一步加快，通过跨行业、跨区域、跨所有制并购重组和战略合作，越来越多的装备制造企业将转变发展战略和经营模式，由单纯装备制造商向系统集成商和服务商转变，在全国形成一批跨行业、跨地区的集系统设计、系统集成、工程总承包和全程服务为一体的工程公司。同时，全球金融危机为国内企业引进先进技术、设备和高端人才，兼并重组境外企业和研发机构，在国际市场竞争中争夺制高点提供了难得的机遇。四是国际市场扩大。从 2006 年开始，我国装备制造业改变了持续多年的进出口贸易逆差的状况，成套装备和大型工程总承包项目出口增长迅速。2008 年出口 3809 亿美元，占全国出口总额的 26.7%。预计未来 10 年，随着自主创新能力的不断增强，我国装备制造业的优势领域将进一步扩大，在国际贸易中的比重持续提高，我国将逐步成为向世界提供成套高端技术装备、汽车、飞机等重工产品的大国。五是国内区域竞争日趋激烈。为培育区域竞争优势，全国绝大多数省市都将装备制造业作为强省战略的支柱产业，产业基地化、集聚化、集群化发展，成为增创新一轮区域竞争优势的关键点。

总体上看，在我国经济发展持续较快增长的情况下，装备制造业将保持更加旺盛的增长态势，为此，在国家层面提出六大规划目标：①产业实现平稳增长。②市场份额逐步扩大。提高国产装备质量水平，扩大国内市场，国产装备国内市场满足率稳定在 70% 左右，巩固出口产品竞争优势，稳定出口市场。③重大装备研制取得突破。全面提高重大装备技术水平，百万千瓦级核电设备、新能源发电设备、高速动车组、高档数控机床与基础制造装备等一批重大装备实现自主化。④基础配套水平提高。基础件制造水平得到提高，通用零部件基本满足国内市场需求，关键自动化测控部件填补国内空白，特种原材料实现重点突破。⑤组织结构优化升级。形成若干家具有国际竞争力的科工贸一体化大型企业集团，形成一批参与国际分工的专业化零部件生产企业。⑥增长方式明显转变。

第五节　装备制造业技术创新的核心特性

奥地利经济学家熊彼特于 1912 年在《经济发展理论》一书中，指出“创新是经济增长非均衡变化的根本原因”，按照他的界定，“创新”是指将生产函数和生产条件一种从未有过的新组合引入生产系统以获得超额利润的过程。熊彼特进一步明确指出了“创新”的五种情况：研发一种新的产品（产品创新）；采用一种新的生产方法（流程创新或工艺创新）；

开辟一个新的市场（市场创新）；掠取或控制原材料或半制成品的一种新的供应来源（价值链上的战略创新）；实现任何一种新的组织，比如造成一种垄断地位或打破一种垄断地位（组织创新和创业）。

从产业发展模式看，尽管“十一五”期间，我国装备制造企业取得了较大发展，但在发展模式上主要还是依靠要素投入，很大程度上过度依赖能源资源消耗和低成本要素投入，过度依赖投资拉动和产能扩张。从产业发展趋势看，在国家转变经济增长方式、提高经济增长质量的大背景下，装备制造业向高端发展的趋势越来越明显，市场对装备产品在节能环保、绿色低碳、智能可靠等方面提出了更高要求，迫使企业产品结构从低端向高端、从资源消耗型向节能减排、绿色制造转变。

这些情况表明，我国装备制造业发展已经进入只有转型升级才能促进持续发展的关键时期，因此，从模仿到自主创新是我国装备制造企业发展的必然趋势。目前，学术界对装备制造企业从模仿到自主创新的路径、模式进行了大量的研究，特别是对高端装备制造企业而言，越来越倾向于依赖国际的创新合作，构建企业合作网络以推动企业自主创新。但由于装备制造业的产业链、技术链和技术创新链结构性失衡问题无法解决，导致企业自主创新能力薄弱，行业关键技术难以全面突破。就装备制造业的行业属性而言，其技术创新具有以下十分显著的特征：

第一，具有复杂系统创新特征。

装备制造业的产品具有明显的复杂产品系统特征（Complex Products and Systems，CoPS）。复杂产品系统被定义为高成本、技术密集的产品、系统或网络，“复杂”表现在定制元件数量、知识技能的跨度和新技术的应用程度等方面。装备产品不同程度上具备复杂产品系统的特征，其创新管理与大规模制造的消费品有明显差异，具体如表 8－2 所示。[①] 与简单大规模生产产品相比，复杂产品系统具有用户定制、技术复杂、耦合性强以及生命周期较长等特点。随着信息技术的迅猛发展以及全球一体化进程的加快，技术系统的集成、强耦合性等特点进一步凸显。

复杂产品系统包含大量定制的元件、子系统，及将它们连接在一起的控制单元，这些元素按照层次结构组成整个系统，定制元件或子系统的数

① 焦晗：《我国装备制造业技术集成能力与集成创新绩效实证研究》，博士学位论文，东北大学，2006 年。

量越多，产品建构越复杂。复杂产品系统创新的组织是基于项目的组织，该组织是由系统供应商、子系统或元件供应商、用户、专业服务供应商等多方组成的网络，系统供应商与其他企业的合作是复杂产品创新的关键所在。[①] 在装备产品创新过程中，单个企业难以完成全部任务，需要系统供应商、用户、元件和子系统供应商，技术标准的制定者等多方面合作。复杂技术的创新需要企业间形成网络，这有助于技术学习的开展，因为大量的隐性知识必须在特定的背景下交流和学习。[②] 因此，装备产品的创新管理更为复杂，需要各方参与者将自身的能力与资源匹配，任何参与者单方提高管理绩效并不能有效地为整个项目带来竞争优势。加强合作与跨组织的知识学习，对于项目的成功与否具有至关重要的作用。

表 8-2　　复杂产品系统与大规模生产产品系统的对比

	复杂产品系统	大规模生产产品系统
产品特性	复杂原件界面	简单界面
	多功能	单一功能
	单位成本高	单位成本低
	产品生命周期长	产品生命周期短
	众多的定制元件	标准元件
	多层次、系统性	简单结构
生产特性	小项目、小批量生产	大规模、大批量生产
	系统集成	制造系统设计
	规模密集型	增量过程、以成本控制为中心
创新过程	用户—生产者联合驱动	供应商驱动
	创新和扩散重叠	创新和扩散分开进行
	供应商和用户早期就参与创新	创新过程服从于市场选择
	知识附属于掌握知识的那一部分人	技术诀窍固化于机械之中

第二，与客户和供应商之间的协作创新。

---

① Iansiti, M., *Technology Integration: Making Critical Choices in a Dynamic World*, Boston: Harvard Business School Press, 1998, p. 161.

② Iansiti M. Clark, "Integration and Dynamics Capability: Evidence from Development in Automobiles and Mainframe Computers", *Industrial and Corporate Change*, Vol. 20, No. 3, March 1994, p. 557.

装备制造业产品本身具有鲜明的复杂多样性，其外在表现就是其高度的顾客定制化，即客户使用过程中所产生的对已有产品的功能和属性的改进愿望。企业在进行产品概念建构时，首先就要系统地调查和研究市场需求和用户对产品性能的特殊要求。即使是对同一产品，由于不同使用环境的影响，不同客户对相同功能的产品的参数要求也多有不同。在复杂性创新的开始阶段，企业如果想要形成或者提出新产品的概念定义，就必须广泛地寻求各种相关的信息和解决方案，尤其要注重用户的意见。如何从大量模糊的用户需求中，识别出关键性需求并形成整套产品系统的解决方案将直接关系到系统开发的成功与否。

此外，在复杂产品系统的设计与生产乃至最终的使用过程中，由于其市场的双寡头特性，使得供应商和客户具有深度的交流。通过技术分解使供应商的研发部门更好地理解不同技术在产品生产设计中的地位与作用，从而根据客户需求，在发挥自身已有技术优势的基础上，集成外部技术资源，整合各子系统或元件的相关技术，从而实现产品开发设计的最优化。因此，从装备产品创新特性来看，知识或技术学习能力、外部资源的整合能力是装备制造企业创新能力的重要组成部分。

在装备制造业产品创新过程中，供应商为企业提供了大量的信息资源。麻省理工学院阿伦教授在其《科技信息流组织》一书中引用的资料说明供应商在产品概念设计中作为企业信息获取渠道的重要作用。如表 8－3所示，产生新技术设想的有效信息来源主要是实验与分析（占31%）、用户（占19%）、供应商（占14%）。①

表 8－3　　　　对产生新技术设想的信息流分析

信息来源	技术项目（17个）	
	有效用的信息数量	百分比
文献资料	53	8
供应单位	101	14
用户	132	19

① 李随成等：《装备制造企业自主创新能力探索性因素分析及其实证研究》，《科学学研究》2009年第8期。

续表

信息来源	技术项目（17 个）	
	有效用的信息数量	百分比
来自研究所外部的信息源	67	9
研究所的科技人员	44	6
企业内的研究项目组	37	5
实验与分析	216	31
本人以前的研究经验	56	8

大量现有研究表明，企业与供应商保持密切、稳定和相互信任的合作关系，有助于开发包含复杂技术的产品。表 8 – 3 的统计结果验证了已有研究，供应商是重要的外部技术获取途径。乔彬（2012）对集群内企业与供应商合作关系进行了经验研究，研究表明基于信任的知识传递和经验交流促进了集群内企业的技术创新，使得技术、劳动力培训和生产组织不断调整，形成协同创新。在创新过程中不论是“与买方的合作”还是“与供应商的合作”总体上都比较显著的，回归结果也说明了供应链管理的重要性。①

用户同样是重要的外部技术获取途径。VonHippel 提出了领先用户的概念，领先用户的需求将会成为市场的普遍需求，他们能提前几个月或几年表明需求，领先用户也从需求解决方案中获益，因此，领先用户是创新的重要来源。实证研究表明，新产品开发过程中与用户密切合作能够提高新产品成功的概率。一般认为，用户参与创新能够为概念构建提供创意来源，协调产品研发和营销之间的关系，加速新技术的扩散。田丹（2008）对用户参与装备制造企业创新进行了调研，表明用户参与产品开发的全流程，包括概念设计、系统设计、详细设计和测试改进阶段，用户提高产品开发绩效的原因在于，企业和用户的交流能够促进信息流动，② 如表 8 – 4 所示。

① 乔彬：《山西省装备制造业集群企业合作与创新之间关系的经验分析》，《技术经济》2012 年第 2 期。

② 田丹：《装备制造业集成创新的外部技术获取研究》，硕士学位论文，大连理工大学，2008 年。

表8－4　用户参与产品开发各阶段的程度

产品开发阶段	用户参与程度百分比				
	低	较低	中	较高	高
概念设计	5.9	7.4	19.1	42.6	25.0
系统设计	10.3	16.2	27.9	25.0	20.6
详细设计	20.6	27.9	17.6	20.6	13.2
测试改进	8.8	16.2	27.9	32.4	14.7

第三，模块化创新。

模块化理论包括产品模块化、组织模块化和知识模块化三个维度。首先，产品模块化设计被认为是处理复杂技术的重要手段。不仅产品和组织可以模块化，知识也可以模块化，共性知识（general knowledge）和抽象知识（abstract knowledge）模块的出现能够降低知识密集型交易过程中资产的专用性，促进企业通过技术市场进行创新。组织和知识的模块化推动了创新网络的形成。

模块化促进了劳动力分工和专业化，产品创新不再由单一企业完成，而是由供应商、用户、研发服务公司、大学和系统集成商组成创新网络，企业间通过分工协作完成创新任务。在装备制造业技术创新日益模块化的背景下，元件和子系统按照功能进行聚类，产品可分解为不同模块，部分模块交由供应商设计和生产，因此，供应商在产品创新中的作用日益显著，能够为系统集成企业提供元件技术。企业间形成网络是新的产品开发和生产的组织形式，模块化促进了网络的形成。

思科制造战略的实现，正是依赖于其供应商的作用。思科把板填料、板测试等产品模块交予其产品供应商，因为对这些“砖或泥”业务的大量投资并不具备规模效应，而且与思科核心业务相比，这些业务的回报率较低。通过供应商完成非核心业务模块的开发与生产可以使思科集中在其核心业务模块上，缩短研发周期，拓展其产品开发领域。事实上，思科50%的零件和占收入大约25%的产品都由外部供应商提供的，这种将供应商整合到新产品创新过程的方法被思科看作获取安全技术与稀缺资源的首要手段。

第四，集成创新。

20世纪90年代，研发管理领域出现了一种新的理论——技术集成。哈佛大学Iansiti教授强调要将技术知识集成为产品系统，技术集成团队应成为企业内部的常设团队，参与产品创新的全过程。在传统的研发模式下，大学、科研院所从事基础研究工作，研究成果交给企业具体开发并实现商业化。系统集成创新是把已获得的新知识、新技术创造性地集成起来，以系统集成的方式创造出新产品、新工艺、新的生产方式或新的服务方式，以满足不断发展的新需求。集成创新与技术集成并没有本质的区别，国外学者通常使用技术集成的概念。近年来，集成创新的概念被国内学术界、企业界和政府部门广泛采用，集成创新是自主创新的一个重要层次。集成创新定义为企业控制和主导创新全流程，并在产品开发中集成了外部技术知识的创新。

在技术来源多样化的条件下，通过系统集成进行创新是快速变化的环境下企业持续发展的有效途径。系统集成是新产品开发的驱动力，也是生产的组织方式，既能保证企业产品的批量生产，又能确保产品的持续创新。系统集成创新由于成本低、周期短、风险小，具有重大经济价值，它同样可以成为实现技术跨越的突破。①

系统集成能力是装备制造企业重要的技术能力之一，是其在市场上取得竞争优势的关键。集成创新要求企业必须深入挖掘和利用外部技术知识，要求企业主导产品开发全流程，对技术吸收能力提出了更高的要求。集成创新过程中，从概念设计、系统设计、详细设计到测试和开发阶段，部分研发任务交由供应商、研发服务公司、大学研究院所等完成。集成创新要求企业具备潜在技术吸收能力，从而把握最新技术进展，明确外部技术获取的途径，实现技术转移；同时也需要企业具备现实技术吸收能力，最终有效利用外部技术开发新产品并取得竞争优势。利用外部技术知识实现创新并不是一个简单的过程。

装备产品创新所需知识的复杂性高，产品相关的知识可分为元件知识、建构知识和系统知识，建构知识和系统知识的复杂程度要超过元件知识，原因在于技术引进过程中，企业在元件知识层面进行技术学习，而集成创新过程中，企业在建构和系统层面进行技术学习。

在装备产品创新过程中，单个企业难以完成全部任务，需要制造商、用户、供应商等多方面合作，制造商作为整个系统的集成者，必须深入了

---

① 王众托：《高技术产业发展中的系统集成创新研究》，《吉林大学社会科学学报》2005 年第 1 期。

解用户需求并构建自主的产品概念，从而在产品创新过程中能够有效整合元件及子系统。构成装备产品的元件和子系统相互依赖，外部技术获取宽度与产品创新绩效正相关。

在产品开发过程中可以从外部获得新的产品概念和有用的知识，并与企业内部的开发相协调也可以称之为开放式创新。开放式创新是有目的地利用知识的流入和流出，加速企业内部创新，并推进创新成果的市场化。开放式创新是企业创新的新模式。开放式创新的内容包括创新全球化、R&D 外包、供应商集成、用户创新、技术的外部商业化和应用等方面。Intel 公司将新产品开发与制造融合在一起，以产品的建构为基础，对外开放整个系统标准，与产业链上供应商和用户紧密联结，建立起将基础研究与市场需求联系在一起的网络集成制造系统，由此企业自身技术集成能力得以快速发展。同时推动了区域整体集成创新绩效的提升。

《国家中长期科学和技术发展规划纲要（2006—2020 年）》明确提出，自主创新就是从增强国家创新能力出发，加强原始创新、集成创新和引进消化吸收再创新。陈至立指出，自主创新绝不是否定、排斥引进先进技术，更不是要关起门来自己一切从头干起，而是要求充分利用对外开放的有利条件，在引进国外先进技术的同时，切实抓好消化、吸收和再创新工作；还要扩大和深化国际科技合作与交流，在更高起点上推进我国的自主创新。① 田长军（2011）对大连重工的研究也表明，企业由“自我发展式”增长，向联合、并购“开放式增长”转变。②

供应链知识协同使知识资源在供应链系统上得到重新配置和优化配置，在共同的利益和有效的机制驱动之下，通过具体的协作研发项目产生了知识创新，直接作用于企业的技术和管理创新，是基于供应链知识协同的新的企业自主创新模式。

第六节　知识协同创新的优势

调整产业结构、转变经济增长方式、加速产业升级的关键是国内企业

① 陈至立：《深入学习科技大会精神大力推进自主创新》，《人民日报》2006 年 1 月 18 日。

② 田长军：《创新驱动引领装备制造企业转型升级的战略思考》，《中国机电工业》2011 年第 8 期。

的产品创新、技术创新和管理创新。竞争力是一个企业创新能力的综合反映，特别是企业持续性的自主创新能力，直接表现为企业开发核心技术，在产品、技术等领域不断推陈出新，从而在行业竞争中拥有明显竞争优势并获取较高回报。

在全球化的今天，装备制造业的竞争已经超越了企业、行业的范畴，实际上是一个国家科技水平和综合国力的竞争。对比美国、德国、日本等装备制造业发达国家，在强大的基础研究的推动之下，跨国公司真正确立了自身的应用基础研究和应用研究的核心主体地位，成为原始创新成果和持续创新的策源地。跨国公司不仅成为国家创新体系的重要组成部分甚至是核心，其本身也由于原创性成果的市场化而获取了巨大的经济利益，成为全球行业的引领者和控制者，成为国家竞争力的代表。反观中国所面临的创新环境，内生性的持续创新能力成为中国装备制造业竞争力提升最大的短板。

一　自主创新的主要模式分析

自主创新具有不同层次的含义，当用于表征企业创新活动时，自主创新是指企业通过自身努力攻破技术难关，形成有价值的研究开发成果，并在此基础上依靠自身的能力推动创新的后续环节，完成技术成果的商品化，获取商业利润的创新活动。自主创新的本质特点是技术突破的内生性，即核心技术必须是由企业依靠自身力量，独立研究开发而获得的。

就世界企业和我国企业的具体实践来看，自主创新的方式和方向主要有：

一是完全由企业自身推动、实施并市场化的自主创新，这种创新可以是技术创新也可以是管理创新。

这种创新模式需要企业大量的投入和长期的积累，企业真正成为技术创新的主体。在创新体系上，部分企业建立完全属于自身的基础研究、应用研究等一系列设施、人才等技术资源，如贝尔实验室等隶属于大型跨国公司的研发机构，但多数企业聚焦于应用研究领域。这种创新模式难度较大、投入较高，但一旦成功对于企业的影响将是巨大的。

二是以企业为核心，但基础研究由大学和科研机构完成的协作创新体系。这是目前国家和各级地方政府强力推动的自主创新模式。

这种模式的优势在于发挥大学科研机构等在基础研究方面的优势，给企业的应用研发提供有力、有效的支持，运用市场化和行政的手段来推动产学研的“联姻”，借助大学、科研机构等国家创新体系与企业组成创新平台，实现自主创新的目的。

三是以外部交易的方式获取技术资源，间接实现“自主创新”。

主要以国内装备制造企业实施的对国外拥有优势技术、核心技术的装备制造企业的“反向并购”方式得以实现，如吉利集团对原福特汽车旗下的瑞典沃尔沃汽车的整体收购。之所以称为反向并购，原因在于此类并购是由处于产业链低端的企业并购居于产业链高端的制造企业，由品牌弱势（国内是著名品牌，但品牌国际影响力弱）企业并购品牌强势企业，由价值链的低附加值环节（如制造组装环节）企业并购价值链高附加值环节（如设计研发、服务等）的企业。在金融危机、各发达国家经济增长放缓甚至衰退、国内市场严重萎缩竞争力减弱的情况下，海外并购不失为一个好的时机。

海外并购应以优势技术甚至核心技术的获取、提升企业品牌价值、国际市场开拓、全球资源的中国整合为主要目标，这一切都应与企业创新能力和体系的建立密切相关，与战略资源的重塑有关。整合的目的是提升装备制造业企业的内在素质，优化资源配置，真正提升经济增长的质量，如中信重工目前就在积极开展海外并购，2010 年签署了收购西班牙甘达拉矿机公司协议，迈出了国际化的重要一步。此类并购如果处理得当，能够成为快速有效且成本较低的创新方式。但是从另一个方面来说，并购对象的选择是海外并购能否真正达到目的的重要因素，拥有核心竞争优势的企业往往并不会主动出售该项技术。此外，如果不具备驾驭该项技术的研发实力和人才基础，核心技术不仅难以有效发挥作用，其价值也会迅速降低。对于中国企业而言，在海外并购中，特别是以获取核心技术为主要目的的并购行动中应采取谨慎的态度，需要进行充分的技术价值评估和市场前景的评估。

以上三种创新模式的对比如表 8 -5 所示。

从企业内部微观经营环境来看，装备制造业自主创新面临的另一个更为重要的困难是企业经营效益低下、现有产品技术含量低、同质化严重、缺乏明显的、独特的差异化竞争优势。国内众多行业面临跨国公司高端产品的倾轧和国内市场“过度竞争”的双重困境，产品利润率太低，企业积累显著不足，根本无力进行研发投入。以一拖集团为例，根据在香港上市（2012 年回归 A 股）的一拖股份 2006—2012 年经营报表中的数据

表8－5　三种自主创新模式的对比

评价 创新类型	创新主体	优点	缺点
企业自主创新	立足于企业自身	1. 有利于企业自身技术资源的培育； 2. 创新成果完全归企业所有； 3. 企业直接面对市场，创新更具有针对性和时效性； 4. 创新成果能实现快速市场化	1. 企业投入较大，需要长期的积累； 2. 企业自身资源有限，创新方向上受限
产学研联合创新	以企业为核心，大学、科研机构共同参与	1. 分散创新风险，充分利用各种类型的创新资源； 2. 优势互补，弥补企业创新资源不足的短板； 3. 在创新方向、创新领域上有更大的空间和选择	1. 利益导向不一致，协调难度较大； 2. 创新成果的利益分配是难点，容易造成知识产权的纠纷； 3. 容易造成技术资源的外泄风险； 4. 相对松散的合作方式
海外并购	外部购买	1. 相对低成本的方式； 2. 能够较快速地实现企业目标	1. 并购对象受到限制，存在一定的风险； 2. 需要企业有较充裕的资金实力和海外并购经验； 3. 并购后的整合和对获取的技术资源的利用是一个难点； 4. 不利于持续创新能力的培育

（如表8－6所示），可以看出，在反映企业最为重要的、用于企业积累、技术研发等未来发展的税前利润率在2006—2012年平均为3.3%，最低仅为1.1%。在这样的困局下，企业即使对自主创新有了充分的认识和思想的重视，也是无能为力的。

从以上分析可以看出，模仿创新和协作创新依然是目前国内企业主流的创新模式。当前国内企业的创新目标是在较短的时期内创造出具有国际竞争力的产品和技术。为实现这一目标，可行的选择是寻找到一条低成本的、将自主创新和模仿创新精髓相结合的独特的创新模式，实现所谓“弯道超车”。

表 8－6　　一拖股份 2006—2012 年企业经营数据

年度	销售收入（亿元）	销售成本（亿元）	毛利（亿元）	税前利润（亿元）	毛利率	税前利润率
2006	61.01	55.09	5.92	0.87	9.7%	1.4%
2007	71.02	62.55	8.47	2.38	11.9%	3.4%
2008	79.34	71.09	8.25	0.9	10.4%	1.1%
2009	89.71	77.03	12.68	3.58	14.1%	4.0%
2010	102.66	88.96	13.7	5.62	13.4%	5.5%
2011	117.03	100.29	16.74	5.09	14.3%	4.3%
2012	113.18	97.51	15.67	3.48	13.8%	3.1%

资料来源：一拖股份 2006—2012 年年报。

二　供应链知识协同创新优势

概括地讲，供应链知识协同创新是管理创新和技术创新的结合，是通过管理创新促进技术创新，技术创新反过来推动管理创新的全新创新模式。

企业技术创新和管理创新的实质是知识的创新，任何创新成果的背后是知识的创造。供应链中存在着大量流动的、富有价值的知识，对这些知识资源的利用是一种新的创新模式。就知识协同而言，知识的独有属性决定了其对企业的影响具有根本性、基础性和长期性，其对企业竞争力的影响是直接的和明显的。知识协同本身属于协作创新，但是又完全不同于“产学研”协作创新。如果说产学研的协作创新是基础知识和应用知识的协同，那么供应链知识协同就是一个完整的产品形成过程中的不同知识源之间的协作。供应链成员企业之间知识来源和类型上的相互匹配、共同构成最终产品的特性与装备制造业集成创新和系统创新的特征相符合。供应链不仅使竞争对抗的企业管理得到了改变，而且使松散的知识源形成了合力。

从知识结构上分析，供应链作为知识资源的相互“匹配链”，在知识资源上具有独特的结构化优势并与装备制造业所需的系统性和集成性创新相符，应成为新的重要的协同创新的模式之一。以管理创新推进技术创新不仅在理论上，而且已融入跨国公司的全球供应链，利用供应链的知识溢出效应来获取创新因子的“站在巨人的肩膀上”的创新模式已经在河南省装备制造企业中得到实践并产生了突出的效果。

首先，供应链知识协同模式适应了装备制造业的系统性和集成性特征。现代制造业企业运营管理理论和管理方法已发生了深刻的变革，尤以日本企业和美国企业为代表。20 世纪 90 年代以来对美国企业影响最大的两个方面：供应链和知识管理。装备制造业之所以被称作“工业之母”，不仅仅是因为其为国民经济各部门提供技术装备，更重要的是其具有高度的系统性和集成性，是国民经济多个领域、多个产业的综合体现。从产业特征和战略高度来看，系统制造、集成创新能力最为重要，也是国内装备制造业的弱项。装备制造业要想在短时期内实现追赶与超越，围绕某一特定产品的价值链展开全球性的、多方面的知识协同，构建基于相互信任、协作和一体化运作的供应链就成了国内装备制造企业可行的选择。以合作共赢代替竞争对立，通过与产业链上下游企业建立战略合作伙伴关系，建立介于“完全市场”和“纵向一体化”之间的新型竞合关系，一方面是使系统性和集成性在供应链这个平台上得以实现，另一方面创造新的竞争优势。

其次，供应链知识协同模式可以促使企业真正成为产业技术进步的主体。在世界范围内，成功的供应链模式大多围绕核心企业来构建，核心企业处于供应链网链结构的“中心位置”，并以此来整合产业链的上下游企业。如 TOYOTA、IBM、DELL 等，以及 20 世纪 80 年代末 90 年代初的美国克莱斯勒汽车公司。由于历史和现实的原因，我国装备制造企业始终没有成为产业技术进步和管理创新的主体。企业要想真正成为技术创新的绝对核心和主体，必须建立属于自己的技术研发体系。供应链模式提供了一条整合各类资源，将包括最终顾客、供应商的产业链上下游的企业整合成一个供应链系统，将链内的优势资源，特别是知识资源进行新的配置和组合创新体系。

最后，供应链知识协同是产业组织创新的直接体现。总体上分析我国装备制造业的现状，从组织形式上看，是在追求大而全、小而全的纵向一体化模式；从生产运作层面，以追求均衡平稳生产为目标，缺乏对用户需求的柔性和快速响应。就供应链系统而言，通过其网络化的整合能力，使整个供应链能够适时地以有效的程式与内外部的合作伙伴进行信息的交换，赢得时间优势；通过跨组织边界的“信息交流”和知识协同，致力于发展超越组织边界和空间的网络化关系交流能力，使快速响应成为现实；通过供应链系统的决策能力，更为全面地控制并提升整个系统的运作柔性。

第七节　供应链知识协同创新绩效评价指标体系

一　评价指标构成

关于创新绩效，国内外学者对于创新绩效的理解主要集中在创新投入产出效率以及创新活动的产出与对企业的影响上。国外通常将创新绩效定义为经济的增长和社会福利的提高，我国学者将创新绩效普遍理解为创新的效率和效果，创新绩效体现为创新活动的产出和对企业的影响上。从创新绩效的构成要素测量表上，可以看出传统的创新绩效的测量还主要集中在对创新结果的测量上，比如说新产品数量、专利申请数量、新产品产值、新产品销售额等要素。

彭中文等（2009）对湖南装备制造业创新绩效和综合竞争实力进行了研究，建立了 3 个一级指标和 7 个二级指标项，主要有：①技术创新投入类指标。包括技术开发投入比重、技术开发人员比重。②技术创新产出类指标。包括专利数量、开发新产品数目等。③技术创新指标。包括新产品销售率、新产品产值率、产品利润率等。[①] 焦晗（2006）提出装备制造业创新绩效的指标体系应包括：①新产品满足用户需求的程度；②产品开发的速度；③支撑产品持续性创新的程度。[②]

也有学者从影响装备制造业创新的影响因素出发展开研究建立了评价体系。主要有：①技术集成能力。企业技术集成能力对创新绩效有显著的影响作用。②知识整合能力。装备制造企业创新能力的构成要素中最重要的是知识要素，创新能力既可以以现有知识为基础创造新知识，也可以通

① 彭中文等：《湖南装备制造业技术创新绩效及其竞争力研究》，《湘潭大学学报》（哲学社会科学版）2009 年第 3 期。

② 焦晗：《我国装备制造业技术集成能力与集成创新绩效实证研究》，博士学位论文，东北大学，2006 年。

过对原有知识的整合集成得到新知识，动态能力实现跨越组织边界获取知识，吸收并有效地整合企业原有的知识和新获得的知识。③网络关系强度。企业外部网络的联系强度、外部网路稳定性、外部网络密度对吸收能力和创新绩效的影响较大，指标体系如表 8－7 所示。①

表 8－7　　网络结构与企业创新绩效之间的指标体系

变量	测量指标
网络结构	网络密度
	联系强度
	网络规模
	网络稳定性
吸收能力	知识获取能力
	知识消化能力
	知识整合
	知识利用
创新绩效	产品创新能力
	工艺创新能力
	市场创新能力
	管理创新能力

综合已有的研究成果，根据供应链的结构特征和知识协同创新的内在机理，本书对知识协同作用于企业技术创新的逻辑关系描述为：在利益和关系机制的驱动之下，通过供应链上知识资源的流动、共享以及重新整合与优化配置，使知识资源的效用得到了质的提升，最为直接的表现是企业获取了所需要的、富有价值的知识点，直接改善和优化了企业的知识结构，而这些知识结构对企业的创新与学习能力产生影响，进而促进产品与技术竞争优势的提升，导致客户满意度和市场响应速度的提高，并最终实现了企业的高成长性和良好的财务绩效。因此，从以下几个方面设计知识协同效果指标。

① 刘晓平等：《基于动态能力的装备制造企业创新能力发展机理研究》，《科技与管理》2013 年第 7 期。

（一）财务绩效

研究选取资产增长率、净资产增长率及净资产收益率、利润增长率等指标作为评价体系。

（二）产品与技术竞争优势

研究选取销售收入增长率、产品国内市场占有率、利润率等作为评价指标。销售收入增长率是对企业研发效果的最直接和最真实检验；产品市场占有率是评价企业产品和技术竞争优势的重要的指标之一，反映了企业的获利能力；利润率则反映了企业以技术优势取胜而非依赖成本领先，是企业长期健康发展的指标。

（三）创新与学习

在创新与学习指标上，研究选取能直接反映企业创新与学习能力的新产品开发数量、专利数量、新产品贡献率、技术研发投入及研发费用率等指标进行分析。上述指标既是知识协同效应的具体体现，又对企业持续竞争优势的保持和提升具有核心作用。

（四）供应链协同度

研究选取直接客户满意度、与供应链合作伙伴协作研发项目数量、新产品研发周期缩短等作为评价指标。直接客户满意度是供应链下游企业对上游企业产品及服务的综合评价，协作研发数量反映了双方合作的深度与广度，研发周期缩短则是知识协同效果的直接体现。知识协同与企业创新绩效之间的内在逻辑关系如图 8－2 所示。

二　权重及评分设计

根据知识协同的内在属性，以及上述指标对企业协同创新的相对重要性，对上述四个方面的指标进行权重设计。其中创新与学习指标权重为 0.3，产品与技术竞争优势为 0.2，供应链协同度为 0.35，财务指标权重为 0.15。

为客观准确评价案例企业的知识协同绩效，本书研究采用德尔菲法（专家意见法）进行专家打分评价，专家分别来自案例企业的高管、行业专家等，共计 10 人。采用多轮打分，即将案例企业的有关数据和资料发给各专家后，进行多轮打分并反馈打分结果。

分值评价采用 5 个等级的李克特等级度量法，最高得分为 5 分，最低得分为 1 分。综合得分 3.0 以下为效果差，3.0 以上为良好。权重分配如表 8－8 所示：

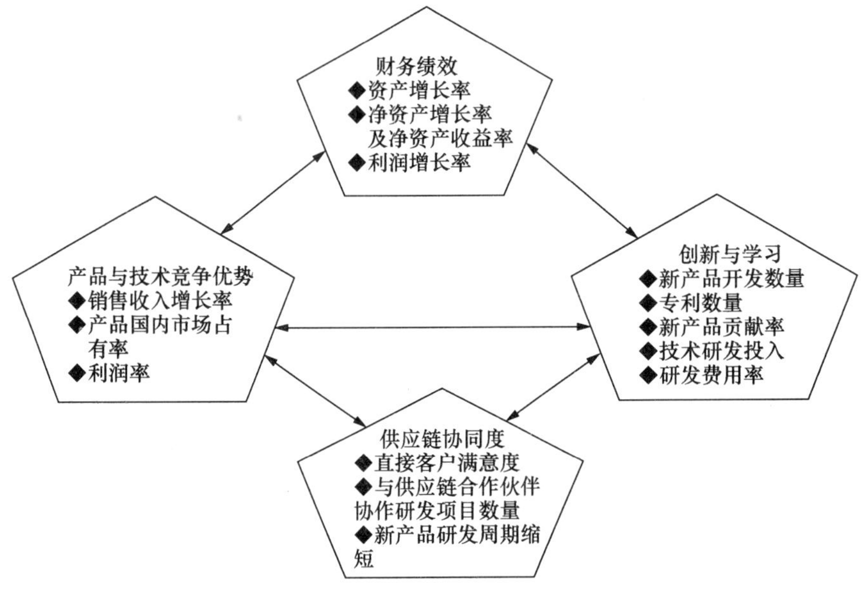

图8－2 知识协同与企业创新绩效之间的逻辑关系

表8－8 知识协同效果评价指标

序号	一级指标	一级指标权重	二级指标	二级指标权重
1	财务绩效	0.15	资产增长率	0.2
			净资产及净资产收益率	0.35
			利润增长率	0.45
2	产品与技术竞争优势	0.2	销售收入增长率	0.35
			产品国内市场占有率	0.35
			利润率	0.3
3	创新与学习	0.3	新产品开发数量	0.25
			专利数量	0.2
			新产品贡献率	0.35
			技术研发投入及研发费用率	0.2
4	供应链协同度	0.35	直接客户满意度	0.4
			与供应链合作伙伴协作研发项目数量	0.25
			新产品研发周期缩短	0.35

第八节　案例企业研究

本书以在供应链知识协同中获取巨大创新利益、具有代表性的河南省装备制造企业中信重工为重点研究对象，采用案例研究的方式，与同行业、同时期的行业内企业进行对比分析。在研究方法上采用定量研究和定性研究相结合，以河南省历年工业统计年鉴的数据、企业调研的经营数据为依据展开对比分析，得出本书的主要观点。

一　企业简介

中信重工前身为洛阳矿山机械厂，位于河南省洛阳市，是我国“一五”期间兴建的156项重点工程之一。1993年年底企业整体资产划拨中信集团公司，更名为中信重型机械公司，2008年1月改制成立中信重工机械股份有限公司。中信重工注册资本为12.88亿元。经营范围为重型成套机械设备及零部件，铸锻件的设计、制造、销售。该公司目前已成为中国最大的矿山机械制造企业以及中国最大的重型机械制造企业之一，是中国低速重载齿轮加工基地，中南地区铸锻和热处理中心，国家级理化检验认可单位和国家一级计量企业。

中信重工是我国装备制造行业的大型支柱企业。2003年以来，企业驶入发展快车道，重新成为中国重型装备制造业的龙头企业。公司历年来取得了一批有实用价值的科研及产品开发成果，如矿井提升机、大型磨机、水泥成套设备、管棒材矫直机、大型减速器、活性石灰、纯低温余热发电技术等处于国内或国际领先水平。该公司为大型成套设备生产企业，产品创造出了多个全国第一，市场占有率较高。公司产品涉及建材、冶金、煤炭、有色、电力、大型铸锻件等领域，相关领域产品如表8-9所示：

表8-9　　中信重工产品涉及的相关领域

行业领域	产品类型	主导产品
建材水泥领域	主机产品：水泥磨机、水泥辊压机、水泥回转窑、水泥原料立式辊磨机等； 成套设备：新型干法水泥生产线成套设备	公司在该领域产品均具有较大优势、市场占有率较高

续表

行业领域	产品类型	主导产品
煤炭矿山领域	主机产品：大型提升机、矿用磨机、露天矿用牙轮钻机、竖井钻机、破碎机和洗选设备等； 成套设备：露天矿用破碎站工程成套设备	大型提升机、竖井钻机、矿用磨机
冶金领域	铁前及冶炼设备，混料机、转炉、氧化球团窑； 轧制设备：中厚板轧机、冷轧机、管材生产设备； 成套设备：活性石灰工程成套设备	氧化球团窑、活性石灰工程成套设备、高速冷轧管机、管棒材矫直机、板材轧机
电力领域	纯低温余热发电成套设备、电站设备、发电设备、水电站设备等	纯低温余热发电成套设备属完全自主专利产品
通用领域	铸锻件：电站转子锻件、船用铸锻件、环形锻件、模具钢、航天锻件等 减速机：建材用减速机、榨糖机用减速机、开式齿轮等	在大型铸锻件、矿山类减速、榨糖机用减速机方面，均具有较大优势

二　“天平型”发展战略

中信重工自2004年以来，通过自主创新驱动产业价值链的重构与升级成功实现战略转型，这其中既得益于持续不断的高强度研发投入和独具特色的技术创新模式，也与该公司创造性的“天平型”战略模式的构建与实施密切相关。

（一）“天平型”战略模式的内涵

“天平型”模式是与“哑铃型”和“纺锤型”结构相对而言的，“哑铃型”战略旨在企业内部价值链构成上弱化乃至放弃制造环节，而强化技术研发、营销与服务等价值活动，使其成为核心竞争优势、企业价值创造的新的来源；“纺锤型”战略最初是基于与“哑铃型”战略的对比研究而提出的，其内涵并非制造环节在整个价值链系统上具有强有力的竞争优势，而是制造环节在企业整个价值链的构成上的“畸形”——技术研发与营销服务相对弱势，制造环节占据企业资源构成的绝对比重，与其他价值活动特别是与研发活动相比“大而不强”。“纺锤型”战略很好地概括了中国装备制造业长期以来的发展模式，即在引进消化吸收与自主创新上的严重投入不足所导致的核心竞争优势匮乏与低水平竞争，以及在学习、借鉴与创新世界先进制造模式、运营管理模式上缺乏内生性的驱动机制，从而造成在价值链的结构性弊端。

“天平型”则是一种均衡型的战略模式，其特征是以制造环节为“天平支架”，以技术研发与产品设计、营销与服务为“天平两端”，同时在制造、研发和营销等价值链环节确立竞争优势，从而获取有利竞争地位的战略模式。中信重工的“天平型”战略的独特性在于：

首先，制造资源与能力稀缺化。

在“纺锤型”结构中，制造环节尽管位于中心位置但竞争力与价值创造能力均弱，要实现均衡型的战略模式必须补齐制造短板。装备制造业产品“极端化”的发展趋势为制造环节重新成为核心竞争优势的来源提供了条件，但是，要提高制造环节的价值创造能力必须寻求独特的、差异化的制造资源与方式。中信重工以全球稀缺的甚至是独一无二的重装制造资源和能力确立了自身在全球市场上的高端制造地位，为“天平型”战略的实现打下了坚实的基础。

其次，技术研发是核心战略驱动力。

蓝海战略认为，通过价值创新、战略要素重组与重建市场边界等可以开创无人竞争的“蓝海”。中信重工所提出的“技术先导”战略的核心思想是通过技术创新与产品创新创造客户需求，提供给全球客户更优、更大的客户价值，进而创造巨大的未知市场。在技术研发环节，中信重工走的是一条“站在巨人的肩膀上”的模仿创新与自主创新相结合的道路。显然，缺乏独特的、显著的技术优势不仅使“天平失衡”，也会极大地削弱制造环节已经确立的竞争优势。换言之，技术与管理创新贯穿于价值链的各个环节，是“天平型”战略结构得以实现的核心力量。高端制造与高端营销的核心内涵是高端技术，没有技术驱动，“天平型”战略将无以为继，最终失败。

最后，均衡的战略结构产生协同效应。

“天平型”战略的实质是对已有的、传统型装备制造企业价值链进行重构，在取得单个价值链活动竞争优势的同时，更为重要的是建立价值链活动之间强有力的相互联系，提升价值链活动的系统性和集成性。根据波特竞争战略的观点，企业竞争优势既来自构成价值链的单项活动本身，也来自各项活动之间的相互联系，从更广泛的角度讲，企业的价值链蕴藏于范围更广泛的价值系统之中。“天平型”战略的均衡优势在于各个价值链环节相互匹配、相互支持，产生协同效应，创造了新的价值来源。在中信重工，由于价值链的重构以及各个价值链活动内在质量的提升，使得研发、制造与营销等价值链活动的相互联系发生了质的飞跃，在系统性和集成性要求很高的装备制造领域产生了合力，使中信重工实现了由提供产品到提供系统解决方案，从单纯提供设备到总承包、交钥匙工程的跨越。伴随着这一进程的是中信重工由设备提供商到综合服务商的转变，显著提升了公司的营销定位，使天平的两端实现了平衡。

（二）“天平型”战略的实施及其效果

“天平型”战略是一项系统工程，要在研发、制造和营销等多个价值活动上创造最优，并协调多个价值活动之间的相互联系，具有很大的难度，在此方面，中信重工也探索出了一条独特的发展道路。

第一，在研发端整合全球资源。

以成功融入全球供应链利用跨国公司供应链知识“溢出效应”，通过知识资源的有效整合和学习开创了独特的低成本快速创新方式，从而使自身从跨国公司供应链上的一个可有可无的“节点企业”迅速成长为供应链的“链主”，在自身所搭建的平台上整合全球制造资源。截至目前，中信重工先后与世界三大矿业装备工程公司——美国美卓矿机、美国福勒、芬兰奥托昆普，世界三大水泥装备工程公司——丹麦史密斯、德国洪堡、日本宇部建立和加深了合作关系，并与世界五大水泥生产商——法国拉法基、瑞士豪西姆、墨西哥康麦克斯、德国海德堡、意大利水泥集团结成战略合作伙伴。2007 年以来，中信重工与西门子联建了自动控制、网络与过程控制、电气传动、数控机床 4 大实验室，专门围绕中信重工的重点产品进行自动化控制和技术的研发，为中信重工产品向机电一体化发展提供技术支持，2011 年 2 月双方正式结成战略合作伙伴关系。可以说，没有全球资源的有效整合就没有今天的中信重工。

第二，在制造端构建“极端化”制造能力。

超大超重的极端化制造是装备制造业的发展趋势之一，中信重工先后投资 39 亿元，把制造突破口放在加快实施以世界最大的 18500 吨自由锻造油压机为核心的“新重机”工程，构建起包括冶炼、铸造、锻造、热处理、机加工、铆焊、液压自动化控制、实验计量检测和超大型装备生产现场整机装配试车的现代化、高水平的工艺制造能力、成套能力和工程总承包能力。

第三，在营销端塑造全球化品牌形象。

2006年6月，IBM的董事长彭明盛在美国《外交》杂志上发表文章，提出“跨国公司”的时代已经结束，“全球整合企业”的时代正在到来。在中信重工的“天平型”战略中，塑造全球化的企业品牌是至关重要的一环，也是高端营销的基础。除了积极融入全球供应链并努力改善自身在供应链体系中的地位之外，中信重工还分别在澳大利亚、美国设立技术研发中心，并在2011年全资并购西班牙GandaraCensa公司，走出了全球化战略的重要一步。

“天平型”战略的成功实施给中信重工带来了巨大的收益，也促使企业从规模型增长向内涵型增长的深刻转变。从2004—2008年该公司的经营数据来看，累计创新产品及专利超过100项，主要产品获取了国内市场较高的占有率，如大型活性石灰生产线设备80%、RP系列辊压机50%、大型矿用提升机87%、大型矿用磨机80%的占有率；主要经济指标均大幅度超过河南省装备制造业的平均水平，如销售收入年均增长率为48.4%，利润年均增长率为48.2%，净资产总额年均增长率为38.3%，新产品贡献率超过60%。[①]

（三）“天平型”战略成功实施的内在因素分析

从全球化的视角分析，中信重工构建“天平型”战略与外部环境提供的机遇密切相关。自20世纪90年代以来，以纵向一体化战略的“解束”为特征，跨国公司专注于核心业务，而将低附加值、非核心业务外包的全球产业链重构给中国制造业带来了巨大的机遇，成就了中国成为全球最大的制造业中心，2009年超过美国成为全球制造业第一大国。客观分析，中国本土制造业在劳动力数量和技能素养、制造加工能力、区域性配套制造资源等方面在与其他发展中国家和地区的综合比较上占有一定的优势，这也是跨国公司选择中国制造的原因之一。可以说，全球制造资源的转移至少在规模方面壮大了中国制造业的制造加工基础，而国内经济的高度增长、基础设施建设、城镇化进程都无疑助推了中国制造业走出低谷、迎来快速发展的历史时期。

国内制造行业不能简单放弃制造环节的另一个重要原因在于就业——

① 罗珉：《组织间关系理论研究的深度与解释力辨析》，《外国经济与管理》2008年第1期。

制造业作为战略性产业担负着提供大量就业岗位的重任，特别是对国有大型企业而言。与跨国公司相比，国内制造业在劳动力成本方面目前还是具有较为明显的优势，制造环节还具备创造价值的条件和能力。此外，随着跨国公司聚焦于核心业务而将制造环节外包，制造资源与制造能力必将变得相对“短缺”，高端制造资源尤其如此。中信重工的“天平型”战略的独特之处在于不是简单地保留制造环节，而是将制造环节升级，成为稀缺的战略资源和企业的核心竞争优势来源，既能创造大量就业又能创造高附加值。

在“天平型”战略中，制造环节虽然处于结构上的中心，但是绝不是战略的核心，战略的核心依然是技术研发与创新。毋庸置疑，尽管创造了价值链均衡的“天平型”战略提供了更为丰富的价值活动之间的相互联系，但是缺乏持续创新能力和核心技术的“天平型”战略必然无法创造突出的竞争优势，特别是在全球化的时代背景之下。

如果从世界范围内的制造业发展模式来分析，“天平型”战略是特定历史时期内的阶段性产物。可以说，所谓“哑铃型”战略大多是由“天平型”战略逐渐演化而来，尤其是在20世纪90年代之前“纵向一体化”被普遍采用的时期，均衡型的发展模式被大多数公司所采用。因此，“天平型”战略模式既非制造业最终的发展形态，也非任何企业都适用的战略模式，有其特定的适应条件。对跨国公司而言，一是信息技术与网络使供应商与客户之间的信息不对称程度大为减弱，客户的讨价还价能力持续上升并达到一个前所未有的高度；二是技术进步使跨组织边界对交易行为及过程的有效监督成为可能，为节约交易费用提供了技术途径；三是信息的充分流动、文化的融合与交流，全球化的资源配置与竞争等市场与非市场的因素共同作用造成了价值观的多元化与不稳定性，促使客户需求快速多变、发散、个性化，产品生命周期缩短，客观上要求企业更快地响应市场需求、提供更具柔性的运作管理。上述因素与宏观环境的变化共同造成了企业经营环境的高度不确定性，无疑给企业的战略管理带来了挑战。因此，为适应竞争需求也为了更有效地降低成本，特别是制造环节的人工成本，跨国公司纷纷进行产业价值链与企业价值链的重构，将优势资源聚焦于高价值的、最能发挥自身核心竞争优势的环节，“哑铃型”战略就成为提供快速响应与柔性、应对多变不稳定客户需求、实现效率与差异化兼顾的有效竞争手段。同样，在国内制造业目前的特定发展环境下，中信重工所创造并实施的“天平型”战略也成为适应宏观环境与当前竞争环境、确立自身优势的有效发展模式。

中信重工“天平型”战略是国内企业在战略管理模式上的一次创新，对国内企业的运营管理尤其具有现实意义。国内外历来就有“纺锤型”、“哑铃型”经营模式之争，“纺锤型”经营模式固然有其重大的缺陷之处，但“哑铃型”战略并不适合所有的企业和所有的发展阶段。跨国公司选择“哑铃型”战略除了劳动力成本以外还有许多重要的竞争环境因素。当高端装备制造成为国家新兴战略性产业和国内外竞争的战略焦点之时，国内装备制造业既不能囿于体制与历史等诸多不利因素，也不能割裂历史和现实环境，完全照搬国外的发展经验和发展模式。

就中信重工而言，“天平型”战略并未达到完全理想的状况，要在多个价值链环节都确立强的竞争优势即使是对跨国公司而言也具有高的难度。“天平型”战略的初步效果已经显现并且非常显著，但不论是在传统优势的制造环节，还是在研发和全球营销环节尚都处于起步阶段和夯实基础阶段，建立稳固的、内在的和可持续竞争优势才是“天平型”战略成功的标志。

三　中信重工供应链知识协同创新模式

中信重工是河南省专用装备制造业的代表企业，也是河南省装备制造业重点发展和扶持的51家重点企业，同时也是背负沉重发展包袱、企业情况复杂、发展历程曲折的十分具有代表性的老国有装备企业。可以说，中信重工的历史是河南省装备制造业发展历史的缩影。

中信重工能够走出20世纪90年代末期的经营困境，从外部环境上分析，一是中国经济在短暂调整后继续走上快速发展的道路，国内煤炭、水泥等矿山采掘、能源开采等行业迎来发展的高峰，对矿山装备的需求逐渐恢复增长并持续增长为企业带来了走出困境的市场机遇；二是跨国公司在全球范围内实施全球整合供应链战略，将制造和组装等环节向中国等劳动力成本低廉的国家转移，中信重工成为跨国公司全球供应链中的一个环节，大量国外企业的订单加速了企业走出低谷。

从内部来看，固然有企业励精图治、转变经营观念、努力开拓市场和领导班子能力突出等原因，但是，彻底改变企业粗放低效率和低效益的长期落后的增长方式是关键。与中国一拖等同地区、同时期建设的国家重点装备企业相比，通过加大研发投入、实现技术与产品的自主创新，从根本上改变了企业增长的方式和质量。中信重工的自主创新模式是独特的，也是供应链知识协同实现创新的典型。其具体的知识协同实践主要有：

首先，成功融入跨国公司全球供应链，获取创新因子。

以成功融入全球供应链，充分利用跨国公司供应链上的知识“溢出效应”和知识流动及协同效应寻找创新因子。在成功融入跨国公司供应链的过程中，跨国公司的知识资源以设计图纸、技术数据等通过技术交底、现场服务、人员交流等方式向中信重工流动。中信重工与跨国公司，特别是与美卓矿机、美国福勒和史密斯公司的战略合作过程中获取了大量、富有价值的知识资源，成为中信重工技术创新的“触发因子”。

其次，在稀缺制造资源与能力的基础上构建以自身为核心的供应链体系。

超大超重的极端化制造是装备制造业的发展趋势之一，全球“稀缺化”的制造资源与能力成为中信重工确立“天平型”战略的重要基础支撑。中信重工先后投资 39 亿元，把制造突破口放在加快实施以世界最大的 18500 吨自由锻造油压机为核心的“新重机”工程，构建起包括冶炼、铸造、锻造、热处理、机加工、铆焊、液压自动化控制、实验计量检测和超大型装备生产现场整机装配试车的现代化、高水平的工艺制造能力、成套能力和工程总承包能力，并以此为平台反向整合包括美卓矿机等在内的全球优势企业资源。

随着自身实力和核心竞争优势的建立，中信重工建立了以自身为核心、中国模式的全球供应链体系，将 ABB、西门子、美卓矿机等世界著名的跨国公司纳入其自身的供应链中，进一步对供应链上供应商知识资源进行有效整合和利用。如 ABB 和西门子都在中信重工设有实验室和培训中心，以具体的项目和产品为载体进行协同研发，通过系统和集成创新，创造出在成本方面更具有竞争优势的与跨国公司比肩的技术与产品，成为全球供应链的主宰和全球竞争的主体而不仅仅是制造环节的节点企业。以西门子为例，2007 年以来，中信重工与西门子联建了自动控制、网络与过程控制、电气传动、数控机床 4 大实验室，专门围绕中信重工的重点产品进行自动化控制和技术的研发，为中信重工产品向机电一体化发展提供技术支持，具有显著创新价值的知识资源向中信重工积聚。

这一阶段标志性的事件是 2008 年 7 月，中信重工具有自主知识产权、填补国内空白、为世界矿业巨头必和必拓直接供货的 Φ4.5m×8.4m 洗矿机在澳大利亚中标，成功打入国际矿业高端市场。

最后，供应链知识资源的创造性学习和整合。

强有力的学习能力是中信重工能够获取知识资源并为我所用的关键。中信重工之所以能够有效学习跨国公司的溢出知识，实现对高技术含量、高价值知识资源的深刻理解、解读和精准驾驭，其关键在于中信重工自身所拥有的基础良好的技术实力。该公司拥有首批国家级企业技术中心，是国内唯一的矿山装备综合性研究机构，2011 年在国家认定的 729 个企业技术中心综合评价中排名第 3 位。

在技术中心的支持之下，中信重工对跨国公司的知识资源并非简单地复制与拷贝，而是创造性地学习。既要善于学习掌握知识资源的精髓，又要举一反三结合企业实际和市场竞争的需要加以创新。为实现快速创新，也为了避免产生知识产权纠纷，中信重工根据企业所需对供应链上的知识流有针对性地进行整合、重构，在全新的技术平台上集成了各家所长，在系统设计与应用方面取得了成功。通过知识协同驱动企业创新，在较短时期之内低成本地创造出具有国际竞争力的技术和产品，从根本上改变了自身在全球供应链中的地位。

四　知识协同绩效分析

以下数据均来自企业调研和河南省历年的统计年鉴。

（一）财务绩效

1. 资产增长

从 2003 年至 2011 年，中信重工的资产增长与河南省装备制造业中的专用装备制造行业资产增长与变化趋势如图 8－3、图 8－4 所示。

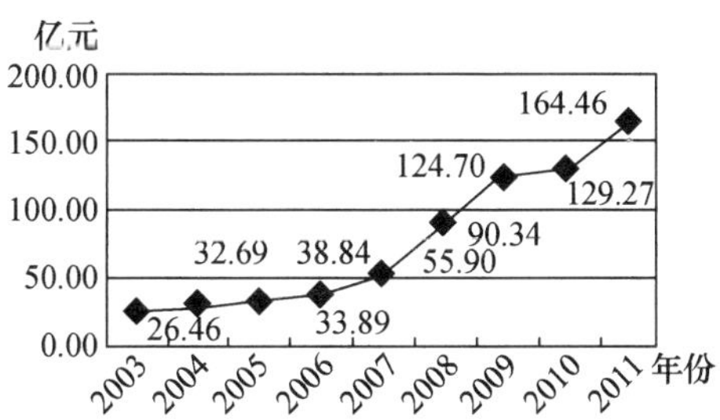

图 8－3　中信重工资产增长情况

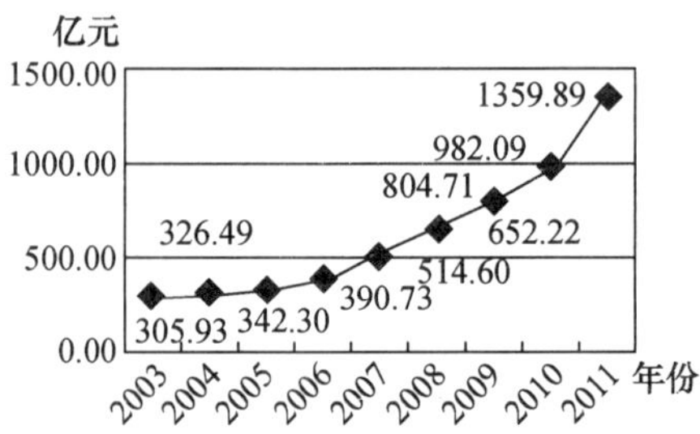

图 8 -4　专用装备制造业资产增长情况

从数据上看出，2003—2011 年，中信重工资产共计增长 6.2 倍，年平均增长率为 26%；同期河南省专用装备制造业资产共计增长 4.4 倍，年均增长率为 20%，两者相比，中信重工高于全省平均水平 6 个百分点。

2. 净资产及净资产收益率（如图 8 -5、图 8 -6 所示）

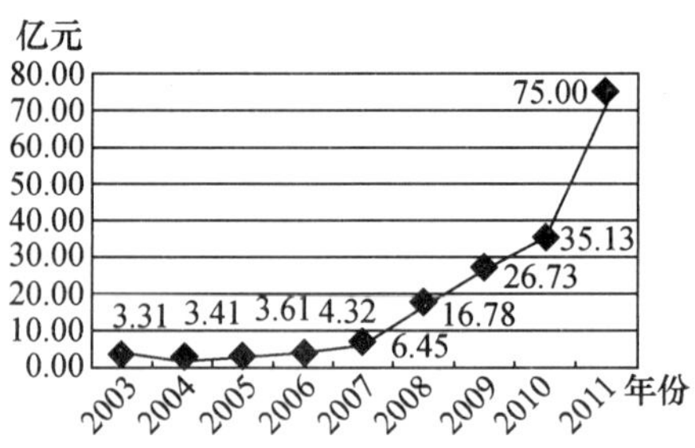

图 8 -5　中信重工净资产增长情况

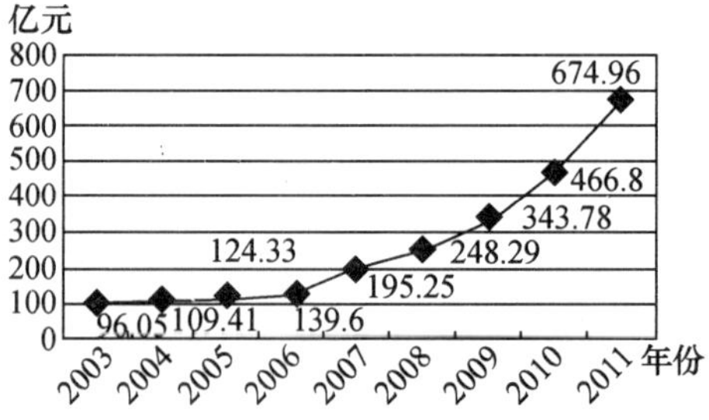

图 8 -6　专用装备制造业净资产增长情况

2003—2011 年，中信重工净资产共计增长 22.66 倍，年平均增长

48%；同时期河南省专用装备制造业行业净资产共计增长7.03倍，年均增长28%，低于中信重工20个百分点。

反映企业成长性的另一个重要指标是净资产收益率，中信重工在2009年、2010年和2011年的净资产收益率分别为27.32%、26.43%和15.82%，也高于河南省全行业水平。

3. 利润增长（如图8－7、图8－8所示）

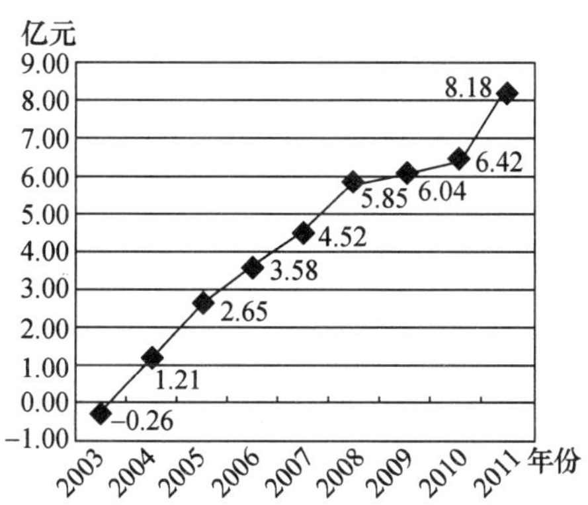

图8－7　中信重工利润增长情况

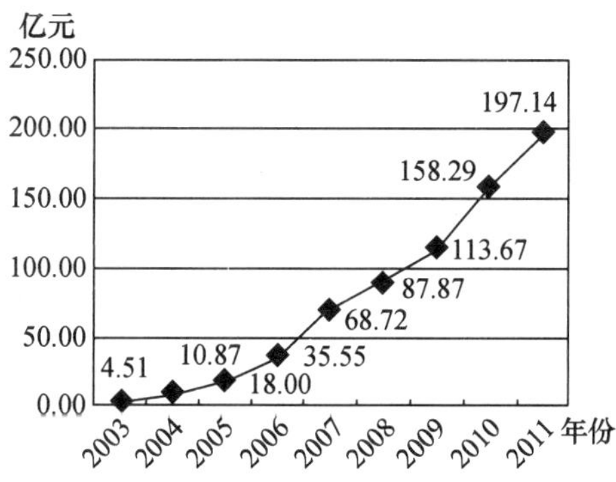

图8－8　专用装备制造业利润增长情况

从数据来看，由于2003年中信重工亏损，自2004年开始至2011年，企业利润共增长6.8倍，年均增长32%；如果以2004—2009年作为计算周期，则在此期间利润共计增长5.0倍，年均增长38%。这对于一个长期亏损的老国企而言是非常显著的业绩。对比河南省专用装备制造业的数据，在此项指标上中信重工低于全行业 60% 左右的增长速度。

（二）产品与技术竞争优势

1. 销售收入（如图 8－9、图 8－10 所示）

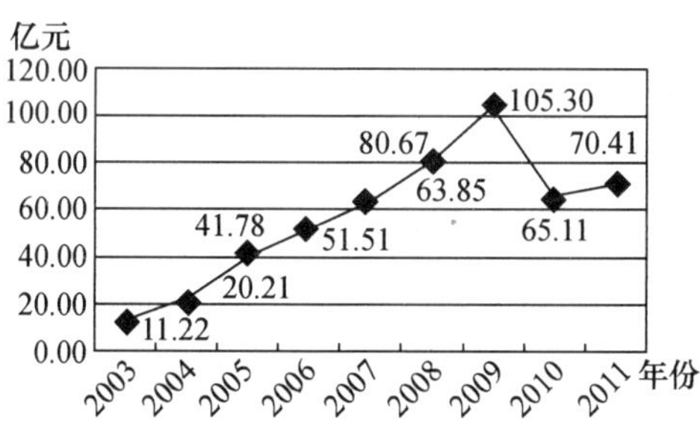

图 8－9　中信重工销售收入增长情况

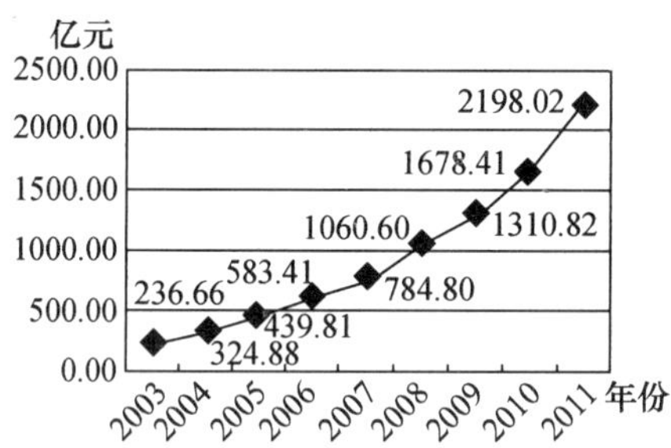

图 8－10　专用装备制造业销售收入增长情况

从数据上分析，中信重工自 2003 年至 2009 年实现了高速增长，2009 年后由于世界金融危机的影响，公司在销售收入方面受到了较大的影响，2010 年后处于调整阶段。2003 年至 2009 年也是该公司在供应链知识协同方面不断探索、收获巨大的时期。如果以 2009 年为界，将中信重工的发展阶段划分为两个阶段的话，那么 2003 年至 2009 年阶段是关注的重点。自 2003 年至 2009 年，中信重工销售收入增长 9.4 倍，年均增长率为 45%；而同期河南省专用装备制造行业销售收入增长 5.5 倍，年均增长率为 33%，中信重工高于全省平均水平 12 个百分点。

2. 利润率

在反映企业持续增长能力的利润率指标上，中信重工优于河南省专用

装备制造业的平均水平。（如图8－11、图8－12所示）

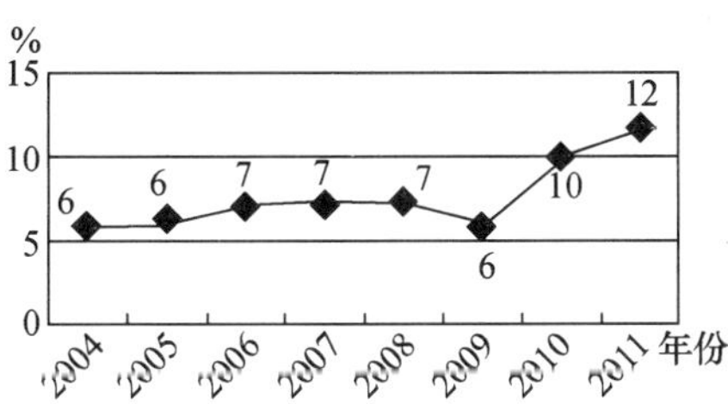

图8－11　中信重工历年利润率情况

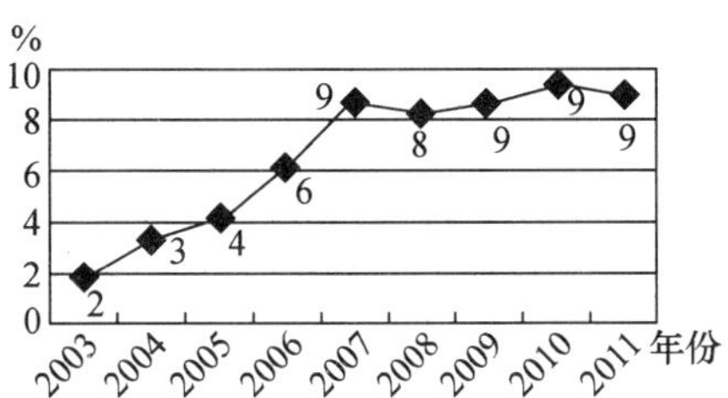

图8－12　专用装备制造业利润率情况

由于2003年中信重工利润为负，自2004年至2011年，公司的净利润率均保持在6%以上，年平均利润率为7.6%。而同期河南省行业年平均利润率为6.5%。

3. 产品国内市场占有率

自2003年以来，中信重工的主导产品在国内市场上具有十分突出的竞争优势，四大类产品在煤炭、冶金、建材和电力等市场上拥有极高的市场占有率。如表8　10所示：

表8－10　　中信重工主导产品市场占有率

主导产品	市场占有率（2009年数据）
大型活性石灰生产线设备	80%
RP系列辊压机	50%
大型矿用提升机	87%
大型矿用磨机	80%

可以看出，中信重工的主导产品在国内市场上占有绝对领先的优势，在国际市场上同样具有技术竞争优势。

（三）创新与学习

1. 新产品开发数量（如表 8 - 11 所示）

表 8 - 11　　中信重工历年新产品开发数量

年度	2003—2008	2009	2010	2011
新产品开发数量	年均 10 项	15 项	37 项	18 项

从新产品开发数量上看，该公司保持了旺盛的创新能力。

2. 专利数量（如表 8 - 12 所示）

表 8 - 12　　中信重工历年专利数量

年度	2003—2008	2009	2010	2011
专利数量	累计完成 73 项	100 项	48 项，其中发明专利 15 项	54 项，其中发明专利 22 项

专利特别是发明专利的申请批准既是企业技术创新能力的体现，同时也反映了企业的知识产权保护意识。从已有的数据来看，公司专利申请数量在河南省装备制造业处于中等偏上的水平，但考虑到在高度集成化和相对成熟的重机领域等行业属性，该指标已经非常突出。

3. 新产品贡献率

新产品贡献率反映了企业持续向市场推出新产品和新技术的能力，也是企业创新能力和盈利能力能否有效延续的体现。（如表 8 - 13 所示）

表 8 - 13　　中信重工历年新产品贡献率

年度	2003—2008	2009	2010	2011
新产品贡献率	年均 60% 以上	71.59%	70.72%	73.44%

中信重工的新产品贡献率多年来保持在 60% 以上，最近三年来更是超过了 70%，该项指标走在了全河南省专用装备制造业的前列。尽管 2008 年全球金融危机造成多行业持续低迷，对重机行业产生了诸多不利

影响，但从新产品贡献率上来看，中信重工对市场的掌控力和影响力依然较强，企业的知识协同创新依然带来了巨大的收益。

4. 技术研发投入及研发费用率（如图8－13、图8－14所示）

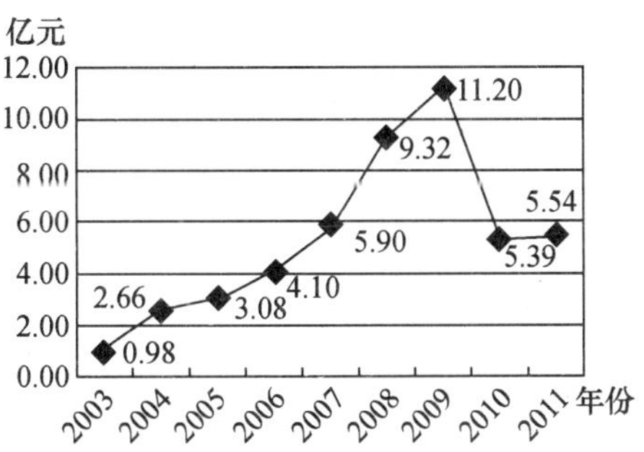

图8－13　中信重工技术研发投入情况

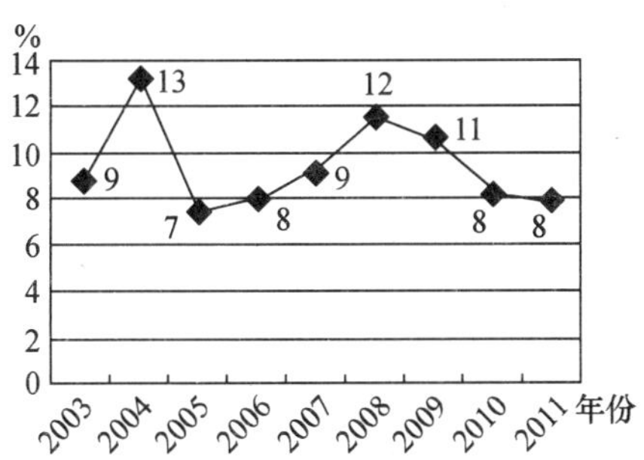

图8－14　中信重工研发费用率

从数据上可以看出，企业自2003年以来持续增加研究开发的投入，并且研发投入占销售收入的比例长期维持在8%以上，年平均为9.4%。中国科学院院长、中国机械工程学会理事长路甬祥在2010年山东举办的"中国创新论坛"上指出，中国装备制造业的研发投入占销售收入的比重平均为1.4%。从这一数据来看，中信重工的企业研发投入在行业内是突出的。

（四）供应链协同程度

1. 直接客户满意度

从企业调研的情况来看，中信重工每年都对直接客户满意度进行调研和测评，正式的统计结果自2003年以来均在80%以上，根据行业内专家的观点，实际满意度应在75%左右。

2. 与供应链合作伙伴协作研发项目数量

自2003年以来，公司与世界主要矿用设备公司、水泥装备工程公司、国内煤炭冶金建材等领域的客户、供应商等建立了供应链战略合作伙伴关系，展开了大量卓有成效的研发协作，总计共有12项重大协作研发项目，由此带来了数十项新产品投入市场。（如表8－14所示）

表8－14　供应链合作伙伴协作研发项目及数量

序号	研发项目	研发成果
1	大型矿用提升机项目	国内最大落地多绳JKMD－5.7×4提升机 国内最大的JKYB－3×2.5XP液压防爆提升机
2	工程钻机	AD130/1000世界最大的13米竖井钻机
3	破碎站	2000t/h破碎站项目
4	回转窑	10000t/d生产线Φ6m×95m回转窑
5	建材用磨机	Φ5.4m×15.5m水泥磨机
6	辊压机	GM120－50高压辊磨机
7	立磨	与丹麦Smith公司协作研发大型OK立磨
8	活性石灰成套设备	美卓矿机合作1000t/d活性石灰项目
9	氧化球团窑	武钢“世界窑王”Φ6.58m×47.2m球团窑
10	冷轧机组	“四轧一平”主机
11	球磨机	与美卓公司合作研发、制造昆钢大红山Φ8.54m×3.6m自磨机
12	电控	与西门子、ABB公司合作研发提升机4000kW交—交变频电控系统

3. 新产品研发周期缩短（如表8－15所示）

表8－15　供应链协同后的新产品研发周期

研发产品名称	研发历程	实际研发周期（月）	平均研发周期（月）
大型矿用提升机	2000年研制完成国内最大直径2JK－6.3/20提升机，2001年研制完成落地多绳JKMD－5.7×4提升机	12	
	2005年研制完成国内最大的JKYB－3×2.5XP液压防爆提升机	60	

续表

研发产品名称	研发历程	实际研发周期（月）	平均研发周期（月）
工程钻机	2005 年完成研制世界最大的 12 米竖井钻机，2006 年完成研制 AD130/1000 世界最大的 13 米竖井钻机	12	29.1
回转窑	2002 年研制完成 5000t/d 生产线 Φ4.8m×72m 回转窑，2003 年分别研制完成 10000t/d 生产线 Φ6m×95m 回转窑	12	
建材用磨机	2004 年研制完成出口 Φ4.6×14m 水泥磨机，2006 年研制完成出口 Φ5.4m×15.5m 水泥磨机	24	
辊压机	2001 年研制 RP120－80 辊压机，2005 年 7 月研制完成国内最大规格 RP170－110 辊压机	48	
立磨	2005 年研制 LGMS4624 水泥矿渣立磨，2006 年完成大型 OK 立磨研制	12	
活性石灰成套设备	2006 年研制成功 1000t/d 活性石灰项目	60	
转炉	2003 年研制完成 120T 转炉，2006 年研制完成 150T 转炉	36	
氧化球团窑	2003 年研制完成 Φ5m×33m 氧化球团窑填补国内空白，2005 年研制完成武钢“世界窑王”Φ6.58m×47.2m 球团窑	24	
球磨机	2004 年与美卓公司合作研发研制 Φ8.53m×3.96m 最大的半自磨机，2005 年研制 Φ5.5m×8.5m 溢流型球磨机	12	
减速器	2005 年 8 月研制完成 KRC2400 减速器，2006 年 8 月研制完成榨糖机用最大规格的 TGF1550 减速器	12	
电控设备	2004 年完成 1900kw 交—交变频提升机直流电控，2006 年完成 2800kw 提升机直流电控	24	

从行业属性来看，重机行业具有研发周期长的特点，如表 8－16 所示为 2000 年之前中信重工的产品研发历程。

从研发周期的对比来看，实际研发周期缩短率超过 50%，这对于降低研发成本、快速响应市场及客户需求、获取有利竞争位置和经济效益具有至关重要的作用。

表 8 – 16　　　供应链协同前的新产品研发周期

产品名称	研发历程	实际研发周期（月）	平均研发周期（月）
大型矿用提升机	1958 年研制成功第 1 台产品 2.5 米双筒提升机，2000 年制造完成国内最大直径 2JK – 6.3/20 提升机	超过 100 个月	超过 82 个月
工程钻机	1975—2005 年完成研制世界最大的 12 米竖井钻机	超过 100 个月	
回转窑	1998—2002 年研制完成 5000t/d 生产线 Φ4.8m × 72m 回转窑	48	
建材用磨机	1998—2004 年研制完成 Φ4.6m × 14m 水泥磨机	72	
破碎站	1991—2005 年研制 2000t/h 破碎站项目	超过 100 个月	
立磨	2001—2005 年研制 LGMS4624 水泥矿渣立磨	48	
活性石灰成套设备	1991—2006 年研制成功 1000t/d 活性石灰项目	超过 100 个月	
转炉	1999—2003 年研制完成 120T 转炉	48	
球磨机	1992—2001 年研制完成 Φ4.27m × 6.1m 大型矿用磨机	超过 100 个月	
过滤机	1994—2000 年研制完成 GPL – 80 氧化铝圆盘式过滤机	72 个月	
减速器	1993—2005 年 8 月研制完成 KRC2400 减速器	超过 100 个月	
启闭机	1990—1998 年研制 5000KN 固定卷扬式启闭机	96 个月	

五　知识协同绩效评价结论

中信重工充分发挥企业所拥有的“全球稀缺的高端制造资源优势”，企业综合效益自 2005 年以来连续四年位居重机行业第二。从上面的数据中可以看出，以技术创新驱动的企业新产品及专利技术数量增长迅速，核心产品的国内市场占有率处于行业领先位置，个别产品几乎属于绝对垄断地位。以创新与学习推动企业竞争力提升的效果显著，其直接表现为高的市场占有率和企业的高成长性。

通过专家意见法对中信重工的知识协同绩效进行综合打分，结果如表 8 – 17 所示。

表 8-17　　中信重工知识协同绩效

序号	一级指标	一级指标权重	二级指标	二级指标权重	得分	权重×得分	合计
1	财务绩效	0.15	资产增长率	0.2	4	0.8	0.59
			净资产及净资产收益率	0.35	5	1.75	
			利润增长率	0.45	3	1.35	
2	产品与技术竞争优势	0.20	销售收入增长率	0.35	4	1.4	0.87
			产品国内市场占有率	0.35	5	1.75	
			利润率	0.3	4	1.2	
3	创新与学习	0.30	新产品开发数量	0.25	5	1.25	1.44
			专利数量	0.2	4	0.8	
			新产品贡献率	0.35	5	1.75	
			技术研发投入及研发费用率	0.2	5	1	
4	供应链协同程度	0.35	直接客户满意度	0.4	4	1.6	1.52
			与供应链合作伙伴协作研发项目数量	0.25	4	1	
			新产品研发周期缩短	0.35	5	1.75	
总计	4.42						

从得分结果上看，中信重工在供应链知识协同中获取了良好的绩效，不仅在企业财务指标上表现良好，更在创新与学习以及知识协同程度上有着突出的业绩，综合评价中信重工知识协同绩效优良。

本章小结

本章主要探讨了装备制造业典型企业实施供应链的效果及评价，主要从以下五个方面进行了阐述。第一，介绍了装备制造业的基本概念和分类，以及装备制造业在世界各国，特别是我国经济发展中的战略地位。第二，探讨了我国装备制造业的发展历程和面临的主要问题，总体而言我国装备制造业处于全球产业价值链的低端和低附加值环节，在引进消化吸收国外先进技术和自主创新等方面存在巨大的问题。第三，分析了装备制造业技术创新的特性，探讨了供应链知识协同创新的特点和优势，总结了几种主要的自主创新模式，并进行了对比研究，分析了各自的优缺点和适用条件。第四，构建了供应链知识协同创新绩效评价指标体系。第五，选取了中信重工为重点案例分析对象，研究了这家企业在供应链知识协同方面的实践，建立了由创新与学习、产品与技术竞争优势、供应链协同程度和财务绩效等指标构成的供应链知识协同评价体系，通过与河南省装备制造业整体状况的数据对比分析，知识协同对企业自主创新绩效有显著的积极作用。

第九章　供应链知识协同的实施

受宏观经济增速放缓与全球经济复苏前景不明朗的双重影响，国内企业面临前所未有的生存压力。持续低迷的经济走势更加凸显了国内产能结构性过剩的困境，水泥等产业甚至提出了所谓“永久性过剩”的概念，产业战略转型与升级的要求现实而迫切。

从全球范围来看，在传统制造和消费电子领域，日本企业在 20 世纪 70 年代崛起并超越美国成为全球最具有竞争力的地区，得益于日本企业全面学习和借鉴了美国企业的成功经验以及独创的“J”管理模式和企业文化。反观美国，英特尔等公司被日本企业打败也导致了美国企业重新审视自身在全球市场上的竞争力，转而从企业内部探索转型升级的途径和方法。随后是以硅谷企业为代表的 IT 产业迅速崛起再一次成为全球经济的领导者和标杆企业，其实质依然是技术创新引领产业发展创造客户需求。从本质上分析，日本与美国的崛起与衰退都与创新有关，中国企业也不例外。

从前几章的分析可以看出，知识协同涉及企业的战略资源，对企业核心竞争优势的塑造乃至长远发展有着至关重要的影响。因此，知识协同就不是一个局部的、战术性问题，而是一个需要高度关注的战略问题，即知识协同将直接关系到企业核心竞争优势与企业长远、全局性的战略发展。从知识协同的内在作用来看，除了能够实现知识资源的进一步优化配置外，其根本的作用在于新知识的开发、创造和应用，直接作用于企业最为核心和最为重要的基础性战略资源。可以说，知识协同是一种新的企业持久竞争优势的重要来源。

第一节　供应链知识协同实施的难点

尽管供应链知识协同具有显著的特点和优势，但就任何企业而言，要将知识协同真正成功实施都是一个困难的任务。

第一，在理念层面，竞争与对抗的传统企业关系使供应链成员企业之间缺乏深层次的牢固的相互信任与承诺。在短期交易导向和个体利益最大化的驱使之下，成员企业一方面尽可能地争取在交易过程中获得更大的利益；另一方面竭力将风险控制在自身能够掌控的范围之内，强化知识边界，追求自身在供应链交易过程中占据有利位置和获取最大利益的目标。

第二，在具体的运作层面，供应链知识协同也是一个困难的任务。协同是要实现跨组织边界、在多个企业之间和多个利益主体之间的资源重新配置和优化配置，这些资源不仅仅包括知识资源，还包括围绕知识资源的流动共享和配置过程中大量的人力、物力和财务资源等。在一个企业内部的资源配置尚且充满了难度，更何况要实现知识资源围绕供应链高效"运动"这一系统工程。

第三，从外部环境来看，企业诚信缺失以及对"失信"行为的法律监管和惩罚体系的建立也有一定难度。要建立一个良好的合作环境，诚信与合作的社会文化和企业文化、相对健全的经济法规是必要的，知识协同尤其敏感。在知识协同中，由于知识资源的特殊属性极易引起有关知识产权方面的纠纷，这样的法律纠纷对合作双方都会造成不可估量的损失。从国际企业成功的知识协同案例来看，丰田的成功与日本企业的诚信合作文化不无关系，而 20 世纪 90 年代克莱斯勒与其供应商之间的知识协同研发也与美国健全的知识产权保护法律体系有关。

第四，协同机制的设计也是一个难点。根据前面的观点，在协同意愿已经形成、合作双方的条件具备的情况下，机制的设计就是一个核心问题。理想地，协同机制要达到相互信任、利益共享、风险共担。但是协同机制设计的难点与供应链成员企业之间介于完全市场和企业内部运作的微妙关系紧密相关，在前面已经述及，协同既是一个市场问题，又不是一个市场问题。目前，国内外学者实际上也是从两个方向去解决协同的问题：一是将整个供应链系统看成一个企业，模拟一个企业内部运营的内外部环境，按照虚拟企业的理论去看待供应链和研究供应链的协同问题。集中型决策结构和确定性外部需求环境下供应链成员企业之间的运作与此最为接近。二是完全的按照市场化的机制，比如知识市场，来构建一种供应链市场，通过利益机制、价格机制的驱动来促使合作伙伴节点企业产生协同的行为，从而实现供应链的系统目标，但显然，这一方向存在很大的挑战，分散型决策结构和随机性外部需求环境下供应链协同实现机制研究成果较少正说明了此问题。

表 9－1　　决定供应链知识协同的关键因素

关键因素	重要性认识（问卷调研数据）
有共同的利益驱使	86%（即 86% 的企业认为此项因素是关键因素，下同）
知识流动提升了供应链的竞争力	61%
流动的知识各方都需要	39%
知识流动促进了供应链的创新	32%
必要的硬件或软件设施，如信息系统、知识管理系统等	29%
有支持知识共享与流动的价值观	21%
合作方有完备的正式契约（合约）	14%
对知识输出方要有补偿机制	14%
核心企业的强力推动	11%

第二节　实施中要解决的主要问题

一　协同战略

为了解供应链知识协同的实施过程中的关键影响因素，课题组对包括中信重工、一拖集团和洛阳中收等 28 家河南省装备制造企业进行了调研。通过企业调研我们发现，知识溢出是供应链的内在属性和必然结果。通过对问卷数据整理和分析，93% 的企业寻求与供应商和客户建立一种相对稳定的合作伙伴关系；有 71% 的企业与供应商、客户之间存在技术研发的协作和外包活动；有 26% 的企业与供应链上企业之间存在比较多的知识流动，有 63% 的企业存在一定的知识流动和共享，78% 的企业认为知识流动和共享很有必要且价值很大；关于知识流动的方向，有 89% 的企业认为不是单向流动，而是双向流动；就流动的知识类型而言，有 22% 的企业认为流动的是非核心的技术知识，11% 的企业认为流动的只是管理类的知识，70%的企业认为流动的知识类型很多，包括技术和管理方面，但都限于非核心技术，也有7%的企业认为流动的知识中存在一定的核心技术和管理知识；就知识流动和共享的方式而言，排在前三位的分别是“主要通过数据、图纸等进行流动”、“通过研讨会议方式交流”和“以培训方式进行”，但也有少量的以“互派人员”和“一对一的人员交流”方式进行；64%的企业认为“流动的知识很有价值，对企业有益”；43%的企业从供应链上的知识流动和共享中获益很大，有比较明显的创新成果。从调研结果来看，利益分享机制是实现知识协同的最为重要的因素，这也是供应链知识协同过程中必须要解决的首要问题。供应链上的节点企业之间是典型的竞合关系，因而其知识协同的过程也必然是一个竞合与博弈的过程，其结果也必然是竞争与合作的共同作用，也就是说能否实现供应链的知识协同充满了风险和不确定性，供应链上的有关企业应高度重视这一过程。

在传统的战略竞争格局之下，企业要么按照产业组织理论的观点选择一个所谓“好的行业”迅速地进入并建立壁垒以获取超额利润，要么按照资源基础理论的观点致力于自身资源与能力的培育与构建，特别是核心竞争优势的塑造，展开成本领先或者差异化的竞争。

但在当前，传统战略竞争优势理论的存在基础已经发生了质的、根本性的改变，主要体现在：①伴随着全球化的加深，在全球范围内人员、信息与知识、资金和实物的快速流动实现了生产要素的快速组合与分解，这种流动和组合打破了时间与空间的局限，导致竞争的无边界化，传统的竞争壁垒理论失效，那些依靠行业壁垒而获利的传统产业优势面临严峻挑战甚至短时期内迅速消失的危险；②竞争优势的快速崛起与快速瓦解，突出地表现为产品生命周期显著缩短，品牌无论是产品品牌还是企业品牌其市场存活力都变得异常脆弱和不稳定，在消费电子领域尤其显著，小米、诺基亚和索尼的兴衰就是典型的案例；③差异化战略的市场辨识度降低，企业实施差异化战略的难度成倍地增大，不论是有形的差异化——产品本身的差异化还是无形的产异化——服务，都越来越难以在需求端留下清晰而深刻的印象；④客户满意的尺度发生了本质的逆转，客户需求不仅表现为个性化和高的不确定性，同时客户以自身的评价标准为满意标准，且多数客户并不想为此而额外支出成本。

以上竞争环境与方式的变化导致了竞争战略从三个方面进行转变，一是速度成为竞争的焦点，企业必须学会和适应快速竞争的市场法则，快速地创新、快速地进入市场和快速地退出市场；二是由于传统行业壁垒的瓦解使得轻资产战略优于重资产战略，要实现快速突击就绝不能负重前行，要素的快速流动使得资产囤积面临迅速贬值的风险，更加显著地要求企业聚焦于优势资源，而将非核心资源外包或彻底放弃；三是同时追求成本领先和差异化，即所谓价值创新，即使是苹果也将制造环节进行全球外包以实现制造环节的低成本。一言以蔽之，新的竞争环境要求企业必须将目光投向企业之外，重建企业边界并将外部资源的重视程度置于与内部资源同等重要的地位。打破企业边界、构建新型的利益相关者关系——协同关系也就成为新的战略竞争的要求。

在战略管理方面，由于创新严重不足，多数企业要么主动选择要么被动接受机会导向型发展战略，企业成功的关键是把握机会而非创造机会，战略成功的关键是对市场环境的适应能力和对新需求信号的应变能力。在机会导向型战略的支配之下，企业是否制定发展规划已经无关紧要，市场机会的牵引力成为驱动企业资源配置的主导力量。以制造业为例，2000年以后中国制造业的市场机会主要来自国内市场的迅速扩张、世界制造业的制造中心转移以及基础设施建设的巨额投资，给无数企业创造了发展的黄金时期，但是并没有从本质上改变制造业“空心化”的现实。

清晰而明确的战略是对企业资源的选择性分配，对任何企业而言，创新性资源都是稀缺的。缺乏明确的战略特别是技术创新战略，只能使资源配置难以聚焦形成持续性的高强度投入。华为的经验表明：首先应明确技术研发的战略导向并以此确立企业发展方向；其次是持之以恒的研发资源投入。华为最成功之处在于精妙地实现了研发投入与营销实现之间的平衡，即高研发投入产生高技术创新成果，通过高效率的成果转化形成具有全球市场竞争优势的技术与产品，反过来优势技术与产品给企业带来可观的销售收入，形成高投入—高收益之间的良性循环。

机会导向型战略更易受到环境的影响，形成对产业政策的高度依赖。原因在于宏观环境、产业政策的改变与调整使市场机会窗关闭，而企业不具备创造市场需求的能力，其本身对环境变化的适应能力弱，调整能力更弱。

为实现供应链成员企业之间的知识协同，不论是作为供应链的核心企业还是成员企业都应从战略高度思考这一问题，制定知识协同的战略既是对协同的高度重视又是确保协同能够实现的前提。对中信重工的研究发现，该公司创造的所谓“天平型”战略模式是一种均衡型的战略模式，其特征是以制造环节为“天平支架”，以技术研发与产品设计、营销与服务为“天平两端”，同时在制造、研发和营销等价值链环节确立竞争优势，从而获取有利竞争地位的战略模式。在该模式中，独特的整合全球技术资源、积极融入全球供应链的知识协同创新是该战略的核心。协同战略的制定应包含以下内容：

（1）协同可行性的研究。供应链知识协同并非是适合所有类型的企业，也并非对所有发展阶段、情况各异的企业具有同样的意义。因此，企业在知识协同战略制定之前，作为供应链成员企业首先应充分研究协同实现的可行性和可操作性。核心企业由于其对整个供应链系统的控制力使其能够调动更多企业参与到这一系统工程之中。非核心企业也可利用自身独特的资源和竞争优势获取知识协同的便利，中信重工就是利用稀缺的制造资源和在跨国公司全球外包的新的国际分工中获取了宝贵的知识资源。因此，是否是核心企业并非是协同可行与否的关键。应充分考虑企业整体战略与协同战略之间是否匹配和契合，供应链系统中是否存在或可能创造出自身所需要的各种知识资源，预期的协同合作伙伴是否有足够的意愿、能力和资源进行协同研发，相互信任的内部环境和有利的外部环境是否能够对参与各方产生足够强的约束，以及对协同实现的风险和收益进行评估等。

（2）知识协同的战略目标。知识协同的目标从根本上讲，应该首先定位于协同知识创造以及在该知识创造基础上的技术创新。应根据企业的战略目标制定知识协同的技术创新目标。知识协同技术创新目标体系的复杂性在于：首先是该体系既要包含企业自身获取输入的知识资源所进行的技术创新，也要包含知识输出到协同企业并由协同企业进行技术创新成果，二者相互关联互为前提。可以看出，该战略从制定开始就需要考虑各种资源的跨组织运行和相互协调。其次是知识协同所要实现的效益目标、市场目标等。一般情况下，对知识协同战略的发起方供应链核心企业而言，知识协同的效益目标既包括企业从知识协同中所获得收益，还应包括参与协同企业应分享的利益等。

（3）知识协同对象的选择。选择合适的知识协同对象是知识协同成功的关键之一。对合作双方或多方而言，共同的利益驱使是最为根本的合作动机，但是合作伙伴长期交易过程中的信用记录、自身的资源特别是已有知识资源和创新知识资源的能力、合作意愿的重视程度和强烈程度等都是能否合作成功的基础。对知识协同而言，更为敏感的是协同对象是否具备自身所需要的知识资源或可能开发出所需的知识资源的能力。另外，协同对象的企业综合实力，在行业和市场中的影响力，能否实现合作方事先约定的战略目标也是需要考虑的问题。从企业实际来看，选择知识协同的对象原因一方面是双方多年合作的相互信任关系和深度的相互依赖；另一方面是合作对象独特的能力。中信重工的经验是选择全球著名产业集团结成战略合作伙伴。2007 年以来，西门子与中信重工联建了自动控制、网络与过程控制、电气传动、数控机床 4 大实验室，专门围绕中信重工的重点产品进行自动化控制和技术的研发，为中信重工产品向机电一体化发展提供技术支持，2011 年 2 月双方正式结成战略合作伙伴关系。西门子选择中信重工的原因也是由于中信重工具有西门子所需知识资源以及中信重工的行业综合实力。

（4）明确需要输入、输出的知识资源类型、层次和范围等。由于知识资源的敏感性和重要性，必须将其纳入战略制定的范畴之中来。在未来要开展的知识协同中，企业需要输出哪些知识资源以及从协作伙伴处获取哪些知识资源对协同的实现至关重要。企业首先应建立知识资源的“防火墙”——避免不必要的知识流失和过度输出，评估各类知识资源输出给企业所带来的风险和收益。在此，应明确可以输出的知识资源类型和输出层次，并通过契约的方式加以严格约定，形成对双方的强有力的约束力。显然，与利益相伴的永远是风险，上述战略性的问题合作双方一般情况下都应通过签订协议的方式来约定权利与职责，既能分享知识协同所带来的巨大收益，又能将风险控制在一定范围之内。

二　协同组织结构

自 20 世纪 90 年代以后，由于全球化、产品生命周期缩短和客户需求个性化的市场环境，以重资产为代表的纵向一体化企业组织形态逐渐瓦解，企业转而寻求聚焦于核心优势业务而将非核心业务外包，在产业价值链的所有环节都确立竞争优势的组织形态受到极大的挑战。但是，反观国内企业，不仅与世界制造业发展趋势背道而驰，而且在所谓“全产业链”的道路上渐行渐远。其突出的表现是资产规模和企业规模迅速扩张但资产盈利能力持续下降，企业供应链管理能力提升的速度远远赶不上资产扩张的速度。

产业组织形态不合理的另一个表现是产业内部没有形成合理的分工协作关系，竞争对手之间的价值链严重相互重叠。以国家重工业基地洛阳市为例，围绕中国一拖、中信重工等国有大型企业形成了中小型拖拉机、收获机械和矿山机械的产业集群，但多数企业在技术创新要素不具备、资源与能力不足的情况下进入了主机生产领域，不仅形成了与国有大型企业之间的竞争关系，而且中小民营企业之间在产业价值链的相同环节展开残酷的竞争。小而全的价值链体系分散了企业有限的技术资源，在原材料技术、重要零配件技术、自动化控制技术、软件系统等方面具有明显的差异化竞争优势的企业严重匮乏。既无法形成与区域领军的大型企业之间的技术配套与协作，也无法形成中小企业之间的有效技术战略联盟关系。

从战略的高度，组织结构跟随企业战略。跨组织边界进行的知识协同、技术研发活动既带来了企业战略理念的变革，也对企业的组织结构产生了重要的影响。一方面，企业组织结构要适应知识资源跨组织边界流动、人员跨组织边界交流互动、多层次多方面的跨组织边界的信息交互和“并行工程”；另一方面，组织结构要积极变革创造各种有利于知识协同实现的条件。

中信重工专门针对西门子设立联络协调部门，西门子常年派驻技术人员到中信重工进行包括培训和协作研发都是双方在组织结构上的相互适应。为保证合作伙伴能够有足够的研发积极性，不但邀请合作方的技术研发人员到本公司担任相应职务，而且还提供工资补助。开放式的组织结构和大量交互式的人员和知识流动共享是知识协同得以实现的必要条件。由于人员是知识资源的重要载体，因此知识的流动一般都伴随着人员的流动。20 世纪 90 年代，克莱斯勒与供应商建立协作研发战略，为了使同供应商的交流更加协调融合，克莱斯勒采用了日本的“常驻工程师”制度，即让供应商的工程师到克莱斯勒，同克莱斯勒的员工一起工作，这一做法加强了双方的信任，重要的信息交流更加可靠、及时。克莱斯勒还借鉴了通用的电子邮件系统和由 14 家最大供应商的经理组成的咨询委员会。这一协同知识创造技术研发项目就是著名的“SCORE”工程，该工程获得了惊人的成功，到 1995 年 12 月为止，克莱斯勒共采纳了 5300 条建议，单为公司节约的成本就达 17 亿美元。

要使协同能够实现，构建新的“竞合对称性关系”至关重要。所谓竞合对称性关系，即竞争与合作的对称性关系，是指在与供应链相关联的企业之间，每一个成员企业与其他关联企业在竞争与合作的冲突中实现相互制衡，并最终通过正式或非正式的契约结成供应链合作伙伴关系所具备的条件。显而易见，供应链关系不是单纯的合作关系，而是在竞争中有合作，在合作中有竞争，是一种典型的竞合关系。

竞合对称性关系的建立是构建供应链协同战略的基础和先决条件。节点企业之间竞合的均衡意味着成员企业对自身竞争优势和综合实力在供应链系统中的地位、所起作用的理性认可，对未来收益预期的接受，对由此带来的风险可控的平衡状态。就一对一的两个企业而言，意味着双方都具有足够的实力和相互的吸引力展开供应链合作而不是“一边倒”。供应链思想的核心是“聚焦效应”，每一个节点企业都专注于自身最擅长、最具有竞争优势的环节，而整个供应链系统则是具有竞争优势企业的系统集合，供应链的竞争优势来源于其“整体涌现性”。

促使供应链企业之间竞合对称性关系建立的条件，我们称为竞合对称性驱动因素。下列因素应予以重点考虑：①对违约和“败德”行为的惩罚机制。诚信缺失和“机会主义”泛滥是对构建供应链系统最大的障碍，也是首先要考虑的外部驱动因素。供应链战略的基础是合作而不是竞争，合作需要激励与约束机制。对不诚信、破坏合作的企业进行有力惩罚，提高其败德行为的成本，才能促使合作而不是机会主义倾向。惩罚机制的建立需要社会、法律和行业的共同努力才能建立，这一点对国内装备制造业尤为重要。②未来构成供应链的节点企业自身竞争优势的显著程度。双方相互需要并且具有足够的吸引力是能否合作的关键。具有突出核心竞争优势的企业无疑为合作谈判加码，也是争取自身利益、发挥最大作用并促使未来供应链系统成功运行的重要因素。③信息技术与管理水平。供应链系统是跨组织边界，实现协同和一体化运作的全新的战略模式，要实现整个供应链系统的信息流、资金流和物流的协同，企业自身的运营管理水平和相关的信息技术、软硬件设施能够有力地促使合作。④企业之间技术契合度。这里的技术不仅仅包括硬技术也包括管理等软技术。正如丰田的先进制造技术对整个丰田供应链系统企业的管理提升，所带来的是整个供应链系统竞争优势的质的飞跃。⑤预期收益的吸引力。这里的预期收益是指未来加入供应链系统后，装备制造企业能够获取的利益，包括市场规模、品牌效应、利润、市场影响力等。合作对供应链上的每一个节点企业都能带来实质性的收益，才能促使竞争与合作达到平衡。⑥风险控制因素。供应链上的节点企业进行“资产专用性投资”是构建供应链系统的必要条件，资产专用性投资是为满足特定供应链系统需要的专用投资，带来了节点企业的会计成本和机会成本，并存在资产“被套牢”的风险。因此，专用性投资的大小也就成为风险控制因素。一般而言，专用性投资占企业总投资的比重越大，由此带来风险程度也就越大，企业的决策也就越谨慎。适宜的资产专用性投资比例是有效降低风险的措施。⑦信息不对称程度。供应链合作前，节点企业之间对各自技术、市场、品牌、管理水平、战略等的认知程度，必然也会影响合作与否的决策。

三　协同机制

从上一章的分析可以看出，知识协同机制的设计既是知识协同的难点又是知识协同实现的关键。协同机制的设计是协同能否可行和具备可操作性的前提条件。一般情况下，利益—风险机制的设计要保证协作双方（多方）利益合理共享、风险合理分担。由于供应链决策结构和外部需求属性的特征决定了利益—风险机制设计的复杂性，这已经在前文中予以提及，此处不再赘述。关系机制的设计同样不可或缺，关系的建立是一个长期和需要投资的过程，关系机制的设计建立和强化了成员企业之间的相互信任与承诺纽带，但关系机制必须通过利益—风险机制发挥作用。本书所建立两个参与主体的、围绕最低采购量的知识协同实现机制需要双方以契约、采购合同、价格调整条款等方式来共同约定，才能得以实现。

四　协同文化

（一）协同文化的作用

从竞争与对抗到竞争与合作的供应链关系对许多企业而言意味着一场革命。对装备制造业而言，外部竞争环境与企业内部的创新需求是引领企业转变思维方式的两个重要因素。长期以来，国内企业之间的恶性竞争、信用缺失等问题使行业充斥着不信任、不合作的理念和行为。此外，外部法律法规的逐步健全并形成对企业强有力的激励和约束也需要一个过程。但是，竞争的压力与企业自身发展的需求又促使众多企业在努力寻求合作，为合作提供条件。在企业调研中，中国一拖集团的“打造黄金供应链”等都给我们留下了深刻印象，同时也给了我们很多的启迪。以一拖集团为例，众多的供应商希望能够和一拖集团达成长期稳定合作关系，也有一些企业专门针对一拖集团进行技术研发、产品开发，但是，尽管一拖集团具有明显的行业影响力，但是长期以来一拖集团在与供应商合作过程中存在严重的“回款问题”和自身缺乏显著的核心竞争优势等导致一拖集团缺乏成为供应链“链主”的能力和足够的信用，因此，集团整合供应商的能力严重不足。在调研过程中发现，从河南省的范围来看，装备制造业的每一个重大的技术创新和产品创新都不是核心企业单打独斗的结果，复杂的系统创新和集成创新需要整个供应链系统的力量。在今天，日益激烈的竞争环境要求企业转变经营思路，建立一种适应未来企业发展的文化。当然，供应链知识协同并不是企业创新的唯一选择，但是从理论和实践层面都证明了这是一个充满希望和活力的选择。

企业战略与企业文化是任何一个企业必须面对的根本性问题，就二者的关系而言，文化更具有决定性意义，是战略选择背后的基本假设和出发点。因此，战略变革首先是文化变革，文化转型是战略转型能否成功的保证。

当前，宏观经济增速放缓的经济新常态使产能过剩、结构不合理和综合竞争优势不强的传统产业举步维艰，尤以制造业最为突出，劳动力成本快速上升更是雪上加霜。毋庸置疑，解决这一问题的根本途径是产业升级、结构转型，其实质是创新与企业再创业。创新的途径多种多样，但首要的问题是要深刻理解当前企业面临的生存与发展环境，以理念创新引领战略变革。

有学者指出，新的商业模式产生于企业与利益相关者的关系调整之中。传统战略的基调是竞争与对抗，企业以自身利益最大化为唯一重要的目的，而将“对手”的利益损失视为理所应当，这里的对手不仅仅包括直接的竞争对手，还包括供应商以及供应商的供应商、客户以及客户的客户。协同的战略则以既竞争又合作重新定义了企业与利益相关者的关系，特别是企业与客户、企业与供应商之间的关系。

对任何企业而言，技术创新都意味着高投入、高风险、高不确定性。统计数据表明，美国企业的基础研究成功率只有 5%，技术开发的成功率不到 50%。以中国企业新时期的代表华为公司为例，华为 2013 年在研发方面的投入达到 307 亿元人民币，约合 51 亿美元，同比增长 3.1%，占全年销售收入的 12.8%，2004 年到 2013 年，华为累计用于研发的投入超过 1500 亿元人民币。这已经充分说明，所谓低成本创新是一个相对的概念。

其次，摒弃机会导向型发展战略，重塑战略管理在企业管理中的核心地位。在技术创新要素不完备的情况下，战略导向是凝聚有限资源、聚焦创新方向的保障。在企业成长过程中，相当比例的企业满足于外部环境与宏观政策所带来的市场机遇，企业经营管理短视，技术研发既无明确的目标也缺乏长期持续性的投入，无法从根本上改变企业缺乏核心竞争优势的缺陷。

最后，摒弃重资产的企业组织形态。当环境的不确定性较低时，企业内在的控制权冲动得到了充分的释放，即试图通过控制整个产业价值链、降低交易费用以达到某种程度上的垄断，其结果是庞大的纵向产业价值链体系以牺牲速度和柔性为代价换来了内在的相对稳定性。今天，企业经营环境的高度不确定性使企业的生存环境和原有的竞争方式受到严峻的挑战，任何一个企业想要在价值链的所有环节上建立持久的竞争优势都将变得十分困难，甚至遥不可及。企业努力的方向有两个：一是对外聚焦于核心竞争优势将非核心业务外包的供应链竞争战略，轻装上阵；二是对内化整为零，变革大企业的程式化创新模式建立以团队甚至以个人为核心的虚拟创新组织或创新工作室，在公司整体技术创新战略的指导之下给予充分的授权和资源支持，激活每一个创新分子的潜力。

（二）重塑企业家精神

正如哈耶克所言，一个国家如果用货币政策和财政政策来维持增长，就好像抓住了老虎的尾巴，不能说风险极高也应该是不可持续的。振兴经济的最终决定因素在微观层面，在企业和企业家身上。

从经济学的角度讲，企业家的使命在于发现不均衡与创造不均衡，这种不均衡是市场与需求的不均衡，意味着经济发展的增长点。过去相当长的时期内，中国企业家主要通过发现不均衡以获取所谓“套利”机会，但套利空间在传统市场的饱和最终会导致机会窗关闭，套利机会逐渐消失。在这一过程中企业家精神的主要特征集中反映在发现并敢于追求市场机遇、坚定自信以及灵活与变通。中国企业家另外一个精神特质在于关系导向，通过与政府等有关部门建立高关系以获得权力寻租的机会同样获得了巨大的获利空间和发展机遇。在套利与权力寻租的双重影响之下，中国企业家更愿意成为机会的发现者和追随者而不是真正的创新者，因为相对于后者，前两种情况难度更低、投入更少且回报迅速。

在经济新常态下，企业家精神应该被赋予更多的内涵，相对于坚定自信、风险意识、灵活变通，勇于创新并成为最先的行动者更加具有决定意义。企业家精神的实质是创新与创业，产业升级更多的是由于技术创新驱动，这并非否定过去改革开放 30 多年来企业家的创新精神和创新行动，而是今天全球化的时代下对中国企业家的创新精神提出了实质性的、更高的要求。就创新而言，正如乔布斯所言“我们从来不做市场调查，我们要做的是读懂还没有落实到纸面上的东西”，当前，中国企业家要关注和研究的不仅是现实性的需求，而是决定消费取向和客户购买标准背后的价值观因素和文化因素。全球化更加凸显了价值观多元化与文化的差异性，但主导的价值取向必然与人类的终极关怀相一致并被大多数消费者所接受，成为产品与技术创新背后真正的驱动因素。换言之，产品和技术是价值观与文化的体现和有形载体。中国企业家对此应该有足够清醒的认识，在产品和技术创新的概念阶段就要思考并融进血脉首先是价值理念而非具体的产品形态。

美国经济在 20 世纪 80 年代以后走出衰退的经验表明了更具原创性的文化基因才能长久地支撑起经济奇迹，可以说，只有创新性的文化才能哺育创新性的产业。中国企业需要的是更加具有原创性的成果以面对全球各个地区无数更加挑剔的客户，这其中关键的因素在于对企业家的教育以重塑企业家精神。斯坦福大学的经验表明：创新能力与素养完全可以通过教育的方式实现，伟大的企业家可以通过管理教育培养出来。对中国企业家的教育尤其是“二代接班人”的教育是当务之急，企业家精神塑造的重点是人文精神的深厚底蕴、正确的财富观念、创新创业的情怀。

（三）开放企业知识边界

企业一方面需要积极积累、培育创新资源与创新能力；另一方面弥补企业自身创新资源不足、创新来源单一的有效途径是对外释放知识资源，寻求与外部合作伙伴之间的相互协作建立开放式多元化创新体系，这是当今主流的技术创新体系。2000 年以来，高科技新兴企业的快速崛起改变了旧有的市场格局和竞争模式，苹果、小米等在创造一个又一个营销奇迹的同时也吸引了学术界和产业界的关注。研究发现，这些企业往往并不具备全方位地在各个领域的技术创新资源和能力，多数企业只在某一个或某几个方面具有技术研发、产品设计等方面的突出优势，其核心竞争优势往往聚焦于少数几个方面。这些企业持续的技术创新和产业引领在于其开放式创新模式，是对外部优势资源，特别是供应链上合作伙伴知识资源的整合和有效利用。

在开放式创新方面 GE（通用电气）表现得更为积极与彻底，率先提出工业互联网的概念，在全球范围内征集创新方案，利用全球的资源进行产品与技术的创意与创新并对富有价值的方案给予资金支持。这种创新模式已经打破了企业边界、地域空间与时间界限，将企业的人力资源无限延伸，是对全球资源的有效整合。开放式和协同式创新都是对企业自身创新资源不足的应对之策，要求企业跨越组织边界结成利益共同体，充分利用关联性知识资源展开研发活动。

在急剧变化的时代，蕴含着巨大的挑战与机遇。要推动协同的产生，就必须建立协同的理念。摒弃单打独斗走向协作共赢关系对许多企业而言意味着一场革命。麦当劳之所以具有难以比拟的竞争优势在于其协同战略，麦当劳的五家一级供应商，包括薯条供应商辛普劳、面包供应商怡斯宝特、两家肉类供应商铭基和福喜，以及生菜供应商上海莱迪士食品有限公司都是美资或美资控股企业，以麦当劳为核心共同在中国开疆拓土。

在激烈的全球竞争格局之下，越来越多的企业寻求与供应商和客户建立技术创新的联盟关系，以新产品新工艺开发为主要的合作形式，已经获得了可观的收益。但是，也应看到，长期以来重资产（纵向一体化的全产业链）、轻运营的战略反映了国内企业协同认识和协同管理水平的低下，导致企业资产规模飞速增长的同时是盈利能力的持续下滑。尽管有全球宏观经济低迷的影响，但以邻为壑、低信任度、不良乃至“病态”企业间关系是主要原因之一。国内企业之间的恶性竞争、信用缺失等问题使行业充斥着不信任、不合作的理念和行为。这种由“个体理性”导致“集体不理性”的现象既是对社会资源的巨大浪费也极大地增加了企业的交易费用，产生各种不经济的严重后果。

从横向比较来看，同样是经济腾飞，日本从 20 世纪 60 年代崛起到 20 世纪 90 年代所创造的世界级民族企业品牌远远多于中国改革开放三十年所创造的具有世界影响力的中国品牌。尽管原因复杂，但诚信缺失与不合作是造成这一问题的重要推手。

五　信任与信息完备

对于供应链上的知识协同，“软因素”同样重要，这些“软因素”包括完备的关于知识产权归属、分享的契约，以及合作企业的企业文化因素，双方拥有共同的价值观和先进的理念将会使问题的复杂性大大降低。除了共同的利益驱使、协同提升了企业核心竞争优势等因素之外，实际上，还有很多的因素也是知识协同能否成功实施的关键所在。

在前文的知识协同机制设计中有一个重要的假设是合作双方之间不存在信息不对称，也就是说双方都了解对方投入到知识协同中的成本费用，以及其他相关成本。理想地，要使利益分配和风险分担能够真正合理地实现，协作双方的相互信任要足以加深到消除双方之间必要的信息不对称程度，也就是说双方相互共享、公开在协同过程中的必要信息。这些信息包括协同研发过程中的各项投入，产品的生产成本和其他成本费用，合理的获利水平与采购成本，未来相互关联的产品市场预期，涉及产品的销售价格、销量等方面，如果没有坦诚地、尽可能地相互公开和共享，会使协同流于形式。

在知识协同过程中还存在一个额外收益问题，类似于“外部性”问题。在知识协同过程中成功的知识创造将会对双方有利，但是，任何一方都不能永久性地限制对方利用这些共同努力所获取的技术成果和产品为其他企业服务的权利。实际上，处于一个供应链中的节点企业同时又可能是另一个供应链中的成员企业，供应链与采购的关系并非唯一。中信重工可以利用与美卓公司、西门子公司等世界著名跨国公司的知识协同中所创造的技术与产品服务于全球范围内的矿山客户。这一额外收益所引起的信息不对称问题同样会对协同产生影响。更一般地，节点企业将这些知识或技术服务于其他企业，特别是与合作对象有着竞争关系的企业，实际上造成了对合作企业的实际伤害，该问题就显得十分严重。因此，对额外收益的问题，也应在协同过程中予以正式的约定，并通过以下方式来消除外部性。例如，当无法限制对方的生产与服务，那么就要求一个特别补偿——补偿一方在此过程中的付出和作用，尽量减少另外的企业“搭便车”时候的损失。比如，最为直接的方式是要求优先供货权、优惠供货价格等，甚至限定一定时期内的唯一供货权等。

六　知识产权问题

知识产权问题使供应链知识协同中必然会遇到的问题，也是最为棘手最难解决的问题之一。在知识协同过程中，一方面新的知识成果被不断创造出来，双方（多方）共同创造的知识成果不仅是实现技术创新和产品创新使参与各方所获得市场收益，而且知识成果本身就是企业最为显著的收益，因而备受关注。对新的知识成果而言，需要在确定归属的前提下，在参与各方之间进行合理和科学的分配；另一方面，也是最容易引起知识产权纠纷的是伴随着知识资源在供应链系统上的流动和共享，发生了不在双方约定范围之内的知识资源的泄露和不当利用等行为，对知识资源的拥有企业产生了实质性的损害等行为。上述两个方面的问题是供应链知识协同中最普遍的问题。在多数情况下，两个方面都同时存在于供应链知识协同之中。刘介明提出了供应链知识产权管理中的共赢、和谐与风险三大基本原理，指出供应链知识产权的管理既充满风险，又是可以实现合作各方共同获利的行为。

中信重工与美卓矿机之间的知识产权纠纷是一个典型。美卓矿机是全球著名的矿山机械公司，在全球产业链上占据高端地位，拥有全球领先的技术研发和产品，以及遍布全球的营销体系。在美卓公司与中信重工的合作过程中，由于制造的需要，向中信重工提供设计图纸、资料和数据等。随着合作的逐渐深入，双方的合作关系的建立和稳定，美卓公司逐渐提供了成套设备的图纸资料，作为拥有国家级企业工程技术中心的中信重工在这样的全球供应链合作中获得了巨大的知识收益，并逐渐提升了自身的技术创新能力最终成为美卓矿机在全球市场上的竞争对手。因此而引起的美卓公司与中信重工的知识产权纠纷至今都未彻底解决。从企业的经验和教训来看，解决知识产权纠纷的途径主要有以下几个方面：

（1）制定严密的契约。在双方的知识协同过程中，对知识产权的保护是需要双方共同签订的重要协议。协议中，不仅要对知识流出的类型、层次和范围等做出明确的规定和限制，还应述及违约责任、赔偿条款。如某企业与合作伙伴之间签订的同业禁止合约就在一定程度上限制了双方的行为。在契约中，要对知识资源被不当利用的方式做出清晰而具体的阐述，特别是对知识资源被服务于任何一方的竞争对手和知识资源流入到具有竞争关系的第三方等情况要加以绝对禁止和附加高额的惩罚措施。

（2）产权明晰化。对双方共同努力所创造的知识资源，应尽可能地明确其归属，以免引起不必要的纠纷。在制造商与客户端的知识协同行为中，如 TCK 公司与峰峰集团的合作中，对客户而言并不要求拥有由此而创造的某种新技术，因此，对此类协同伙伴应给予优先供货、价格优惠等补偿，这一点已在前文中有所阐述；对供应商与制造商之间的知识协同则是另一种策略，可以按照价值链的不同环节清楚进行知识产权的分割，如将协同过程中供应环节所创造的知识资源归属于供应商所有，将制造环节创造的知识资源归属于制造商所有，如果一方被动放弃对知识产权的诉求，另一方应给予一定的补偿。

（3）共同拥有。在某些情况下，知识产权是一个完整的系统而不可分割，这就需要双方共同协商解决。比如，对于知识协同所产生的知识产权实行双方共同拥有，按照一定的比例来划分所有权。知识产权一旦形成并按照一定的比例被双方拥有，当其中某一方利用该项技术服务于其他供应链的时候，所获得收益按照比例进行分配，可以约定永久，也可以约定在一定时期内的按照比例分配。如果知识产权的共同拥有法律没有明确的禁止，则双方可以在协商一致的情况下采用这种方式确定归属。

对跨国公司在与中国制造企业合作过程中发生的知识产权纠纷，也不应一味地站在跨国公司的角度指责中国公司的不当行为。主动的知识溢出行为使供应链上的流出和流入企业均受益。不自觉的知识溢出从表面上看是流入者受益，流出者受损，正如中信重工与美卓矿机等公司由于知识溢出所引发的一系列知识产权的纠纷。但从长远的观点来看，跨国公司并非只是充当了一个受害者的角色，这样的知识溢出带来了制造商的技术进步，这就是所谓“站在巨人的肩膀上”的原因。反过来制造商的技术进步和加工能力的提升乃至飞跃，跨国公司通过与制造商之间的长期合作肯定会大大受益。此外，从整个供应链系统的角度看，尽管是“相对被动”的知识溢出，但最终提升的是整个供应链系统的竞争能力，是为了更好地满足客户的需求，创造更快的市场响应速度、柔性和时间价值。从这个角度上看，跨国公司应保持正确、健康的心态，即必须承认一个现实，那就是只要有供应链的合作，知识溢出是自然而然、不可避免的现象，正视这一现象，积极地去应对这一现象带来的问题，才是解决问题之道，而不是既不肯承认这一事实，又在出了问题后去寻求法律途径解决，这样的结果只能是两败俱伤，进而使整个供应链系统受到影响。如果我们把视野放得更高更远，由于积累和资源禀赋的差异，跨国公司长期占据产业链的高端，获取高额回报的全球产业格局有其合理性。但从长期发展来看，榨取发展中国家廉价的劳动力和资源价值，使发展中国家长期沦为发达国家的“代工车间”这样一种全球产业分工模式是病态和不健康的，双方利益的天平过于倾斜于跨国公司的结果更是对全球化最大的悖论。因此，本书认为，为了获取更大的利益、更持久的利益，跨国公司必须寻求转变思维方式积极寻求一种更好的知识产权保护方式和途径。

此外，对跨国公司而言，乃至对以后走出国门直接在国外设立企业参与跨国竞争的中国企业而言，也是一个值得借鉴和学习的方面。在供应链合作伙伴的选择中，以及存在知识转移流动或者有目的的知识协同中，要考虑合作伙伴与自身的产业链是否有重叠的部分，如是否也具有设计研发、制造等。理想的供应链应该是核心竞争优势企业的联合，每一个节点企业只专注于最能发挥自身核心竞争优势的领域和方面，但是现实中的供应链并不完美。美卓矿机等与中信重工的合作中我们看到，对于全业务企业而言，这样的知识流动是充满了风险的，是高风险的活动。

七　学习与知识整合创新能力

正如前面所述，我们应该认识到，知识溢出是供应链的内在属性和必然结果，只要有供应链的协作就必然产生知识溢出，只是程度上的差异而已。对知识流入方的企业而言，学习是关键，学习能力是企业获取知识协同效益最为重要的因素。以中信重工为例，以成功融入全球供应链利用跨国公司供应链知识“溢出效应”，通过知识资源的有效整合和学习开创了独特的低成本快速创新方式，从而使自身从跨国公司供应链上的一个可有可无的“节点企业”迅速成长为供应链的“链主”，在自身所搭建的平台上整合全球制造资源。该企业拥有国家级企业工程技术中心，具备较强的知识吸收、消化、整合与创新的能力，在此过程中受益极大。学习在供应链系统中，乃至在任何的企业经营合作过程中，都是一个自然的现象，正如人类有强烈的好奇心一样，学习无可厚非，是再正常不过的行为。但是，学习的过程并非外界所推测的那样是一个简单的过程，学习是一个复杂、艰苦和创造性的工作，而不是一个简单的模仿。正如供应链知识协同的创新不仅仅是一个简单意义上的模仿创新，更是在知识整合、重构基础上的新的知识创造过程。从中信重工的企业研究中我们深刻体会到，企业首先要树立一种积极的学习心态，在供应链合作活动中主动学习，积极学习；其次要创造性地学习，要融会贯通，善于进行知识的整合、重构，目的既是避免不必要的知识产权纠纷，也是创造性学习活动的必然要求。所以，我们看到的结果是中信重工的创新产品融合了多家跨国公司的先进技术，同时又有自身企业的独特创新之处。

本章小结

本章对企业实施供应链知识协同需要解决的关键问题进行了阐述。首先企业对知识协同应给予战略层面的高度重视，重点解决协同战略、协同组织结构、协同文化、信任与信息共享、知识产权问题、学习能力等方面的问题，为有效实施供应链知识协同打下良好的基础。

第十章　总结与展望

本书是在国家转变经济增长方式、调整产业结构和创建创新型国家和社会，以及中国经济步入新常态的大背景之下，确定研究方向并展开相关研究的。本书围绕供应链知识协同这一核心问题，分析了供应链知识协同的概念和内涵、作用和机理；探讨了供应链系统内知识流动、共享与协同的规律；归纳了供应链知识协同过程中的关键影响因素，并在此基础上建立了供应链知识协同实现机制的数学模型，并对模型进行了深入探讨；以河南省工业企业作为研究对象，建立了供应链知识协同提升企业自主创新能力的实证研究模型；选取装备制造业典型企业作为案例研究对象，论证了装备制造业实施供应链知识协同的优势，以及对企业技术创新的实际效果和评价体系。通过以上的研究，以期能够对我国企业的自主创新和核心竞争优势的塑造，以及管理创新的途径和方法提供理论和实践层面的指导和帮助。

具体而言，本书主要在以下几个方面展开了研究，并取得初步成果。

第一，研究了供应链知识协同的概念、内涵和作用，具体分析了供应链上的知识流动规律；建立了供应链知识边界和知识圈模型，并以此模型为基础分析供应链知识协同问题；论述了供应链协同、供应链知识协同的内涵；分析了供应链知识协同与供应链协同的相互关系。

第二，探讨了供应链知识协同影响因素分析，具体研究了影响供应链知识协同的利益因素、风险因素和关系因素，建立了知识协同影响因素的理论体系。

第三，对供应链知识协同中的风险进行了系统性的分析研究，从知识协同的过程入手，对 15 大类风险进行了识别、分析和评价。

第四，研究了供应链知识协同的实现机制，本书分析了协同机制的有关概念，总结了国内外对供应链协同机制、供应链知识协同机制的相关研究；提出了以利益—风险机制和关系机制相互作用的理论框架；建立了分散型决策结构下的机制模型。

第五，对供应链知识协同对企业自主创新能力的提升进行了实证研究，并选取了中信重工等典型案例企业进行了案例研究，建立了供应链知识协同绩效的评价指标体系。

本书只是对供应链知识协同问题进行了初步的研究，尽管取得了一些成果，但是总体来看仍处于探索阶段。一方面，供应链、供应链协同等处于目前的研究前沿和热点问题，新的理论和方法、新的问题都在不断涌现，需要持续跟踪和不断探索；另一方面，限于研究者本人的能力和掌握数据、资料的范围和深度，研究还存在诸多的问题需要解决，具体而言主要有：

一是供应链知识协同的内在机理、表现形式还需要进行进一步的深入研究，特别是定量研究。

二是对供应链知识协同对企业的实际作用还需要进一步展开深入的定量研究，对供应链知识协同实际效果的评价体系还应做进一步的探讨。

三是本书所建立的由一个供应商和一个采购商组成的知识协同机制模型尚属于相对简单的模型，未来应向多参与主体的模型方向展开研究。

四是实证研究层面，未来的研究还需要进一步拓展研究领域和行业，在更广泛的行业和领域，进行更具一般性的量化实证研究。

五是对供应链知识协同所涉及的知识产权问题、低信任环境等问题还需要进一步展开研究，这些问题都是制约知识协同的关键问题。

参考文献

安小风：《供应链知识共享代理关系及其支付机制》，《商业研究》2009年第12期。

安小风等：《供应链知识共享存在的问题及对策研究》，《科技进步与对策》2007年第1期。

安小风等：《供应链知识流模型及知识流动影响因素研究》，《科技管理研究》2009年第1期。

安小凤：《供应链知识共享决策信息空间模型及合约机制研究》，《现代管理科学》2009年第1期。

蔡立新：《供应链管理模式下产业主体协同创新机制研究》，《科技进步与对策》2013年第11期。

蔡宁东等：《供应链协同管理平台建设提升企业的核心竞争力》，《轻工标准与质量》2013年第2期。

曹永辉：《供应链协同对运营绩效的影响》，《中国流通经济》2013年第3期。

曾德明：《基于知识协同的供应链企业知识存量增长机理研究》，《中国科技论坛》2010年第2期。

柴雪：《基于新产品协作开发的供应链知识风险规避》，博士学位论文，天津大学，2009年。

陈宏：《河南省工业竞争力研究——基于因子分析方法》，《河南社会科学》2010年第3期。

陈建军：《供应链协同的知识转移研究》，《科技管理研究》2009年第2期。

陈昆玉等：《论企业知识协同》，《情报科学》2002年第9期。

陈琳：《企业技术集成能力对创新绩效的影响研究——以浙江省装备制造业为例》，硕士学位论文，杭州电子科技大学，2012年。

陈敏：《供应链知识共享激励机制研究》，硕士学位论文，赣南师范学院，2013 年。

陈伟：《供应链企业间知识交易的创新效应与契约机制研究》，博士学位论文，重庆大学，2011 年。

陈伟：《供应链中企业组织学习能力对合作绩效的影响》，《商业经济与管理》2009 年第 8 期。

陈至立：《深入学习科技大会精神大力推进自主创新》，《人民日报》2006 年 1 月 18 日。

冯长利等：《供应链成员间知识共享行为演化博弈模型》，《情报杂志》2012 年第 3 期。

付启敏：《供应链企业间合作创新的联合投资决策》，《管理工程学报》2011 年第 3 期。

傅亮等：《供应链风险识别及其对策分析》，《物流技术》2012 年第 5 期。

公司的力量节目组：《公司的力量》，山西教育出版社 2010 年版。

桂彬旺：《基于模块化的复杂产品系统创新因素与作用路径研究》，博士学位论文，浙江大学，2006 年。

郭熙保等：《河南工业竞争力的比较分析》，《综合竞争力》2010 年第 6 期。

韩梅琳：《供应链上下游企业间协作风险分析及评估》，《商业研究》2007 年第 10 期。

何扬：《服务型制造供应链知识创新模式研究》，硕士学位论文，哈尔滨工程大学，2013 年。

河南省人民政府：《河南省装备制造业调整振兴规划》（豫政〔2009〕70 号），www. henan. gov. cn，2009 年 9 月 9 日。

洪肯堂：《供应链合作价值创新：供应链管理的新模式》，《物流技术》2010 年第 1 期。

胡磊磊：《网络关系强度与集群创新效率关系模型及实证研究》，《科技进步与对策》2012 年第 17 期。

胡耀辉：《产业技术创新链：我国企业从模仿到自主创新的路径突破——以高端装备制造企业为例》，《科技进步与对策》2013 年第 5 期。

黄燕兴：《基于突破性技术创新的供应链合作伙伴选择模型构建》，《决策与信息》2013 年第 10 期。

吉敏等:《基于双 S 模型的战略性新兴产业集群供应链知识创新过程与路径研究》,《科技进步与对策》2013 年第 6 期。

吉敏等:《集群供应链知识共享与创新机制研究综述》,《经济问题探索》2013 年第 2 期。

贾炜莹等:《基于不对称信息的供应链契约风险管理》,《商业研究》2011 年第 1 期。

贾孝魁等:《制造商和供应商技术创新合作投资的两阶段动态博弈模型》,《中外企业家》2011 年第 6 期。

焦晗:《我国装备制造业技术集成能力与集成创新绩效实证研究》,博士学位论文,东北大学,2006 年,第 11 页。

金锟:《基于本质安全的供应链风险识别方法研究》,《中国安全科学学报》2011 年第 3 期。

李炳秀:《供应链企业间知识转移风险的识别评估及防控研究》,博士学位论文,中南大学,2011 年。

李纯等:《供应链的供需风险管理分析》,《物流工程与管理》2010 年第 8 期。

李刚:《供应链协同创新的绩效测评及其应用研究》,《中国科技资源导刊》2011 年第 3 期。

李国昊等:《供应链风险管理与企业绩效的结构关系检验》,《工业工程与管理》2013 年第 8 期。

李凯等:《需求均匀分布条件下的供应链渠道协调——基于奖励与惩罚的双重契约》,《中国管理科学》2012 年第 6 期。

李梅志:《河南省科技创新竞争力评价与分析》,《科技管理研究》2012 年第 17 期。

李守泽等:《供应链失效风险识别与评估》,《计算机应用研究》2010 年第 12 期。

李随成等:《装备制造企业自主创新能力探索性因素分析及其实证研究》,《科学学研究》2009 年第 8 期。

李学迁等:《产品差异环境下基于信息和契约机制的供应链风险管理》,《软科学》2010 年第 9 期。

刘春芝等:《我国装备制造业创新管理模式的战略路径》,《商业研究》2006 年第 22 期。

刘菲：《供应链风险管理对供应链脆弱性影响研究》，硕士学位论文，浙江大学，2010年。

刘红胜等：《基于BP神经网络的制造企业精益供应链协同风险评价研究》，《物流技术》2011年第3期。

刘介明：《供应链企业知识产权冲突问题研究》，《知识产权》2011年第3期。

刘介明：《供应链企业知识产权协同管理研究》，博士学位论文，武汉理工大学，2009年。

刘丽贤等：《供应链成员协同知识创新风险研究》，《技术经济与管理研究》2012年第6期。

刘丽贤等：《供应链协同知识创新的模型研究》，《商业经济研究》2010年第17期。

刘葳葳：《河南省企业自主创新的现状及政策优化研究》，《消费导刊》2012年第6期。

刘晓平等：《基于动态能力的装备制造企业创新能力发展机理研究》，《科技与管理》2013年第7期。

刘彦辉等：《供应链企业间协同知识链管理模型研究》，《经济理论研究》2007年第1期。

刘彦平：《供应链脆弱性和风险管理策略研究》，《现代管理科学》2009年第11期。

刘勇军：《基于语义Web服务的供应链知识协同模式研究》，博士学位论文，武汉理工大学，2006年。

楼高翔等：《基于供应链的技术创新协同伙伴选择与评价》，《科技进步与对策》2012年第12期。

卢方元等：《河南省规模以上工业企业自主创新能力研究》，《科技统计》2012年第5期。

卢慧清：《基于FAHP的制造企业精益供应链协同风险评价研究》，《科技创业月刊》2010年第7期。

陆克斌等：《供应链技术创新与客户知识管理的协同机理探讨》，《北京工业大学学报》（社会科学版）2012年第2期。

陆杉：《基于关系资本和知识学习的供应链协同度评价研究》，《科学学与科学技术管理》2012年第8期。

陆杉等：《供应链知识协同管理绩效评价研究》，《科技管理研究》2010 年第 1 期。

罗珉：《组织间关系理论研究的深度与解释力辨析》，《外国经济与管理》2008 年第 1 期。

吕璞等：《基于开放式创新的供应链企业协同创新模型研究》，《科技管理研究》2014 年第 1 期。

马姗姗等：《供应链关系资本对企业创新绩效的影响研究》，《河北工业科技》2014 年第 1 期。

马铁德：《考虑道德风险的供应链企业间知识共享激励机制研究》，硕士学位论文，重庆大学，2012 年。

苗圩：《推动我国装备制造业迈上新台阶》，《制造技术与机床》2009 年第 6 期。

牛晓格：《供应链协同创新环境下企业间的知识共享机制研究》，硕士学位论文，天津大学，2013 年。

潘红春：《基于知识共享的供应链协同对企业创新影响的实证研究》，博士学位论文，重庆大学，2013 年。

潘瑞玉：《供应链知识协同与集群企业创新绩效关系的实证研究》，《商业经济与管理》2013 年第 4 期。

彭中文等：《湖南装备制造业技术创新绩效及其竞争力研究》，《湘潭大学学报》（哲学社会科学版）2009 年第 3 期。

平狄克、鲁宾菲尔德：《微观经济学》，张军、罗汉等译，中国人民大学出版社 2000 年版。

齐旭高等：《制造业供应链协同产品创新影响因素的实证研究》，《中国科技论坛》2013 年第 6 期。

乔彬：《山西省装备制造业集群企业合作与创新之间关系的经验分析》，《技术经济》2012 年第 2 期。

石国华：《河南省高新技术出口产业竞争力分析》，《现代商业》2013 年第 25 期。

孙华：《供应链协同风险管理机制研究》，博士学位论文，东南大学，2009 年。

唐淑兰：《供应链企业间知识共享的影响因素及策略研究》，《信息系统工程》2012 年第 6 期。

唐卫宁等:《基于 HWME 和 SCOR 的供应链风险管理》,《科技管理研究》2008 年第 7 期。

田丹:《装备制造业集成创新的外部技术获取研究》,硕士学位论文,大连理工大学,2008 年。

田长军:《创新驱动引领装备制造企业转型升级的战略思考》,《中国机电工业》2011 年第 8 期。

王晖等:《河南企业技术创新能力评价分析与提升对策》,《河南理工大学学报》(社会科学版)2011 年第 10 期。

王建周:《河南省服务业竞争力影响因素研究》,《经营者》2014 年第 8 期。

王静:《产业集群化供应链组织违约风险管理》,《现代管理科学》2010 年第 3 期。

王娟茹等:《基于溢出效应的供应链知识转移》,《工业工程》2007 年第 9 期。

王丽梅等:《供应链企业间协同创新研究——基于知识共享的视角》,《现代情报》2013 年第 10 期。

王秋香:《河南省传统优势产业竞争力提升研究》,硕士学位论文,郑州大学,2011 年。

王章豹等:《我国装备制造业自主创新之问题透视与路径选择》,《合肥工业大学学报》(社会科学版)2006 年第 10 期。

王众托:《高技术产业发展中的系统集成创新研究》,《吉林大学社会科学学报》2005 年第 1 期。

温磊等:《供应链协同风险评价研究》,《物流技术》2013 年第 1 期。

翁莉:《供应链知识共享行为的博弈分析》,《统计与决策》2008 年第 3 期。

吴冰:《供应链协同的知识创造模式研究》,《情报杂志》2007 年第 10 期。

吴冰等:《供应链协同知识创新的激励设计》,《科学学与科学技术管理》2008 年第 7 期。

向晋乾等:《企业集团内部供应链知识的协同机制研究》,《情报科学》2005 年第 12 期。

熊恒庆:《基于延迟策略的供应链风险管理》,《科技管理研究》2013 年第 19 期。

许国军：《供应链企业间知识共享的激励研究》，《图书馆理论与实践》2012 年第 10 期。

许锦锦：《供应链协同知识创新研究综述》，《硅谷》2012 年第 5 期。

严秋菊：《河南省产业结构效益与竞争力的 SSM 模型分析》，《洛阳师范学院学报》2011 年第 3 期。

杨丽伟：《供应链企业协同创新的内部影响因素研究》，《中国市场》2011 年第 15 期。

杨利军：《供应链知识协同及其对装备制造业技术创新的作用研究》，博士学位论文，武汉理工大学，2014 年。

杨锡怀等：《企业战略管理》，高等教育出版社 2004 年版，第 216 页。

杨云霞：《河南省产业结构优化升级和产业竞争力构建研究》，硕士学位论文，郑州大学，2013 年。

姚丽霞：《供应链突发风险识别及应急策略研究》，《物流工程与管理》2011 年第 11 期。

叶文莲：《供应链协同创新机制研究》，硕士学位论文，中山大学，2010 年，第 25 页。

尤勇等：《供应链协同对企业创新的影响效应研究》，《科技进步与对策》2014 年第 2 期。

于珍：《供应链中企业技术创新博弈行为分析》，《科学与管理》2010 年第 2 期。

悦国宁：《河南纺织服装产业可持续竞争力的提升路径研究》，《轻纺工业与技术》2012 年第 4 期。

张彬彬等：《汽车行业供应链协同知识创新机制》，中国汽车工程学会年会论文集，北京，2008 年 6 月。

张海林等：《我国汽车企业技术创新机制实证研究》，《山东商业职业技术学院学报》2013 年第 12 期。

张红玲：《河南出口产业竞争力现状分析》，《商丘职业技术学院学报》2012 年第 3 期。

张书杰：《河南省产业升级和优化的 SWOT 分析》，《河南财政税务专科学校学报》2011 年第 2 期。

张万强：《提升东北装备制造业竞争力对策研究》，《金属加工》2009 年第 15 期。

张文彬等：《架构能力引领的复杂产品系统产业链协同创新模式研究》，《科技进步与对策》2014 年第 3 期。

张旭梅：《供应链企业间基于信任的知识获取和合作绩效实证研究》，《科技管理研究》2009 年第 2 期。

张旭梅：《国外供应链知识管理研究综述》，《研究与发展管理》2007 年第 2 期。

张旭梅等：《第三方监督下的供应链企业间知识交易模型研究》，《科技管理研究》2008 年第 8 期。

张旭梅等：《供应链环境下考虑双边道德风险的客户知识协同获取契约设计》，《预测》2011 年第 4 期。

张旭梅等：《供应链企业间的知识市场及其交易模型研究》，《管理工程学报》2008 年第 3 期。

张旭梅等：《供应链中的知识市场研究》，《科学管理研究》2006 年第 10 期。

张以彬等：《供应链的风险识别框架及其柔性控制策略》，《工业工程与管理》2008 年第 1 期。

张玉蓉等：《供应链中核心企业与供应商知识共享的分析与启示——丰田公司案例研究》，《科学管理研究》2006 年第 4 期。

周南洋：《供应链的风险识别、评估研究》，博士学位论文，中南大学，2008 年。

周文璐：《基于 DEA 的服务型制造企业供应链知识创新绩效评价研究》，《科技管理研究》2013 年第 2 期。

朱国娟等：《装备制造业进出口与经济增长的实证分析》，《世界经济情况》2007 年第 4 期。

朱庆等：《供应链企业间的知识共享机制研究》，《科技管理研究》2005 年第 10 期。

朱文琪等：《河南省产业竞争力评价与分析》，《企业导报》2012 年第 11 期。

朱晓宁等：《供应链协同产品设计开发模型及策略》，《统计与决策》2014 年第 10 期。

庄晋财等：《全球价值链背景下产业集群租金及其经济效应分析》，《金融教学与研究》2008 年第 5 期。

Anklam, P. , "Knowledge Management: The Collaboration Thread", *American Society for Information Science and Technology*, Vol. 28, No. 6, 2002.

Arshinder Arun Kanda and S. G. Deshmukh, "A framework for evaluation of coordination by contracts: A case of two - level supply chains", *Computers & Industrial Engineering*, Vol. 56, No. 1. 2009.

Axsater, S. , "A framework for decentralized multi - echelon inventory control", *IIE Transactions*, Vol. 33, No. 1, 2001.

B. J. Angerhofer and M. C. Angelides, "System Dynamics Modelling in Supply Chain Management: Research Review", J. A. Joines, R. R. Barton, K. Kang, P. A. Fishwick (eds.), Winter Simulation Conference, ACM/IEEE/SCSI, Orlando (FL), USA, 2000.

Bauknight, D. N. , "The supply chains future in the e - economy and why many may never see it", *Supply Chain Management Review*, Vol. 21, No. 3, 2000.

Bernhard, J. and Angerhofer Marios and C. Angelides, "A model and a performance measurement system for collaborative supply chains", *Decision Support Systems*, Vol. 42, No. 10, 2006.

Boddy, D. and Macbet, h. and D. Wagner, "Implementing collaboration between organizations: An empirical study of supply chain partnering", *Journal of Management Studies*, Vol. 37, No. 7, 2006.

Cachon, G. P. and Fisher, M. , "Supply chain inventory management and the value of shared information", *Management Science*, Vol. 46, No. 8, 2000.

Cachon, G. P. and Zipkin, P. H. , "Competitive and cooperative inventory policies in a two - stage supply chain", *Management science*, Vol. 45, No. 7, 1999.

Christopher, M. and Peck, H. , "Building the resilient supply chain", *International Journal of Logistics Management*, Vol. 15, No. 2, 2003.

Christopher S. Tang, "Review Perspectives in supply chain risk management", *Int. J. Production Economics*, Vol. 103, No. 3, 2006.

Constantin Blome and Tobias Schoenherr, "Supply chain risk management in financial crises—A multiple case - study approach", *Int. J. Production Economics* , Vol. 134, No. 3, 2011.

Cooper, M. and Lambert, D. and Pagh, J. , "Supply chain management: more than a new name for logistics", *The International Journal of Logistics Management*, Vol. 8, No. 1, 1997.

Cousins, P. and Lamming, R. C. and Bowen, F. , "The role of risk in environmental related initiatives", *International Journal of Operations & Productions Management*, Vol. 24, No. 6, 2004.

Davenport, T. and L. Prusak, *Working knowledge: How organization manages what they know*, Boston: Harvard Business School Press, 1998.

David, J. and Ketchen, Jr. , "Bridging organization theory and supply chain management: The case of best value supply chains", *Journal of Operations Management*, Vol. 25, No. 4, 2007.

Deloach, J. W. , *Enterprise - wide Risk Management: Strategies for linking risk and opportunity*, London: Financial Times/Prentice Hall, 2000.

Dina Neiger and Kristian Rotaru and Leonid Churilov, "Supply chain risk identification with value - focusedprocess engineering", *Journal of Operations Management*, Vol. 27, No. 2, 2009.

Dolan, R. J. , "Quantity discounts: Managerial issues and research opportunities", *Marketing Science*, Vol. 6, No. 1, 1987.

Dyer, J. H. , "The relational view: cooperative strategy and sources of interorganizational competitive advantage", *Academy of Management Review*, Vol. 23, No. 3, 1998.

Edgar Perea - Lo' pez and B. Erik Ydstie and Ignacio E. Grossmann, "A model predictive control strategy for supply chain optimization", *Computers and Chemical Engineering*, Vol. 27, No. 5, 2003.

Farley, G. A. , "Discovering supply chain management: a roundtable discussion", *APICS - The Performance Advantage*, Vol. 7, No. 1, 1997.

Ferdows, K. , "Making the most of foreign factories", *Harvard Business Review*, Vol. 75, No. 5, 1997.

Fisher, M. L. , "What is the right supply chain for your product?", *Harvard Business Review*, Vol. 75, No. 2, 1997.

Fisher, M. L. and Raman, A. and McClelland, A. S., "Rocket science retailing is almost here: Are you ready?", *Harvard Business Review*, Vol. 72, No. 3, 1994.

Gonca Tuncel and Gü lgün Alpan, "Risk assessment and management for supply chain networks: A case study", *Computers in Industry*, Vol. 61, No. 6, 2010.

Goyal, S. K, "An integrated inventory model for a single supplier – single customer problem", *International Journal of Production Research*, Vol. 15, No. 1, 1976.

Grover, V. and M. K. Malhotra, "A framework for examining the interface between operations and information systems: Implications for research in the new millennium", *Decision Sciences*, Vol. 30, No. 4, 1999.

Haoya Chen and Youhua (Frank) Chen and Chun – Hung Chiu, "Coordination mechanism for the supply chain with leadtime consideration and price – dependent demand", *European Journal of Operational Research*, Vol. 203, No. 3, 2010.

Harland, C., "Supply Chain Management: relationships, chains and networks", *British Journal of Management (Special Issue)*, Vol. 7, No. 3, 1996.

Harwick, T., "Optimal decision – making for the supply chain", *APICS – the Performance Advantage*, Vol. 7, No. 1, 1997.

Hieber, R., *Supply Chain Management—A Collaborative Performance Measurement Approach*, Zürich: VDF Publishing Company, 2002.

Hiles, A. and Barnes, *The Definitive Handbook of Business Continuity Management*, Chichester: Wiley & Sons, 2001.

Hult Ketchen and Slater Upson, "Knowledge as a strategic resource in supply chains", *Journal of Operations Management*, Vol. 24, No. 5, 2004.

Iansiti, M., *Technology integration: making critical choices in a dynamic world*, Boston: Harvard Business School Press, 1998.

Iansiti, M. Clark, "Integration and Dynamics Capability: Evidence from Development in Automobiles and Mainframe Computers", *Industrial and Corporate Change*, Vol. 20, No. 3, 1994.

Jörn – Henrik Thun and Daniel Hoenig, "An empirical analysis of supply chain risk management in the German automotive industry", *Int. J. Production Economics*, Vol. 131, No. 1, 2011.

J. S. K. Lau and G. Q. Huang and K. L. Mak, "Impact of information sharing on inventory replenishment in divergent supply chains", *International Journal of Production Research*, Vol. 42, No. 5, 2004.

Jianxin Jiao, "Coordinating product, process, and supply chain decisions: A constraint satisfaction approach", *Engineering Applications of Artificial Intelligence*, Vol. 22, No. 2, 2009.

Jin, M. and David Wu, S., "Capacity reservation contracts for high – tech industry", *European Journal of Operational Research*, Vol. 176, No. 3, 2007.

Karkenzig, W., Tap into the power of knowledge collaboration [EB/OL]. Dimension Data, http://www.tmcnet.com, 2002.

Karkenzig, W., Tap into the power of knowledge collaboration [EB/OL], Dimension Data, http://www.tmcnet.com, 2002.

Keah Choon Tan, "A framework of supply chain management literature", *European Journal of Purchasing & Supply Management*, Vol. 7, No. 1, 2001.

Ketchen, D. J. and Guinipero, L., "The intersection of strategic management and supply chain management", *Industrial Marketing Management*, Vol. 33, No. 1, 2004.

Kim, B. and Oh, H., "The impact of decision making sharing between supplier and manufacturer on their collaboration performance", *Supply Chain Management: An International Journal*, Vol. 10, No. 2, 2005.

Kirk A. Patterson and Curtis M. Grimm and Thomas M. Corsi, "Adopting New Technologies for Supply Chain Management", *Transportation Research Part*, Vol. 39, No. 2, 2003.

Lamming, R. and Johnsen, T. and Zheng, J., "An initial classification of supply networks", *International Journal of Operations and Production Management*, Vol. 20, No. 6, 2000.

Larsen, S. T., "European logistics beyond 2000", *International Journal of*

Distribution and Logistics Management, Vol. 30, No. 6, 2000.

Lee, H. L., "Creating value through supply chain integration", *Supply Chain Management Review*, Vol. 4, No. 4, 2000.

Lippman, S. and Rumelt, R., "Uncertain imitability: An analysis of inter-firm differences in efficiency under competition", *Bell Journal of Economics*, Vol. 13, No. 2, 1982.

M. Barut and W. Faisst and J. J. Kanet, "Measuring supply chain coupling: an information system perspective", *European Journal of Purchasing & Supply Management*, Vol. 8, No. 3, 2002.

Mabert V. and A. Venkataramanan, "Special research focus on supply chain linkages: challenges for design and management in the 21st century", *Decision Sciences*, Vol. 29, No. 3, 1998.

Malone, T. and Crowston, K., "The interdisciplinary study of coordination", *ACM Computing Surveys*, Vol. 26, No. 1, 1994.

Maureen McKelvey and Hakan Alm and Massimo Riccaboni, "Does colocation matter for formal knowledge collaboration in the Swedish biotechnology - pharmaceutical sector?" *Research Policy*, Vol. 32, No. 5, 2003.

McClellan, M., *Collaborative Manufacturing*, Delray Beach: St Lucie Press, 2003.

Michael, J. and Braunscheidel Nallan and C. Suresh, "The organizational antecedents of a firm' s supply chain agility for risk mitigation and response", *Journal of Operations Management*, Vol. 27, No. 7, 2009.

Mitchell, V. W., "Organizational risk perception and reduction: a literature review", *British Journal of Management*, Vol. 20, No. 6, 2000.

S., New and Payne P., "Research frameworks in logistics: three models, seven dinners and a survey", *International Journal of Physical Distribution and Logistics Management*, Vol. 25, No. 10, 1995.

I., Nonaka and H. Takeuchi, *The knowledge - creating company: How Japanese companies create the dynamics of innovation*, New York: Oxford University Press, 1995.

Oliver, R. and Webber, M., "Supply chain management: logistics catches up with strategy", *Logistics: the Strategic Issues*, Vol. 15, No. 4, 1982.

Ou Tang and Nurmaya Musa, "Identifying risk issues and research advancements in supply chain risk management", *Int. J. Production Economics*, Vol. 133, No. 4, 2011.

Penrose, Edith T., *The theory of Growth of the Firm*, Oxford: Basil Blackwell Publisher, 1959.

Porteus, E. and Whang, S., "On manufacturing/marketing Incentives", *Management Science*, Vol. 37, No. 9, 1991.

Prasad, S. and Babbar, S., "International operations management research", *Journal of Operations Management*, Vol. 18, No. 2, 2000.

Puneet Prakash Mathur and Janat Shah, "Supply chain contracts with capacity investment decision: Two - way penalties for coordination", *Int. J. Production Economics*, Vol. 114, No. 5, 2008.

Ramasubramanian, S. and Jagadeesan, G., "Knowledge management at Infosys", IEEE software, Vol. 19, No. 3, 2002, p. 53. France Anne and Gruat La Forme and Vale'rie Botta Genoulaz, "A framework to analyze collaborative performance", Computers in Industry, Vol. 58, No. 5, 2007.

Ramdas, K. and Spekman, R. E., "Chain or shackles: Understanding what drives supply - chain performance", *Interfaces*, Vol. 30, No. 4, 2000.

Rao, S. and Goldsby, T. J., "Supply chain risks: a review and typology", *International Journal of Logistics Management*, Vol. 20, No. 1, 2009.

Rumelt, R. P., *Towards a Strategic Theory of the Firm, in R. B. Lamb Competitive Strategic Management*, NJ: Prentice - Hall, 1984.

Sainsbury Lord, Race to the top: A review of the Government' s science and innovation policies, Independent HM - Treasury Report, HMSO, October, 2007.

Simatupang, T. M. and Wright, A. C. and Sridharan R, "The knowledge of coordination for supply chain integration", *Business Process Management Journal*, Vol. 8, No. 3, 2002.

Simchi, Levi and D. Kaminsky, *Designing and Managing the Supply Chain: Concepts, Strategies and Case Studies*, New York: McGraw - Hill Publishing Company, 2003.

Soo Wook Kim, "An investigation on the direct and indirect effect of supply chain integration on firm performance", *Int. J. Production Economics*, Vol. 119, No. 10, 2009.

Spengler, JJ., "Vertical restraints and antitrust policy", *Journal of Political Economy*, Vol. 58, No. 4, 1990.

Tsay, A., "The quantity flexibility contract and supplier – customer incentives", *Management Science*, Vol. 45, No. 10, 1999.

Vito Albino, A. and Claudio Garavelli, "Knowledge transfer and inter – firm relationships in industrial districts: the role of the leader firm", *Technovation*, Vol. 19, No. 1, 1999.

Waters, D., *Supply Chain Risk Management: Vulnerability and Resilience in Logistics*, London: Kogan Page, 2007.

Wenlin Wang and Daniel E. Rivera and Karl G. Kemp, "Model predictive control strategies for supply chain management in semiconductor manufacturing", *Int. J. Production Economics*, Vol. 107, No. 10, 2007.

Wernerfelt, B., "A resource – based view of the firm", *Strategic Management Journal*, Vol. 5, No. 2, 1984.

Xiaolong Xue and Xiaodong Li and Qiping Shen, "An agent – based framework for supply chain coordination in construction", *Automation in Construction*, Vol. 14, No. 3, 2005.

Xiuhui Li and Qinan Wang, "Coordination mechanisms of supply chain systems", *European Journal of Operational Research*, Vol. 179, No. 1, 2007.

Xu, L. and Beamon, B., "Supply chain coordination and cooperation mechanisms: An attribute – based approach", *The Journal of Supply Chain Management*, Vol. 42, No. 1, 2006.

Yong Lin and Li Zhou, "The impacts of product design changes on supply chain risk: a case study", *IJPDLM*, Vol. 41, No. 2, 2010.

Yonghui Fu and Rajesh Piplani, "Supply – side collaboration and its value in supply chains", *European Journal of Operational Research*, Vol. 152, No. 4, 2004.

Zhang Xumei and Zhang Yurong, "Study on the knowledge market and the model of knowledge trading among enterprises in supply chain", *Journal of Industrial Engineering and Engineering Management*, Vol. 22, No. 3, 2008.

Zhang Xumei and Zhuqing, "A Literature Review on Supply Chain Knowledge Management in Foreign Countries", *R&D Management*, Vol. 20, No. 2, 2007.

后　记

今天，中国以无与伦比的自信与包容创造了人类历史上从未有过的经济奇迹，让整个世界为之瞩目、为之赞叹。但是，随着变革进入深水区和攻坚期，深层次的结构性问题日益凸显，单纯依靠要素投入的增长方式难以为继并带来无可弥补的环境与社会问题。当全球化以不可阻挡之势席卷世界的每一个角落的时候，创新才是驱动世界不断前进的真正动力所在。

管理学者不能闭门造车，企业才是我们最好的老师。我始终认为，企业的管理实践要比学者的总结和研究更加丰富多彩、更加引人入胜，他们才是中国经济真正的希望所在。也正是由于像中信重工这样类型企业的创新实践，才给了我以深刻启迪，坚定了我沿着知识协同的研究道路不断前行的信心。书稿付梓之际，正值“一带一路”国家战略如火如荼推进之际，也是“互联网＋、工业4.0”等概念铺天盖地来临之时，但正如“治大国若烹小鲜”，此时更应思考企业存在的价值和使命，把财富创造与价值创新的核心放到产品与服务上来。

供应链知识协同并不是唯一的协同创新模式，甚至不完全适合所有的企业，但却提供了一种新的解决问题的思路。供应链知识协同只有上升到企业战略的高度才具有真正的意义，企业应摒弃机会导向型发展战略，聚焦于核心优势所在的领域，以开放的心态通过寻求与外部知识资源的协同实现创新。但也应该清醒地认识到，阻碍协同实现的最大障碍是低信任度企业关系和法律环境、体制机制的不健全，企业家更应重塑契约精神和创新精神。

本书得到了国家自然科学基金（编号：71271077）和河南省社科规划办项目（编号：2013BJJ078）的资助，这也是本项工作得以完成的基础。尽管做了一点点探索，本书的结论和成果依然不够成熟，希望有识之士能够关注和争鸣，以使该领域的研究成果更加精彩。在此，感谢我的恩师陶德馨教授，为本书的选题、修改完善付出了巨大的心血，您是我一生的老师；感谢为此书的出版付出辛勤劳动的编审老师，你们的耐心细致让我感动。

杨利军

2015 年 10 月于河南科技大学德园